福州大学"东南法学"学术平台简介

  法律不能被束之高阁,法律应当被讨论,在探索与思辨中,方能揭示法律的真谛。"东南法学"作为福州大学法学院的学术交流平台,主要包括:

一、"东南法学"系列专著

  为扩展法学研究领域,深化法学研究,提高法学理论水平,学院鼓励和资助教师撰写、出版"东南法学"系列专著,并打造具有学术价值和特色的著作品牌。

二、"东南法学"名家讲坛

  以"东南法学"名家讲坛为平台,邀请中外法学名家来院讲学,以学识广博、理论深厚的法学权威引领师生开展科学研究,感悟法律真谛。

三、"东南法学"学术论坛

  以"东南法学"学术论坛为平台,积极主办或承办全国性和国际性的法学学术会议,让更多的专家学者来院传经送宝、研讨法学前沿问题,浓厚学术氛围。

四、"东南法学"学术沙龙

  以"东南法学"学术沙龙为平台,对社会热点法律现象、法学前沿理论问题进行专题研讨,为师生提供良好的互动交流平台,使教学相长,让学生领略科研之道、学术之美,培植学术志趣。

五、"东南法学"学术期刊

  以"东南法学"学术期刊为平台,将师生发表的最新论文整理结集,以纸质、电子媒体等方式制成期刊,集中展示学院的最新学术成果。

福州大学"东南法学"系列专著

Law of Environmental Tax

环境税法教程

丁国民 编著

厦门大学出版社
XIAMEN UNIVERSITY PRESS
国家一级出版社
全国百佳图书出版单位

图书在版编目(CIP)数据

环境税法教程/丁国民编著. —厦门:厦门大学出版社,2018.9
ISBN 978-7-5615-7025-8

Ⅰ. ①环… Ⅱ. ①丁… Ⅲ. ①环境税—税法—中国—教材 Ⅳ. ①D922.229.4

中国版本图书馆 CIP 数据核字(2018)第 162721 号

出 版 人	郑文礼
责任编辑	甘世恒
封面设计	张雨秋
技术编辑	许克华

出版发行	厦门大学出版社
社　　址	厦门市软件园二期望海路 39 号
邮政编码	361008
总 编 办	0592-2182177　0592-2181406(传真)
营销中心	0592-2184458　0592-2181365
网　　址	http://www.xmupress.com
邮　　箱	xmup@xmupress.com
印　　刷	厦门市明亮彩印有限公司

开本	720 mm×1 000 mm　1/16
印张	16
插页	2
字数	280 千字
版次	2018 年 9 月第 1 版
印次	2018 年 9 月第 1 次印刷
定价	55.00 元

本书如有印装质量问题请直接寄承印厂调换

厦门大学出版社
微信二维码

厦门大学出版社
微博二维码

目　　录

第一章　环境税法概述

第一节　环境税法的概念及特征

一、环境税法的概念

环境税,也称为生态税或绿色税,但称为环境税更为恰当,是 20 世纪末刚形成和发展起来的概念。它是把污染环境和破坏生态的社会成本内化到从事生产经营活动的企事业单位生产成本和产品价格当中,从而使生产经营主体出于生产成本的考虑和产品利润最大化的驱动,一方面选择对环境污染少和生态破坏小的项目,另一方面尽量地提高生产技术水平,降低对环境的污染或破坏率,以此降低生产经营成本,提高利润,从而达到应用环境税这种经济和法律相结合的手段保护或治理环境的目的。

环境税法是关于环境税征收活动的法律规范的总称,包括涉及环境税的法律、行政法规、地方性法规、政府规章、部门规章及相关的规范性文件。环境税法是环境保护法和税法的交叉,是一种区别于普通税种的特殊税种的法律规范。

二、环境税法的特征

环境税法与其他税种法律规范一样,具有一般性税法特征,如:税收结构的规范性、无偿性和固定性。由于环境税的特殊性,其又具有区别于其他税种的特征。

(一)一般性特征

1.结构的规范性

税收的固定性直接决定税法结构的规范性或统一性。具体表现在以下两

1

个方面:第一,税种与税种法的相对应性,"一法一税"。国家一般按单个税种立法,作为征税时具体的、具有可操作性的法律依据,且税种的开征与否一般都由国家最高权力机关通过制定税收法律的形式加以规定,具有稳定性和固定性。第二,税收要素的固定性。虽然各个税种法的具体内容千差万别,但税收的基本要素是每一部税种法几乎都必须予以规定的。税收要素的固定性能保证税收固定性的实现,便于税法的实施。

2. 环境税法的成文性

法律需要通过国家立法程序制定、颁布。税收的法定性、标准性、无偿性、强制性等特征,决定了税法必须是成文法而不能是习惯法,而且是位阶更高的法律不是一般的行政法规。虽然从早期的历史来考察,以往历朝历代的税收缴纳和税收规定从种种的不规范慢慢地演化成税法,但税收从一开始就是以国家政权作为后盾而形成税收规则。国际税收惯例也具有成文性,其基础是一国的国内立法,通过对外反复实践后,经多国确认后成为国际惯例。从总体上来说,税法是由国家制定而不是认定的,税法的成文性是税收法定性的体现。[①]

3. 环境税法的公法属性

税收是凭借国家政权的强制力而依法征收的,目的是取得国家财政收入,以满足国家机器运转的需要,履行对内对外的国家职能。税收的根本目的是国家利益,是"取之于民,用之于民"的经济手段。从税收的特性、税法的特征来看,环境税法毫无疑问属于公法范畴。但税法具有一定的经济性,是一种调节社会市场经济的经济、法律手段。当前虽然一些私法也会涉及税法内容,如税收优先权、代位权、撤销权制度,纳税担保制度,税务代理制度等,但这只是税法综合性的一种表现,并不能否定税法的公法属性。

4. 环境税法的义务性法规属性

法律规范可以分为授权性法规和义务性法规。授权性法规规定人民可以或要求别人做出一定行为的规范,其作用是赋予人们一定权利,具有任意性特点。义务性法规是相对于授权性法规而言的,它直接要求人们这样行为或要求人们不能那样行为,直接规定人们应该履行的义务。义务性法规显著的特点就是具有强制性,明确规定任何单位、个人或行政机关都必须遵守或不得违反规定。环境税法规定依法缴纳环境税是应税对象应当履行的义务,税收征

---

① 张松:《税法学》,高等教育出版社2005年版,第5页。

管机关必须依法征收。

5.环境税法的强制性

税收是以国家强制力作为后盾的一种财政收入手段,征收的目的是保障国家机器正常运行,履行社会管理职能。环境税是税收的税种之一,环境税法是调整环境税征纳关系的法律规范,是环境税收活动的法律保障,自然具有强制性。

(二)区别于其他税种的特征

1.征收的目的性不同

税收是以国家强制力为后盾,无偿取得国家财政收入的一种强制性经济、法律手段,其目的是实现国家职能。我国税收是"取之于民,用之于民",同时,税收还具有经济杠杆作用。环境税是一个新税种,具有有别于其他税种的特性,其目的不仅是取得国家财政收入,而且是通过征收环境税,一方面节制能源过度消耗、减少污染,另一方面筹集社会环保专项资金。所以环境税的征收目的与其他税种有所不同。

2.税款的专用性

税收是国家财政收入的主要来源之一,税收征收以后纳入国库,通过国家预算公共支出,如基础设施建设、教育、医疗等公共服务性支出,实现国家职能,体现"取之于民,用之于民"的税收特性。环境税也不例外,也是用于公共服务支出,但环境税有别于其他税种之处,就是环境税税款的专用性,它只能用于环境治理、保护等支出,不能用于其他支出,这样才能充分发挥环境税的功能,实现征收的目的。

3.征收范围的广泛性

征收范围的广泛性也是环境税的特点之一。体现环保作用和功能的税种比较多,主要有资源税、消费税、城镇维护建设税、城镇土地使用税、耕地占用税、车船税和车辆购置税等,涉及自然人、法人和其他组织,环境污染实行的是谁污染谁付费的原则,所以环境税的征收范围也具有广泛性。

(三)与其他税种的交叉性

环境税并非只有一个独立的环境保护税,还有其他税种也体现了环境保护的功能和作用,如:资源税、消费税、城市维护建设税、耕地占用税、城镇土地使用税、车船税和车辆购置税等。环境税是一个综合性的体系,必然存在与其他税种交叉的情况。

三、环境税法律制度的基本内容

如前所述,环境税的税种主要涉及资源税、消费税、城市维护建设税、耕地占用税、城镇土地使用税、车船税、车辆购置税、碳税和排污税等,将与环境保护功能相关的税费以立法的形式规范化从而形成环境税法律体系。

(一)资源税

资源税征税对象主要是对资源开发、利用的单位和个人,为了保证资源的合理开发和使用,按照有偿使用的原则,由征税管理机关负责征管活动。资源税分一般资源税和级差资源税:一般资源税是以某种自然资源的数量或价值为计征基准,对使用或利用该资源的单位和个人进行征收,不考虑所使用资源的贫富状况和开发条件,也不考虑使用或开发资源所获得的收入多少;级差资源税是以资源的级差收入分别征税,应缴纳税额的多少与资源的贫富状况和开发条件相关。

当初推出资源税的时候,只确定对几类矿产品征收资源税,征税范围比较窄,这就导致那些没有征税的资源浪费严重。目前我国仅对矿产资源和土地资源征税,而草场资源、水资源、森林资源等其他自然资源属于保护而非征税对象。根据 2011 年修订的《中华人民共和国资源税暂行条例》,其征税对象为原油、天然气、煤炭、其他非金属矿原矿、黑色金属矿原矿、有色金属矿原矿和盐。

(二)消费税

我国消费税征收的法律依据是 1994 年颁布、2008 年修订的《中华人民共和国消费税暂行条例》(以下简称《消费税暂行条例》)。消费税的主要功能有四:一是能充实我国财政收入,二是能对我国消费结构起到调节作用,三是能够引导我国国民的消费方向,四是能够调节社会的收入分配情况。根据《消费税暂行条例》的规定,消费税征税范围包括 5 大类、14 种消费品,涉及环境污染的有烟、酒、油、塑料制品、橡胶制品、汽车等消费品。通过消费税的征收可以有效地控制环境污染,达到环境保护的效果。

(三)环境保护税

环境保护税是由排污费改税而来的一种环境污染治理的税种。2003 年 1月 2 日,国务院公布了《排污费征收使用管理条例》,我国开始征收排污费。排污费虽然是由环保部门征收,但具有准税的性质,与一般的行政性收费有区别。为了加强环境税的征收规范力度,为我国环境保护提供法律依据,2016年 12 月 25 日,第十二届全国人大常委会第二十二次会议通过了《中华人民共和国环境保护税法》，排污"费改税"得以实现。环境保护税源于污染者付费原则，从事生产经营活动的企业和其他组织，排放污染物需要付费，征收的环保税主要用于环境污染治理。

（四）其他相关的税种

环境税种系列除了资源税和消费税之外，还有很多，与环境保护联系比较紧密的几个税种具体如下：

1. 城市维护建设税。城市维护建设税，是指国家对缴纳增值税、消费税、营业税的单位和个人以其实际缴纳的"三税"税额为计税依据而征收的一种税。[①] 城市维护建设税是一种特定目的税，目的是加强城市建设，扩大和增加稳定的城市维护建设资金来源。而调整城市维护建设税征纳关系的法律规范总称，就是城市维护建设税法。我国现行的主要城市维护建设税法律法规，是颁布于1985年的《中华人民共和国城市维护建设税暂行条例》。

城市维护建设税具有两大显著特征：第一，附加性。它是以增值税、营业税和消费税缴纳税额为计税依据，附加在这"三税"上征收的。按照纳税人所处的地点，依照《中华人民共和国城市维护建设税暂行条例》，税率分为7%、5%和1%三档。城市维护建设税本身没有特定的、独立的征税对象。第二，专款专用性。城市维护建设税收入央地共享、地方为主，主要用于城市公用事业和城市基础设施建设，其中一部分用于城市污水处理系统建设、城市垃圾处理系统建设、城市供热和清洁能源供应系统建设等绿色环保方面。

2. 耕地占用税。耕地占用税是指对占用耕地建房或者从事其他非农业建设的单位和个人，按其实际占用耕地面积实行从量定额征收的一种税。其是为了加强土地管理，合理利用土地资源，保护农用耕地而征收的一种税收。我国1987年4月1日颁布了《中华人民共和国耕地占用税暂行条例》。2007年国务院对条例进行全面修改，新条例2008年1月1日起实施。新条例大幅度提高了税额标准，对耕地资源节约利用的调节功能大为增强。

3. 城镇土地使用税。为了促进城镇土地资源的合理使用，开征城镇土地使用税，调节城镇土地级差收入，1988年9月27日国务院发布了《中华人民共和国城镇土地使用税暂行条例》，经过2006年和2013年的两次修订，该条例实施至今。城镇土地使用税的纳税主体是在城市、县城、建制镇、工矿区范围内使用土地的单位和个人。该税的主要作用是调节级差收入，也一定程度

---

① 徐孟洲：《税法》，中国人民大学出版社2015年版，第231页。

上促进了土地资源的节约和合理使用。同时,《中华人民共和国城镇土地使用税暂行条例》还规定,寺庙、公园、名胜古迹自用土地和市政街道、广场、绿化地带等公共用地可以免于征税,体现了保护环境的立法理念。

4. 车船税。车船税是一种财产税,是指在中国境内的车辆、船舶的所有人或者管理人按照规定应该缴纳的税种。由于车船使用石油燃料启动,在使用燃料的过程中会产生废气污染空气环境,通过车船税的征收,可以控制人们对车船的拥有,从而减少污染,达到环保的目的。

新中国成立后,我国于 1951 年颁布了《车船使用牌照税暂行条例》,于 1986 年 9 月颁布了《中华人民共和国车船使用税暂行条例》。为了适应经济形势的需要,国务院把《车船使用牌照税暂行条例》与《中华人民共和国车船使用税暂行条例》合并修订,2006 年 12 月 29 日颁布《中华人民共和国车船税暂行条例》,自 2007 年 1 月 1 日起实施;2011 年 2 月 25 日全国人大常委会颁布了《中华人民共和国车船税法》,我国的车船税征纳关系法律规范以法律的形式确认下来。

5. 车辆购置税。车辆购置税是国家对购置应税车辆的单位和个人,以其购置应税车辆计税价格为计税依据,按照规定的税率一次性计征的税种。2000 年 10 月 23 日我国颁布了《中华人民共和国车辆购置税暂行条例》,开征了车辆购置税。该税的征收范围包括汽车、摩托车、电车、挂车、农用运输车,实行从价定率的办法计算应纳税额,税率为 10%。通过向购置车辆的单位和个人征收车辆购置税,可以控制人们对车辆的拥有,间接达到减少污染、保护环境的目的。

四、环境及其构成、生态系统及规律

(一)环境

环境是与一个中心相对而言的,中心内容不同环境的内容也不同,[①]如以生态为中心的生态环境,以生物为中心的生物环境,以人类为中心的人类环境等。我国的《辞海》将"环境"解释为"周围的地方;周围的情况和条件"。《袖珍牛津英语词典》对环境一词的解释是"环绕任何事物的物体或区域",《韦氏新大学词典》(第 9 版)中"环境"一词的含义是"环绕的情况、物体和条件"。[②] 以

---

① 蔡守秋:《环境资源法教程》,高等教育出版社 2010 年版,第 1 页。
② 陈泉生:《环境法基本理论》,中国环境科学出版社 2004 年版,第 3 页。

上观点认为环境是环绕一个事物为中心它周围的一切事物、条件。又如《阿拉伯联盟环境与发展宣言》(1986 年)明确"环境乃指环绕人的周围"[①],《马克思恩格斯选集》对环境是这样描述的："人生活在自然中,也生活在人类社会中。"[②]结合以上表述,我们认为"环境"是在以环绕人或者人类为中心的周围的情况、条件。而与人类活动关系最为密切的就是以人类为中心的周围环境,这也是我们研究的重点领域。

环境的概念,从广义上来说包括天然环境、人为环境和社会环境。天然环境是天然存在,非经人工改造的环境,如天然森林、河流、海洋、湖泊等;人为环境就是经过人工改造或者经过人类活动发生变化的自然环境,这种人为环境依然以物质形态存在,如人工湖泊、文化广场、体育场等;社会环境是人类活动产生的结果,因为人类是有智慧的高级动物,只有人类的文明活动才能产生一个以整个人类为中心的社会环境,不仅包括以物质形式存在的自然环境,还包括以精神形式存在的其他社会环境,如文化、制度、政治、经济等,准确来说社会环境是物质和精神的周围条件。狭义上的环境就是自然环境,包括以物质形态存在的天然环境和人为环境,本书论述的环境是指狭义的环境。

自然环境是一个复杂、多层次、多单元的庞大系统,是以物质形态存在的人类周围,是人类社会赖以生存的基础,是以大气圈、水圈、生物圈、土壤圈、岩石圈等物理性状的物质形态存在。

(二)环境的构成要素

环境要素是独立的、在性质上各有特点的、能体现整体发展规律的组成成分。按形成方式依次可分为自然环境要素、人为环境要素和社会环境要素。

1. 自然环境要素

自然环境是人类生存和发展的物质基础,由生物和无机环境构成。自然环境要素包括阳光、大气、水、岩石、土壤等。至于阳光是否包含在自然环境要素中,理论界存在着争议。但随着社会形势的日新月异,很多光污染也随之出现,因此本研究认为自然环境要素应当包含阳光。

环境污染可分为环境污染和环境干扰。前者是指人类活动所排出的各种物质作用于环境而产生不良影响,其特点是污染源停止排出污染物后,污染并

---

① 北京大学法学百科全书编委会:《北京大学法学百科全书》,北京大学出版社 2016 年版,第 1 页。

② 中共中央编译局:《马克思恩格斯选集(第 4 卷)》,人民出版社 1995 年版,第 383~384 页。

没有马上消失,还会存在较长时间。环境干扰是人类活动排出的能量作用于环境而产生的不良影响,其特点是干扰源停止后,干扰立即消失。"环境污染"和"环境干扰"统称为"污染因子"。

2.人为环境要素

人为环境是人类在利用和改造自然环境中创造出来的。人类社会所面临的五大问题是:人口、粮食、能源、资源和环境问题。人为环境要素不仅制约各环境要素间相互联系、相互作用的基本关系,而且是认识环境、评价环境、改造环境的基本依据。

3.社会环境要素

社会环境要素是人类社会环境的重要组成成分,是建立在自然环境的基础上,经过人类文明生产、改造产生而来,是人类智慧的结晶和精神产品。社会环境要素与自然环境要素既有区别又有联系,区别在于自然环境要素是客观物质形态成分;而社会环境要素既包含以物质形态存在的要素,如建筑物、公路、铁路等,也包含不以物质形态存在的精神文明,如政治、经济、艺术、文化等,但都是建立在自然环境的基础上,经人类生产、改造活动而产生的。社会环境要素是人类生存的基础,也是人类与自然协调发展的精神和物质基础。

环境要素组成环境的结构单元,环境的结构单元又组成环境整体或环境系统。如水组成水体,全部水体总称为水围;大气组成大气层,全部大气层总称为大气圈;土壤构成农田、草地和土地等;岩石构成岩体,全部岩石和土壤构成的固体壳层称为岩石圈;生物体组成生物群落,全部生物群落集称为生物圈;阳光提供辐射能为其他要素所吸收。

各个环境要素之间可以相互利用,并因此而发生演变,其动力主要是来自地球内部放射性元素蜕变所产生的内生能,以及以太阳辐射能为主的外来能。

(三)生态系统

生态系统是由生物和环境构成,占有自然界中的一定空间的统一整体。生态系统的细分构成成分是非物质、能量、生产者、分解者等。在生态系统这个整体中,生物和环境之间相互作用、相互制约,在一定时期是处于平衡状态。生态系统的空间没有一个确定的数字界限,有大有小,如生态系统、生物系统、湖泊系统等。生态系统是开放性的系统,需要能量的输入,比如太阳光给生态系统输入能量,系统内部能量相互传递,能量维持生态系统的适宜的温度。生态系统的各种生物、自然环境因素和非物质之间相互作用、相互制约和相互影响,有秩序地构成一个有机整体。

(四)生态平衡

生态系统的产生、发展有一个过程,经过长期不断的演化,系统中的物质和能量的流动保持一定状态下的平衡。这种平衡是相对的,比较脆弱的,在人为的干涉下,很容易失去平衡。但生态系统有自身的自净能力,对于污染物的排放,生态系统可以自己消化,保持生态系统的平衡;可是如果污染过大,严重超过了生态系统的承载能力和自净能力,将会破坏环境生态功能;如果整个生态系统无法平衡,那将严重危及人类的生存环境。因此,人类在工业化大生产进程中,需要意识到环境保护的重要性,意识到加强环境保护,维护生态平衡,追求可持续化发展才是符合生态文明建设的基本要求。

(五)生态基本规律

生态基本规律就是指生态系统生物之间、自然因素之间和生物与自然因素之间相互作用的基本规律。概括起来包括以下五点。

1. 相互制约和相互依赖的互生规律

在自然界,相互制约和相互依赖的互生规律主要表现在三个方面。首先,组成自然环境的各因素之间是相互联系和制约的,形成了一个有规律的综合体——环境系统。其次,自然界的植物群落、动物群落和微生物群落之间,以及各个群落内的生物组分之间,是相互制约和相互依存的。它们联合成一个复杂自然体——生命系统。最后,生命系统与环境系统之间是相互制约和相互依赖的,并构成不可分割的整体——自然生态系统。

2. 相互补偿、相互协调的共生规律

在生态环境中,环境因子间在量上的相互补偿与调节是普遍存在的,它属于广义的共生范畴。如高的地下水位可以补充降雨的不足,草原地区的溪河两岸仍有成片的森林,沙漠区的低槽地带也会出现绿洲。在我国云贵高原的某些地方,湿度大、温度变幅小、风小的气候特征,补偿了热量的不足,因而分布着热带植物;在北纬27度的金沙江河谷地带引种橡胶成功;等等。这些都是通过环境因子间的相互补偿和调节实现的。

3. 相互适应与选择的协同进化规律

在相互制约、相互依存的互生规律中已经谈及,一定的环境条件,影响着生物的发生、发展;生物的发生、发展不断地影响着环境;受生物改变了的环境又反过来作用于生物。所以,生物总是生长在不断变化的环境之中。随着环境的变化,生物的形态结构、生理机能、繁殖能力等,也产生着相应的变化。生物这种适应环境变化的能力,叫适应性。凡是适应性强的生物个体和群体,在自然选择中都占有优势,反之就占劣势乃至被淘汰。现在地球上的每一个生物物种和生物类型,都经历了漫长的发生、发展和进化过程,才形成今天这样的形态结构,并达到与现代环境相适应、相对平衡的状态,随着时间与空间的变化,还将不断地向前发展。人们把生物和环境这种相互适应和选择的进化观点,称为协同进化论。

4. 物质循环的平衡规律

生态系统的物质循环是指无机化合物和单质通过生态系统进行的循环运动。生态系统中的物质循环可以用库(pool)和流通(flow)两个概念加以概括。库是由存在于生态系统某些生物或非生物成分中的一定数量的某种化合物所构成的。对于某一种元素而言,它存在一个或多个主要的蓄库。在库里,该元素的数量远远超过正常结合在生命系统中的数量,并且通常只能缓慢地将该元素从蓄库中放出。物质在生态系统中的循环实际上是在库与库之间彼此流通。在单位时间或单位体积的转移量就称为流通量。

5. 能量输入和输出的转化定律

自然界中一切物质都具有能量。能量有各种不同的表现形式,并能从一种形式转化为另一种形式(包括物质和能量的相对论式转换),从一个物体传递给另一个物体。

在转化和传递过程中,能量的数量不变。这个定律也可以表述为:在隔离系统中,无论发生何种转换或变化,能量的数量保持恒定。这个定律是人类实践的经验总结。大量的研究和实验,包括第一类永动机的无法制造都支持这个定律。未发现与此定律相矛盾的情况。

人类和其他生物所利用的能源,基本上都来源于太阳辐射。太阳辐射在地球表面产生两种能量形式:热能,它温暖大地,推动大气与水的循环;还有光化学能,光合作用固定能量并转化为生物能,随着食物链的传递,大部分供生物呼吸发挥作用,以热能的形式消散,仅部分能够传递至次级生物体,合成新的组织。这种逐级传递,形成一个金字塔式的能量结构。伴随着物质循环的结果,所有能量消散于环境中,完成生态系统中能量转化整个过程。生物能的转化,也是遵循能量守恒定律和能量分散定律的。如绿色植物将光能转化为光化学能,而食物被取食后,又转化为其他类型能量。依照能量守恒定律,一种类型能量的总量,与转换后的能量的总量持平。

五、环境与税的关系

一般来说,我们称为环境的就是人类生活的周围客观存在的状况及人类与周围的关系。环境税的设置目的是保护环境,维护生态稳定、平衡。从人类意识到环境保护的重要性开始,治理环境污染、维护生态平衡成为人类社会可持续发展的重要课题,环境污染治理的行政强制手段成为最早的环境保护手段。与环境保护的直接强制性行政手段相对应,环境税是通过经济手段来实现环境污染治理的目的,凡产生污染、破坏环境或对环境产生影响的活动主体都应成为税收缴纳主体。环境是税的保护对象,给环境排放污染物或破坏生态环境的企事业单位、生产经营主体是环境税课税主体,税的产生是由纳税主体因直接向环境排放污染物而向税收主管部门缴纳。环境和税的关系相互依存,环境是管理的目标,税收是环境污染治理、保护的手段或工具。

第二节　环境税法制化

一、环境税的立法模式

我国尚未建立环境税立法,相关制度也处于空白状态,而如何才能建立我国的环境税立法,相关税制模式的选择和构建显得也很重要。

(一)国外环境税的主要立法模式

学者付伯颖将环境税的立法模式分为三种:独立型、融入型和税费并存型[①]。实际上环境税立法模式并非单一的融入型或者独立型,而是随着实际情况的变化不断改变。

1.融入型环境税立法模式。融入型环境税立法模式只是在原有的税收中加入环保理念体系并进行重构,并不单独设立环境税。其目的是实现有关环境和经济的目标。它对环境保护起到刺激和约束的作用,最终实现节能环保的目标。融入型环境税的征收范围较宽,其与独立型环境税模式相比操作较为简单,不会增加征税的成本。融入型环境税模式,由于只是在原有的基础上进行改动,产生的效果没有比独立型好,不利于资金的筹集。

2.独立型环境税立法模式。独立型环境税的立法模式是根据污染者付费和使用者付费原理,在现有的税制基础上,筹集环保资金,以实现将环保资金

---

① 付伯颖:《论适于中国国情的环境税模式选择》,《现代财经:天津财经学院学报》2008 年第 11 期。

用于保护环境的目的。其相较于融入型模式的环保效果更好,针对性更强。独立型环境税收的优点不言而喻,其作为税收的一种可以为财政带来收入,有利于税收专款专用,将资金用于环保事业。但是,独立型环境税模式有其自身的缺陷。一方面,其作为一种新开征的税种需要与其他的税种相协调,如果和现行税制的融合不好便很容易造成效率低下的情况。另一方面,由于新征收的税种会涉及很多人的利益,为了平衡这一利益,减少改革的阻力,需要对利益受损者提供补偿,这在一定程度上增加了税制的复杂性,也增加了征管成本。

3.税费并存型环境税的立法模式。税费并存型环境税立法模式并不是仅仅将现有的环境收费改征环境税,而是需要全面地考虑各种利弊进行综合衡量,并且在此基础上做出分析判断,最后找出有必要将环境收费改征环境税的税目,而其他的一部分仍然以环境费进行征收。在采用收费的形式还是征税的形式上,则需要全面考虑多重因素,其中征管对象的特点、征管的难易程度、民众的接受程度等都是需要考虑的因素,将对征税对象中比较稳定、较易征税的单位采取税收形式,而对那些对象不稳定、征收难度较大的采取征费的方式。税收是国家通过法律强制执行的一种经济手段,其明确了税率、征税对象等内容,征收起来较为容易。发达国家一般在征税对象难以确定、征管水平较低的情况下采取税费并存的征管模式。不管采取何种模式都需要注重效率、公平,并且可以在此基础上做到调节税收和经济的关系。一个具有可行性的环境税的立法模式是需要符合我国国情的,并且需要遵循以下几点标准:

(1)环境税法律制度需要有一定的前瞻性,并且保持税收中性的性质。从国外的环境税收法律制度来看,当前的发展需要是全面的综合的深层次的发展。只有这样,才可以构建起独立的环境税法律制度。因此在选择环境税立法模式时必须在与时俱进的同时,具有一定的前瞻性,并且需要保持税收中性原则。

(2)符合我国现阶段的经济发展状况。环境税立法模式的选择自然需要与我国的经济发展状况,以及环境税所处在的发展阶段相适应。我国经济已经发展到一定阶段,环境保护制度也粗具规模,环境税制经过一定阶段的发展也逐渐显露出雏形,可以说已经具备了建立一个独立于传统税制的环境法律制度的现实条件。但是和经济合作与发展组织(OECD,简称经合组织)国家相比,无论是经济发展水平、环境发展水平,还是其他条件都具有很大差距。因此,如果不考虑这些条件而一味开征独立的环境税,显然会有些力不从心。

(3)需要符合我国对环境税法律制度的需求。环境税的立法需要符合我国的最真实需求,从制度经济学来看,就是需要提供有效的制度供给。这种有效的制度供给就要求既不能低于也不能超越实际需求。从我国现阶段的国情来看,我国现阶段的税收制度还不完善,环境保护的任务更加艰巨、形势更加严峻,这需要我们建立一个全新的较为完整的环境税收法律体系。

(4)需要与现有的制度相衔接。环境税立法模式的构建,不能是空中楼阁,需要与现有的税收制度相衔接。在西方发达国家,环境税制的构建就非常强调与现阶段的税制相融合,强调整体的完整性。例如,比利时税务机关就规定环境税必须在间接税第一次支付时便完成,这便将环境税与现有的间接税联系起来。我国目前的税收征管制度不发达,税率也普遍较低,因而在环境税的立法过程中更加需要注意制度的衔接问题。

(二)我国环境税的立法模式选择

面对我国现阶段的发展情况,需要充分考虑各个模式的不同的优缺点,使它们充分发挥作用。我国实行独立型环境税的立法较为合适,但是由于我国的起点较低,仅仅选择单一的独立型环境税立法模式是远远不够的,还需要根据我国的国情以及经济发展情况进行调整。独立型环境税的立法模式相较于其他两种比较有优势,主要体现在:该模式在西方逐步发展完善,而且充分反映了对环境保护的重视程度,较为符合我国对环境税的立法需求,比较适合中长期的发展需要。该模式在最初构建的时候会对现在的税费进行改革,会引起新旧税制之间的衔接出现裂痕,这就需要制度的精心安排,使得新旧制度完美地契合。

但是,从我国目前的税制状况来看,该制度目标有些偏高,不切合实际,这就需要我们解决这一问题,需要改造独立型环境税的立法模式。这并不是要求我国一下子达到独立的环境税收立法模式,而是通过时间的推移,循序渐进地完成,将独立型环境税的立法模式作为我国的中长期目标。这也就是王金南教授所提出的在不同阶段采取不同的模式,"循序渐进、分步实施"的策略。他认为改革需要分步骤分阶段完成,最终建立独立环境税制度:

首先,在短期内采取融入型环境税的立法模式,仅对现有的环境税制进行完善,以环境保护作为修改和制定的主要内容,在既定的立法框架下,将重点放在消费税和资源税的立法上。

其次,待基本的立法工作完成后,需要将开征的重点放在环境税种和改进传统的环境税之上,需要引入排污税、污染产品税等新的税种,为我国独立型环境税的立法模式打下基础。

最后,适时全面引入环境税,与此同时应继续修改传统的税制,并有效协调新旧税制之间的关系,形成一个系统化的环境税的立法体系。我国环境税的立法模式采取独立型模式较为合适,并且需要根据我国的实际情况适时引入独立环境税。

(三)我国环境税的立法现状

2016 年 12 月 25 日,全国人大常委会审议通过了《中华人民共和国环境保护税法》(以下简称《环境保护税法》)。《环境保护税法》的发布,使得环境税法律体系开启了新征程,对环境税法律制度建设具有标志性作用。目前我国具有环境保护作用的税收行政法规有资源税、城市建设维护税、耕地占用税、城市土地占用税、燃油税、车船税等条例,基本形成环境税法律制度体系的雏形。

1. 征收独立型环境税

《环境保护税法》在纳税主体、计税依据、应税税额方面都做出了相关规定。

第一,征税对象。根据 2015 年 1 月 1 日起实施的新《环境保护法》的规定,排污费的缴纳主体为排放污染物的企业事业单位和其他生产经营者。为了和排污费的相关规定相衔接,《环境保护税法》规定,环境保护的纳税人为在中华人民共和国领域以及管辖的其他海域,直接向环境排放应税污染物的企业事业单位和其他生产经营者。并且明确规定,应税污染物是指大气污染物、水污染物、固体废物和噪声。其中,企业事业单位和其他生产经营者向依法设立的污水集中处理、生活垃圾集中处理场所排放应税污染物,在符合国家和地方环境保护标准的设施、场所贮存或者处置固体废物,不缴纳环境保护税。

第二,应税税额。在纳税税额上,《环境保护税法》规定的税额标准与此前的排污费的征收标准一致,这主要是因为省级政府考虑了本地区的环境承受能力、污染排放现状以及经济社会生态发展的目标要求,并且可以在此基础之上适当地上浮应税污染物的适用税额,但需要向国务院进行备案。这样增加了政府的主动性,有利于更好地发挥环境税的调节作用。《环境保护税法》主要针对环境保护税的计税依据、应纳税额进行明确的规定,其规定的税额标准基本一致。将税额进行统一规定,有利于税收法定原则的实现。

第三,征管体制。《环境保护税法》在环境税的立法过程中遵循“企业申报、税务征收、环保协同、信息共享”的征管模式,也就是纳税人需要向纳税机关进行申报,对其真实性和合法性承担责任,并且将重点纳税人和非重点纳税人进行分类监督,在税务机关发现纳税人出现逃税等情况时,可以向环保部门提请审核该纳税人的污染物排放情况。环保部和税务机关需要建立相关的信息共享机制。

2.相关税种的完善

我国仅有相关的税费制度可以体现环保思想,而与真正环境税的立法相差甚远。这并不能满足我国现阶段环境保护的要求,因此我们应该在此基础上构建相关税收制度,使其不断完善,并且逐步开征环境税。

(1)积极推进费改税。排污收费作为我国环境管理工作中提出较早的制度之一,对于环境保护起到了较大的作用,并且在落实过程中也发挥了较好的作用。但是,随着时间的推移,污染排放收费的种种弊端逐渐显露出来。因此,推动税费改革的进程已经势在必行。尤其是在《环境保护税法》发布以后,其内容之一是将"排污费"相关内容进行平移,这在一定程度上有利于"排污费改税"。但从环境保护相关角度来看,这种"税负平移"的税制设置方式会导致一些问题。其税制要素的确定也需进一步完善。《环境保护税法》规定,纳税范围为"大气污染物、水污染物、固体废物和噪声"。因此,在实行费改税的过程中应该注意税制设置方面所容易出现的问题。在实施过程中需要用纳税的目的标准来进行综合判断分析。

(2)资源税的制度完善。现行的资源税有很多不足之处,如税率偏低、环保理念不强、征税范围较窄等,环境税的相关立法应该完善相应制度。资源税改革主要应包括以下几个构想:首先,扩大征税范围。为了实现通过税收对经济的调控作用,需要扩大资源税的征税范围。自然资源如水资源、土地资源、森林资源等,都需纳入资源税的征收范围。其次,提高征税标准。资源税的税率较低,不足以达到调节经济的条件。在环境税的立法阶段,应实行从量计征与从价计征并存的方式,并且大幅提高税率。最后,牢固确立环境保护的理念。现行资源税中的观念已经跟不上时代的步伐,需要在新的资源税中突出环境保护理念,加大环境保护力度,适应社会的需要,将环保理念贯穿于整个环境税的立法过程之中。

(3)消费税的制度完善。消费税作为环境税的立法改革的一部分需要与整体改革相协调,现行消费税的不足要求我们进行更深层次的绿色化改革。主要的改革构建包括:首先,提高税率。现行的消费税税率较低,为了更好地刺激消费者的选择,应该将税率提高。尤其是对木制一次性筷子的使用上的税率应该提高。其次,合理设置差别税率。应该对不同的商品实行不同的税率,加强税率设置的合理性和有效性。如将含铅汽油与不含铅汽油之间的税率拉大,这样有利于指导消费者使用清洁能源。最后,实行价外税。通过价税分离的方式,可以使消费者对商品进行很好的选择,选择较为环保绿色的产品,有利于环境的保护。

(4)城市维护建设税的完善。城市维护建设税是现如今与环境保护关系较为密切的税种,它在环境税的立法中也应该进行绿色化改革。城市维护建设税的改革主要包括三个方面:首先,需要使得环保资金整体稳定,不能出现大起大落的现象。其次,将征税主体逐步扩大,将外商投资企业以及外国人也列为征税对象,并且增加相应的税基。最后,应该提高城市维护建设税的税率,这样可以筹集更多的资金,将资金用于环境保护项目,使其发挥更大的作用;也可以使消费者进行选择性消费,调节经济。

(5)车船税与车辆购置税的完善。车船税是将车船使用税和车船使用牌照税进行合并而形成的。当初设立的目的是保护环境,减少车辆的尾气排放,但在实际实施过程中,车船税和车辆购置税保护环境的作用还没有充分发挥出来。例如:在现行税制中主要根据车船的大小和吨位进行征税,而没有考虑对不同车辆进行区别对待。因此,在车船税和车辆购置税的改革过程中,需要考虑到车辆对环境的不同影响,实行差别税率。并且对那些环保车辆给予一定的税收优惠,以此鼓励环保车辆的使用,从而达到保护环境的目的。

3.环境税收优惠政策的完善

环境税收法律制度中,存在着很多税收优惠政策,例如在增值税中,企业所得税中等,而从目前我国的国情来看,并且结合西方的经验,环境税收优惠政策的返还力度远远不够。许多亚太经合组织成员国的税收优惠政策包括的范围较宽,优惠力度也比我国的大。从总体来看,我国的环境税收优惠政策有如下几点不足:一是优惠措施之间的连接度不好,甚至还会出现彼此冲突的现象。二是环境税收优惠政策的适用范围较国外来讲非常狭窄,并且优惠力度也远远不够。三是从现有的环境税收优惠措施来看,没有一个统一的标准,连贯性不够。

正因为环境税收优惠措施法律规范的不完善,我们只有在此基础上找出相对应的解决方法才能使环境税收优惠措施不断完善。关于这些不足,《环境保护税法》设立了"税收减免"专章,并且对税收减免的具体情形作了明确规定:对农业生产排放的应税污染物,机动车、铁路机车、非道路移动机械、船舶和航空器等流动污染排放的应税污染物,依法设定的城乡污水集中处理、生活垃圾集中处理场所排放相应应税污染物不超过国家规定的排放标准的,和国务院批准免税的其他情形免征环境保护税。纳税人排放应税大气污染物或水污染物的浓度值低于国家和地方规定的污染物排放标准百分之三十的,减按百分之七十五征收环境保护税。纳税人排放的应税大气污染物和水污染物低于百分之五十的,减按百分之五十征收环境保护税。该项规定很好地起到了调节税收的作用,在原来的基础上取得了很大的进步,对调节民众的消费观念以及相关税收优惠政策的完善具有重要作用。

4.完善《环境保护税法》实施相关配套法规制度

要建立独立的环境税收法律制度,仅仅在现有税制的框架下对排污收费制度做简单的平移是不够的,需要立足于环境税的立法目的,做进一步精细化的设置。

(1)扩大环境保护税的征税范围。法律是由国家强制力保证实施的,一旦出台便不可轻易修改,因此在立法过程中应该充分考虑法律的前瞻性。《环境保护税法》仅仅是对排污收费制度进行了平移和改造,其征税范围较窄,第3条中规定应税的污染物仅指大气污染物、水污染物、固体废物和噪声。随着人们对生活居住环境要求越来越高,法律的相关规定将不足以满足人们的需求。在环境税的立法过程中应该扩大其征税范围,并且逐步完善相关的法律措施,仅设定这些征税范围是远远不够的。

(2)合理划分环境保护税收入。如今,排污收费列入地方财政预算,属地方财政收入。在排污费改为环境保护税之后,税收收入将可能成为中央和地方共享税,对环境保护税收入的合理划分成为需要我们解决的问题。这便需要对相关财政收入归属问题做出特殊安排,即将来自全国的污染物(大气污染、大江大河污染)归属于中央财政专项,将区域的污染物排放(跨区域的湖泊)归属于地方财政共享。这也符合税收专款专用的原则,有利于提高地方的征税积极性,使其合理利用税收。

(3)充分考虑对企事业单位的税收鼓励机制。《环境保护税法》对环境税征收过程中企事业单位以及其他生产经营者必要的改进技术和生产设备未规定鼓励措施。2008年,我国实行的增值税改革将生产型增值税转为消费型增值税,其核心内容是将企业购进机器设备等固定资金的进项税金在销项税金中抵扣。该规定在一定程度上起到了鼓励生产者改善技术和生产设备的作用,但从长远来看,在增值税中的环境税式支出还不能达到保护环境的目标。因此,在环境税立法过程中应该设置一些税收优惠政策来鼓励企事业单位革新技术,使用低耗、节能的生产设备。例如,可以在法律中规定,相关企事业单位和其他生产经营者改进经营设备和技术,其排放总量未超过总量指标的,可以在购买设备的1~3年内享受相关的税收优惠政策。

(4)构建相关部门之间的协调机制。一个环境税收立法的实施,离不开各部门之间的相互协调,仅仅依靠环保部门或者税务部门的力量是远远不够的。

因此,在环境税的立法过程中需要注意相关部门协调机制的构建。笔者认为,可以从以下几点进行规定:首先,要建立环境税收信息共享机制,实现环保部门和税务部门联网,保障数据信息实时共享,确保两者间即时了解到对方的相关信息。其次,建立环境税收征管的协商机制,定期处理经常性事务和征收管理工作中遇到的问题,必要时可以两部门联合执法。

第三节　环境税法的基本理论

一、环境法基础

作为一项经济性法律制度,环境税法律制度除了具有充分的经济学基础外,也有着比较深厚的法理学基础,具有丰富的法律蕴涵。环境税法基础分为环境法基础和税法基础。环境法基础包括:环境正义理论、环境权利与义务理论和人与自然关系的法律协调理论。

(一)环境正义理论

正义是伦理学、政治学的基本范畴,不同文化背景、不同社会制度的人对"正义"一词有着不同的理解。譬如柏拉图就认为正义应当是与等级相关的,人按等级行事即正义;基督教则认为正义与肉体是相关的,肉体归顺于灵魂即正义。整体看来大多数的观点认为公平即正义。简单来说是同样的人同样对待。正义的维度主要包括:公平、效率、自由、安全和秩序等。环境正义是新时代下正义范畴在环境领域中的发展和演绎,而现代化以来,人类对环境正义的认识不断加深和多元化。美国环境保护署(EPA)是把"环境正义"定义为:通过环境法律、规则和政策的发展,以确保不同种族、文化及收入之人类均能获得公平的对待。[①] 随着环境问题的恶化和环境法的发展,环境公平、环境效益、环境民主、生态安全和生态平衡等成为环境正义的重要维度,其中环境公平和环境效益与环境正义的关系最为密切。

环境公平是在对环境资源的利用过程中,人们对其权利和义务、所得与投入的一种道德评价。以地球共享资源或共享跨国界资源而论,"公平使用"就

---

① 李传轩:《中国环境税法律制度之构建研究》,法律出版社 2011 年版,第 40 页。

成为许多国际条约和环境外交的道德原则。如外层空间资源属人类共同财产,各国应共同地为和平目的而分享之,国际水道的公平使用等,均体现了自然资源分配的公平原则。为防止全球资源受到损害以及明确受损所应承担的义务,《里约宣言》提出了"共同的但又有区别的责任"原则,这实质上是对发达国家应该负有控制污染的"主要责任"的肯定,因为它们造成了最大的污染。在我们国内,环境公平的道德原则无不体现在自然资源保护、污染治理等方面。

环境税法律制度能够充分体现环境正义的价值理念,尤其是在环境公平和环境效率维度,环境税法律制度是环境法律制度体系的一部分。

环境问题大部分属于外部效应,环境污染导致巨大不公平。环境污染者滥用自然资源、破坏生态平衡却不承担或没有承担足够的相应成本。征收环境税就是要破坏生态环境的有关主体承担相应的所有费用,体现当代人之间、当代人与后代人之间的环境公平。

(二)环境权利与义务理论

权利是法学的基本范畴之一,是法律术语,真实的含义是法律赋予人实现其利益的一种力量。义务与权利相对应,义务是一种责任和使命,义务有政治义务、经济义务、道德义务,也有法律义务。环境权利和义务理论在环境法学中富有争议,但在不断的争议中,人们对环境的权利和义务认识更加深刻,逐步达成共识。人们普遍的看法是,环境权是一项权利与义务紧密结合的权利,环境权利和义务是相互统一的,有时候权利就意味着义务。具体来说,环境权的最基本内涵就是每个人都享有在良好环境中生活和享有合理利用资源的权利,环境义务的基本内容就是每个人都应当维护良好的环境,合理地利用资源。

(三)人与自然关系协调理论

在人类过去的发展历程中,人类经历了原始社会的狩猎文明、农业文明和工业文明,每一次人类文明的发展,都是人类认识自然、改造世界能力提升的结果,相伴着人与自然关系的变化。在原始社会时期,狩猎文明使人类与自然和谐相处;随着人类技术的进步,认识自然、改造自然和利用自然资源能力的提升,人类社会进入农业文明时期,这个时期人类主要是克服自然、与自然做斗争,"人定胜天"的思想哲学是我们人类的克服自然的指导思想;伴随着人们生产技术的进步,社会分化进一步细化,手工业从农业中分离出来,尤其是18世纪第一次工业革命以后,工业实现大发展,人类进入工业文明时期,这个时期人们大量地征服自然,掠夺式开发和利用自然资源;近代几十年,自然污染的严重和生态平衡的破坏,严重威胁到人类的生产和发展,不断引起人们的深思,人们对人与自然的关系有了新的认识,新时代人类将迈入生态文明,追求人与自然的和谐关系。

在新的生态文明建设为导向的时代,传统法律制度无法适应时代的要求,环境法律制度作为一种调整人与人之间及人与自然之间关系的法律体系应运而生。从 20 世纪中期开始,全球化的法律制度生态化变革运动蓬勃发展。在对人与自然关系法治化的协调演进过程中,生态化法律调整机制开始形成。这种机制"以环境资源专门法的生态化方法为主,结合其他法律部门的绿化,综合调整人与自然的关系"。①

环境税法律制度是一种新型的环境保护制度,是生态化法律调整机制的重要组成部分。它应用经济手段向生产消费者征收税款,影响生产者改变生产方式,尤其是过去那种粗放型、高耗能的生产方式,以达到减少污染、合理利用自然资源的目的。环境税的征收是专款专用,用于补偿和维护环境生态平衡。这种以生态价值取向和市场化机制导入的法律调节,使人类社会走向人与自然和谐,创造环境友好型和资源节约型的生态环境,人与自然的关系不再是征服和掠夺资源的对立关系,而是友好、和谐的。环境税法律制度是人与自然关系的法治化和和谐的重要环节和制度支持。

二、税法基础

税法基础是环境税法律制度的法理学基础之一,环境税法律制度从根本上来说是税收法律制度组成部分,当然包括丰富的税法基础,主要包含环境税收法定主义、环境税收公平理论、环境税收效率理论和环境税收中性理论,这四个方面也构成了税法的基本原则。

(一)环境税收法定主义

源自税法的税收法定原则,即通过法律的形式把环境税的征收确定下来,构成环境税法的重要理论基础。税收法定主义一般来说也叫税收法定原则,税收法定原则是税收法律最为核心的原则,是指国家税收必须通过法定程序加以确立,税收征收与缴纳行为必须依法进行。税收法定原则之内涵包含课税要素法定、明确且程序正当三个方面。

---

① 蔡守秋:《调整论——对主流法理学的反思与补充》,高等教育出版社 2003 年版,第 559 页。

环境税法定主义主要是税收法定主义在环境税法律制度中的体现,主要指环境税收的设立、征收、缴纳和使用,还有税收活动主体的权利、义务等都必须由法律来明确规定,税收活动必须有法律依据。环境税法定主义贯穿于环境税收的整个过程,适用于环境税的所有具体领域,主要包括:环境税收立法领域、环境税收征管领域和环境税收适用领域。

1.环境税收立法领域

环境税收立法是环境税收法定主义的必然要求,是环境税法的重要基础。税收立法必然要对征收主体、缴纳主体、征税客体、征税税率和税收优惠政策等内容做出规定,税收法律条款还需要对多方面做详细表述。由于税收是凭借国家政治权力无偿取得的一种财政收入形式,税收法定是必然的环节,税收立法过程还需要公开、透明、民主,积极邀请公众参与,以保障立法的科学性、合理性、适用性。

2.环境税收征管领域

环境税收征管主要涉及征管部门和纳税主体的权利和义务。税收法定原则一方面规范税收主体的税收征管执法行为,实现依法征税;另一方面确保纳税主体履行纳税义务。环境税收以排污物为计税基础,根据污水、固体废弃物、污染气体等排放量和给环境造成污染程度来征收环境税,以为环境污染治理筹集资金。

3.环境税收适用领域

环境税与其他税种有明显的区别,其征收的目的决定了税收的使用。按照庇古的外部性理论,开征环境税是为了实现环境污染社会成本内部化,为了弥补私人成本和社会成本之间的差距,一方面是促使生产者合理利用自然资源、减少环境污染,另一方面是筹集修复环境破坏和维持生态平衡所需费用。按照税收契约理论,环境税是在不增加纳税人税负的基础上,开征专用于环境污染治理、维护生态平衡的特殊税种。环境税属于专款专用税种,这是由环境税的特性决定的。

(二)环境税收公平理论

税收公平所指向的对象是纳税人要承担的税负水平和承担的能力,要求国家所给予的压力与纳税人的承压能力相适应,并使不同的纳税人所负担的压力相当。从其定义可知,环境税收的公平理论应当是包括横向和纵向两个维度的。横向的环境税收公平理论要求承压能力相同或相近的纳税人应当承受相当的税负;纵向的环境税收公平理论要求对承压能力不同的纳税人应当施以不同的压力。而上述所说的"同"与"不同"主要体现在国家制定纳税标准上,因此就拥有法定且独有税收权的国家而言,在税制设计与实施时必须首要考虑公平原则,以维护社会的公平,保证国家的形象。

(三)环境税收效率理论

公平和效率向来是一对矛盾体,在保障公平的同时,务必考虑税务机关的行政效率。行政效率的提高,有利于促进社会资源的有效配置,有利于带动经济机制的有效运转,有利于提高社会整体的经济效率。其内涵应当包含经济效率和行政效率两方面:于经济效率,要求税务机关的征税行为必须能对社会经济起到推动作用,在提高社会整体经济效率、促进资源合理配置方面发挥独有的作用;于行政效率,要求税务机关的征税行为应当缩减成本,以最小的成本去换取最大的税收利益。

(四)环境税收中性理论

税收中性原则是针对税收对社会所带来的负面影响而言的,多指向超额负担。为避免税收对社会造成负面影响,破坏纳税人甚至社会经济的正常运行,一般要求税收须以税额为限,不允许给纳税人及社会带来其他损失,不能对市场经济的正常运行造成干扰,特别是不能影响市场配置资源的自我调节功能。

第四节　环境税法的任务与目标

一、环境税法的任务

环境税法作为税法体系的一部分,同样拥有税法的基本任务,主要体现在:为环境税征收提供法律保障,规范税收征管,筹集环境保护资金,促使纳税人履行纳税义务和生产者改变生产行为。

(一)为环境税征收提供法律保障

税收是国家为了实现公共职能而凭借国家政治权力,依法强制、无偿地取得财政收入的活动或手段。[①] 环境税法是税收法律体系的重要组成部分,体现税法的基本特性,这就决定了环境税法需要以法定的方式来确认,成为一种

---

① 　杨紫烜:《经济法》,北京大学出版社、高等教育出版社 2014 年版,第 526 页。

合法的手段。环境保护是国家的一项基本职能,在市场失灵问题普遍存在,行政直接管制效果不佳的情况下,国家应用环境税法律制度对环境进行保护。环境税法律制度是税法这一集经济手段和法律手段于一身的法律部门对环境领域进行调控的制度方法。环境税的法定主义决定了环境税必须以法律的形式加以确定,以保障环境税征收的权威性、合法性、合理性和稳定性。环境税征收主体、纳税主体、税种、税率、用途等都由法律加以确定,这是由环境税的特殊性决定的。

1.确定环境税征管行为

环境税收征管部门是代表国家执行税收征管,确保国家获得财政收入以履行公共职能的行政部门。一要确定环境税征收行为的合法性,二要确保环境税征收的顺利进行,三要保障纳税人的合法权益不受侵害。环境税法必须对税收征管程序、税收缴纳方式等做出规定。

2.筹集环境保护资金

环境税有一个区别于其他税种的重要特征就是专款专用。税收的特征是国家无偿取得财政收入,以满足履行社会公共职能的需要。环境保护、污染治理也是国家的公共职能之一,通过污染者付费的原则,弥补私人成本和社会成本之差,一方面有效提高生产活动者环保意识,减少环境污染;另一方面通过征收环境税专用于环保事项,充实环境保护资金。

3.纳税人履行纳税义务

环境税源于庇古的外部性理论、公共物品理论和市场失灵与政府失灵理论。环境法产生早期,环境污染治理和环境保护采取的是强制性的行政直接管制手段,但这种强制性的直接管制手段,实施以后效果有限。在市场失灵和政府失灵的情况下,集经济手段和法律手段于一身的环境税法律制度产生。环境税的根本目的是外部成本内部化,按照污染者付费理论(PPP),通过对产生污染的生产经营者征收税款,征缴的税款用于污染治理,实现环境污染私人成本等于社会成本,达到环境污染治理、环境资源合理利用和生态平衡的效果。

环境税的征收可以增加财政收入,但与普通税种有明显的区别,其根本目的是筹集环境保护资金,实现环境保护。根据税收契约理论,环境税的开征是政府承诺与纳税人履行纳税义务达成的契约,环境税的专款专用是提高纳税人履行环境税纳税意愿和履行承诺的一种方式。环境税法一方面规范征税主体的依法征管行为,另一方面规定纳税人须履行的法定纳税义务。

4.促使生产者选择耗能低、环境污染小的生产行为

环境税的目的是使经济行为负外部性内部化,通过征收环境税来弥补私人成本和社会成本之差,即污染者付费原则。这样对环境造成污染或环境资源造成破坏最终需要承担相应的成本。生产者为了降低相应的成本,必然会一方面提高生产技术或选择其他对环境破坏小的生产行为,另一方面要合理利用环境资源,从而引导生产者积极进行技术改造,注重保护环境,达到环境保护的真正目的。同时,通过提高重污染行业的准入门槛,让更多资本、生产者选择污染小的行业从事生产经营,达到产业结构优化的目的。

二、环境税法的目标

(一)环境效益

环境税法是调整环境税征纳关系法律规范的总和,2016 年 12 月 25 日《中华人民共和国环境保护税法》审议通过,2018 年 1 月 1 日起生效。与环境保护有关的法律、法规还有《资源税暂行条例》《城市维护建设税暂行条例》《消费税暂行条例》《车船税暂行条例》等。在过去,政府对待环境问题基本是以行政直接管制的方式,而在市场经济大发展的今天存在市场失灵和政府失灵的问题,于是人们想到通过环境税征收这种经济和法律相结合的手段,改变过去单一的行政直接管制的环境保护手段,依靠环境税的征收实现环境保护、环境资源合理利用和生态平衡。

一般来说,普通税种税收的目的是增加国家财政收入,实现国家职能。但环境税的主要目的不是增加国家财政收入,而是保护环境的生态功能,实现环境资源合理利用和环境生态平衡。虽然部分环境税,如资源税其本身具有自然资源调节的经济性目的,但改变不了环境税最重要、最根本的环境效益这一本质。

(二)经济效益

环境税是面对"双重失灵"问题而提出的,环境税法律制度作为一种集经济手段和法律手段的经济调节法律制度诞生。环境税的征收是建立在不增加纳税人额外负担的基础之上,征缴税款专用于环境污染治理,环境税的作用有环境保护和消除税收扭曲性效应。环境税的征收能够产生绿色效益,还可以蓝色效益,就是说环境税自身具有"双重红利"功能。环境税征收的经济性收益主要体现在环境税的蓝色效益上,这个主要是通过征收环境税,减少制度性扭曲而促使企业主、生产经营者增加投资,增加劳动就业岗位而促进国民经济增长。

第五节　环境税法的产生与发展

一、环境税法的产生

国外关于环境税的研究起步比较早,最初是英国经济学家庇古在 20 世纪 20 年代提出了庇古税理论。自 20 世纪六七十年代提出"污染者付费"理论后,环境税的研究正式开始。因其与多数国家所惯用的命令控制型的手段不同,受到了诸多国家的青睐。于是,越来越多的国家开始运用这种集合经济与法律特性于一身的管制方式。而其真正步入实践环节应当根源于 20 世纪 80 年代以后经济合作与发展组织成员国运用环境税来解决环境与发展问题,于此时期,相关研究也取得了丰硕成果。

二、环境税法的发展

(一)初级发展阶段

这个阶段主要包括 20 世纪 50 年代至 70 年代,环境税的产生原因是环境污染治理直接管制的行政手段收效甚微,人类在思考环境污染治理的其他手段。这时,庇古的外部性理论、公共物品理论和市场失灵与政府失灵理论为环境税法的发展奠定了理论基础,环境税这个经济手段和法律手段相结合的环境保护手段的概念在多数发达国家兴起。这时环境税法发展的特点是针对出现的各种环境污染问题,零散地、个别地采用了一些环境污染税措施或开征一些环境污染税。这个时期所采用环境保护措施依然是以强制性的直接管制手段为主。例如,美国在 1971 年讨论对二氧化硫排放物征税的议案,1972 年开始征收二氧化硫排放税,有效控制了二氧化硫物对空气的污染。1972 年经合组织提出"污染者付费"原则,要求给环境造成污染者需要对污染行为负责,承担因污染治理而产生的费用。这一原则的提出为环境税征收提供更合理、有力的理论支持,开征环境税是对该原则的体现。后来,很多国家在庇古税理论基础上,根据"污染者付费"原则开征了环境税。

但这段时期,环境税的开征依然是一些简单的尝试,更多的是依附于其他税种,环境税依然处于雏形状态,独立、完整的环境税法律制度还未形成。

(二)快速发展阶段

20世纪80年代至20世纪90年代初期是环境税法律制度的快速发展时期。其间,地球环境面临着严重的危机,而当期的税收法律制度却显得无力,无法做出有效的调整,当时的理论界和实务界开始反思和革新现有的税收制度,旨在提出更有效的环境保护措施。因此,大量的环境税收措施以及一些全新的环境税种相继被采用和引入,环境税征收范围不断扩大,环境税从零星的尝试进入一个大规模快速发展的通道。

主要表现在,20世纪80年代开始,经合组织国家都踊跃采用环境税作为环境保护的手段。环境税作为环境污染治理和环境保护的重要手段逐步在一些工业化程度比较高,环境污染严重的国家发展。各种环境税的大量使用,使环境税成为税收制度和环境保护制度的重要组成部分。"税制绿化"现象在世界逐步蔓延,到20世纪90年代,部分北欧国家甚至进行"全面税制绿化"的税制改革。由此,全球拉开了环境税制改革运动的序幕。

(三)成熟完善阶段

环境税法律制度的成熟完善阶段主要包括20世纪90年代中期至今。在这一时期,适用环境税的国家大量增加,一些新的环境税也不断被引入,环境税制度改革运动逐渐深化和拓展。

适用环境税的国家大幅增加。首先是OECD建立了"税收与环境联席会议",由环境政策委员会和财务委员会联合主导,其"要考察在不增加管理复杂性的情况下,通过采用环境税实现社会经济和环境目标的可能性"。在经合组织的统一推动下,所有的成员国都在不同程度上引入环境税。欧盟从1992年起就提出了在欧盟成员国统一征收二氧化碳和能源矿物税的法案。此外,一些亚洲国家、苏联和东欧国家以及不少发展中国家,同样广泛使用环境税制度措施。

新的环境税被不断地引入。譬如,英国1996年10月开始征收"土地回填税",2001年4月1日开征气候变化税。瑞士除了传统的能源税之外,1998年7月1日开征超轻供暖油税,1999年1月1日对挥发性有机混合物(VOCs)征税。此外,1997年—2000年期间,一些北欧国家开始对化肥和农药进行征税[①]。大量新的环境税被许多国家引入和应用,不断丰富了环境税法律制度

---

① 黄润源、李传轩:《国外环境税法律制度的发展实践及对我国的启示》,《改革与战略》2008年第24期。

的内容,环境税也逐步形成一个税收体系,环境税法体系也不断完善和成熟。

环境税制改革运动逐渐深化和拓展。瑞典等北欧国家在 20 世纪 90 年代初期进行了全面系统的环境税制改革,不仅自身取得了良好的效果,也给其他国家税制改革和税制绿化带来了动力。20 世纪 90 年代中后期,经合组织越来越多的成员国进行了全面的"绿化税制"改革。随后,德国、澳大利亚、瑞士绿色税制改革全面开始。除此之外,还有俄罗斯、巴西、新加坡等国家先后开始了不同程度的环境税制改革和立法工作。

(四)我国环境税法的发展

相比于部分西方国家已形成全面的、系统的环境税法律制度,我国环境税法律制度发展相对缓慢。改革开放以后,在以经济建设为中心的发展理念下,先发展后治理的观念占上风。工业经济的大发展,改善了人们的物质生活条件,物质文明进一步丰富,但是由于环保意识的欠缺,企业生产不注意环保节能,尤其是高污染高耗能产业对环境的破坏尤其严重。随着环境污染越发严重,污染所带来的负面效应越发明显,人们意识到应当转变理念,实行可持续的发展,于是开始了运用税收手段进行环境保护的尝试。

伴随经济的发展,我国税制进行了多次的改革,逐步形成一些与环境相关的税收法律制度,但如果把这些零散的、不成熟的条文称为环境税法实属不恰当。从 1951 年我国颁布具有环保功能的《车船使用牌照税暂行条例》开始,到 2016 年 12 月 25 日全国人大常委会审议通过《环境保护税法》,我国环境税法律制度逐步完善,环境税法律体系趋于形成。

1.原始萌动阶段(20 世纪 80 年代初至 90 年代)

改革开放以前我国税收法律制度的发展经历过波折,新中国成立以后,我国统一税制,分别经历过 1953 年、1958 年和 1973 年三次税制改革。在此期间,还因受到极"左"思想的税收虚无主义理论影响,最终形成了一种计划经济的工商税制。但这一税制并不健全,直至改革开放后才出现了带有环境保护意味的立法,如下表所示:

时间	名称	意义
1984 年	《中华人民共和国产品税条例》	新中国第一部有节约能源、环境保护作用的税收条例

续表

时间	名称	意义
1984 年	《中华人民共和国国营企业所得税条例实施细则》	允许纳税人在计算应税所得额时扣除国务院和财政部规定留给企业的治理"三废"产品的赢利净额
1985 年	《中华人民共和国集体企业所得税暂行条例》	允许积极利用"三废"进行生产的纳税人可以享有一定期限内或一定程度上减免所得税的优惠待遇
1985 年	《中华人民共和国城市维护建设税暂行条例》	只有少数具有环境保护思想,大部分只是在客观上对环境保护有一定的作用
1986 年	《中华人民共和国车船使用税暂行条例》	
1987 年	《中华人民共和国耕地占用税暂行条例》	
1988 年	《中华人民共和国城镇土地使用费暂行条例》	
1979 年	《中华人民共和国环境保护法（试行）》	确定了排污收费制度
1982 年	《征收排污费暂行办法》	
1989 年	《中华人民共和国环境保护法》	标志着我国环保事业进入法制化轨道

总体来说,这个时期虽然有了环境保护意识,但我国的税收制度措施并未具备环境税性质。

2.初步发展阶段(20世纪90年代至今)

在进入20世纪90年代中期以后,我国的环境保护问题开始日益受到重视。可持续发展思想在经过1992年在巴西里约热内卢召开的联合国环境与发展会议后,开始成为中国社会经济发展的指导思想。环保意识和可持续发展思想也逐渐影响到税收法律制度的发展。中国于1994年出台的、响应联合国环境与发展会议提出中的可持续发展思想和实施战略——《21世纪议程》的《中国21世纪议程》中,在行动方案2.6中指出:对环境污染处理、开发利用清洁能源、废物综合利用和自然保护等社会公益性项目,在税收、信贷和价格方面给予必要的优惠。1994 年 1 月 1 日开始实施《消费税暂行条例》,消费税作为一个独立税种正式开征。经过修改的《资源税暂行条例》也是 1994 年 1 月 1 日开始实施。车船税和车船使用牌照税在 2006 年被合并为新的车船税。而之前就有的耕地占用税、城市土地使用税、城市维护建设税等税种,其有关制度在实施中也都有某种程度的调整或采取某些优惠措施,这些对环境保护也有着一定的影响。21 世纪后,我国秉持因势制宜的理念开始采用有差别的税收优惠政策。《环境保护税法》于 2016 年 12 月 25 日通过审议,2018 年 1 月 1 日实施。至此,我国的环境税法律制度又迈开了一步。

就当前整个税收法律制度而言,消费税的开征和资源税的修改提高了传统税制的绿化程度,实践中大量采用的有利于环保的各种税收优惠措施构成了环境税制度中的部分内容。这一阶段环境税收法律制度有了初步的发展。然而令人遗憾的是,《中国 21 世纪议程》这一高瞻远瞩的行动方案中所提出的环境税收思想和计划,实际上并未能在这场税制改革中获得真正的贯彻实施。中国环境税手段的运用和相应的法律制度建设并没有实质性进展,仍处于零散、个别地采用环境税措施的初级阶段。如果从环境法律制度的视角考察,可以发现中国环境保护制度仍以行政管理手段为主,虽然也采取了环境收费、环保投资和资源综合利用的一些税收优惠政策等经济手段,但是与成熟国家的环境税法律制度相比还是远远不够的,特别是我国仍未发挥环境税的经济调节、调整、引导作用。

第六节　环境税法的职能和作用

一、环境税法的职能

环境税是基于英国经济学家庇古的外部性理论,根据"污染者付费"原则,通过应用税收这种经济手段的调节,达到资源的合理有效开发利用、经济的可持续性增长和环境保护的目的。税收的一般职能是财政收入、经济调节,环境税也一样具有经济调节的基本职能,但同时还具有环境保护职能和专项的环保资金筹集的财政收入职能。

(一)经济调节职能

环境税是税收的一种,虽然与普通税种有一定区别,但依然具有税收的基本属性。经济调节职能正是环境税的基本职能之一,环境税制度主要应用税收的经济调节的基本职能,通过对给环境造成污染和生态破坏的企业生产经营者征收高税,对于改造生产设备、进行生产技术工艺革新和采用节能减排设备等生产经营者或生产节能减排设备、产品的企业给予定向的税收优惠。通过这种税收激励,促使生产经营企业改进生产技术,把资金、人力资本从高污染生产行业向绿色环保行业转移,达到资源合理利用、经济产业结构优化和环境保护的目的。经济调节是税收基本职能,也是环境税的基本职能。

(二)环保职能

环保职能是《环境保护税法》的核心职能,环境税的根本目的是通过税收这种经济调节手段的实施,达到环境保护的目的。因此,环保职能是环境税的核心职能,也是环境税法的主要职能。《环境保护税法》第 1 条便规定:"为了保护和改善环境,减少污染物排放,推进生态文明建设,制定本法。"

(三)财政收入(环保资金筹集)职能

税收的是国家财政收入的主要来源之一,环境税也不例外,同样是财政收入(环境资金)的重要来源。环保事业属于公共事业,环境保护费用需要由国家财政支出,而环境税的征收主要是通过税收调节经济、筹集环保资金和达到环保目的。但环境税的征收不是增加企业负担,征收的目的是促进环保事业的发展,为环境保护事业筹集环保资金,以保证环保事业可持续发展。

二、环境税法的作用

与其他的环境保护管理手段相比,环境税有其独特的"绿色"优势。环境税制度的设置除了承担基本的国家税收职能外,还在环境保护领域有着重要的作用,环境税法的制定为环境税职能和作用的实现提供了有效的制度保障。

(一)作为筹措环保资金的有效途径

我国环境污染未能得到有效控制的一个重要原因是各级政府在环境保护与治理方面的投入不足,环保资金存在巨大缺口,且越往基层缺口越大。按照美国上世纪 70 年代的标准,即占 GDP 的 3%测算,未来 10 年内我国在环保上的投入要达到十万亿元。面对如此庞大的资金量,现有的财政投入远远无法满足治理和改善环境的需求。对污染环境的行为征税,并将此项税收收入作为环保专项资金,用于环境污染治理和环境保护,是政府拓展资金来源渠道的重要途径。此外,环境税本身所具备的国家税收强制性和统一调度性,可保证其征收率和所征税款的专款专用,从而形成稳定的环境保护与污染治理的资金来源。《环境保护税法》的实施将为筹措环境资金提供可取的制度途径。

(二)调控污染与破坏环境资源的行为

在过去的长期实践中,我国政府习惯采用传统的命令—控制手段解决环境问题,这种过于依赖政府权威的管理方式使得被征管人在环境保护活动中是作为被动的参与者而出现,无法发挥其在环保中的积极作用。通过将环境税进行制度化的《环境保护税法》的出台与实施可发挥环境税的调解与激励机制的重要功能,一方面倡导公民"绿色消费",另一方面控制企业的资源消耗与污染环境行为,促使其主动采取措施改造落后的生产方式,发展绿色的生产模式。

(三)提高经济增长质量

作为国家税收手段的环境税,具有征收指标硬性、征管严格、标准科学等特性,能有效遏制地方保护主义、垄断和其他扰乱市场竞争机制的行为。同时,使污染者承担其破坏生态环境的成本,再将获得的税款用于生态环境修复,确保环境利益与成本的公平分配。除此之外,作为重要环境经济政策的环境税法制化后能够在改变我国粗放的经济增长模式上起到重要作用,提高经济增长质量。

第七节　环境税法的价值和意义

一、环境税的价值

环境税法的价值可以从经济层面价值与社会价值两个层面进行分析。

(一)实现资源的优化配置

在市场经济条件下,市场主体以实现自身经济价值最大化为目标,其一切活动皆围绕此展开,因此,其在经济活动过程中不会从全局层面考虑社会总体价值的需要,自然也不会考虑环境保护问题。也就是说,单靠市场主体的自身意志无法解决作为公共义务的生态环境保护问题,也不可能解决可再生资源持续利用的问题。环境税的开征使得企业污染成本内部化,引导市场主体规范自身经济活动,实现市场经济条件下资源的优化配置。

(二)增强企业的竞争力

市场主体在地位、环境平等的条件下公平竞争是市场经济的基本要求。在环境税制度还没开始实施的情况下,企业生产经营活动所排放的污染物由全社会缴纳的税款进行治理,而企业得以借此维持较低的经营成本和较高的利润。对企业的污染行为开征环境税,既有利于环境保护资金的筹集,还有利于企业展开公平竞争。

二、环境税法实施的意义

实施环境税法的根本目的是实现可持续发展。因此,探究环境税法实施的意义,应从两方面入手:一方面考虑其对于人类社会经济整体发展的意义之所在;另一方面考虑其对于市场经济可持续发展的意义。

(一)保护人类环境进而促进社会经济的可持续发展

由于环境的污染和不断恶化已成为制约社会经济可持发展的重要因素,因而,保护环境就成为可持续发展战略的一项重要内容。税收作为政府筹集财政资金的工具和对社会经济生活进行宏观调控的经济杠杆,在环境保护方面是大有可为的。一是针对污染和破坏环境的行为课征环境保护税对保护环境有两方面的作用:一方面加重那些污染、破坏环境的企业或产品的税收负担,通过经济利益的调节来矫正纳税人的行为,促使其减轻或停止对环境的污染和破坏;另一方面又可以将课征的税款作为专项资金,用于支持环境保护事业。二是在其他有关税种的制度设计中对有利于保护环境和治理污染的生产经营行为或产品采取税收优惠措施,可以引导和激励纳税人保护环境、治理污染。

(二)体现公平原则进而促进市场经济可持续发展

体现公平原则,促进平等竞争,形成一个良性的竞争环境,才能促进市场经济可持续发展。但是,如果不建立环境税收制度,个别企业所造成的环境污染就需要用纳税人缴纳的税款进行治理,而这些企业本身却可以借此用较低的成本,达到较高的利润水平。这实质上是由他人出资来补偿个别企业生产中形成的外部成本,显然是不公平的。通过对污染、破坏环境的企业征收环境保护税,并将税款用于治理污染和保护环境,可以使这些企业所产生的外部成本内在化,利润水平合理化,同时会减轻那些合乎环境保护要求的企业的税收负担,从而可以更好地体现"公平"原则,有利于各类企业之间进行平等竞争。

总之,不论是从社会经济还是从市场经济的方面来看,都必须循序渐进,共同导向社会生产节能化、商业生态化、排污市场化、绿色法规化,大力推进可持续发展。

第八节 环境税法与相关学科

一、环境税法与环境法的关系

可持续发展观的基本理念认为:"可持续发展的根本目的是通过对自然环境保护而保护人类健康和人类自身的发展。而且这个发展是要在满足当代人发展的同时,不以损害后代人的利益为代价的,靠高消耗、高污染获取经济利益的发展模式不应为人们所提倡。与此同时,只有发展绿色经济,提高经济质量,才能实现可持续发展的目标。"环境法与环境税法实施的根本目的是实现社会经济的可持续发展,从此角度看,环境税法与环境法在目的上具有一致性,环境税法是实现环境保护与可持续发展的一个重要手段。

二、环境税法与税法的关系

税法指的是国家制定的用以调整国家与纳税人之间在纳税方面的权利及义务关系的法律规范的总称。税法是税收制度法律化的表现形式,环境税法作为我国税收法律制度中的重要一环,既有税法意义上的共性,又有自身独特之处。一方面,环境保护税法调整的是国家与污染物排放者之间在纳税方面的权利及义务关系,具有税法所具备的国家进行宏观调控,取得财政收入的功能;另一方面,环境保护税法实施的根本目的是筹措环保资金、维护环境公平、实现可持续发展,与传统的税法具备的宏观调控,取得财政收入的功能有所区别。

三、环境税法与其他法学学科的关系

环境税法是一门环境法学与税法学的交叉学科,与民商法学、经济法学、刑法学、行政法学等同属于法律体系构成要素。环境税法具有法的基本属性,传承法的价值、功能和作用。

环境税法是税法体系中为了实现环境保护、社会经济可持续发展目的的法律制度的总称。

思考题：

1.简述税法的职能和作用。

2.环境税的任务和目标是什么？

3.简述环境税的价值和意义。

第二章　域外环境税制度发展概况

第一节　域外环境税制度发展历史

自然经济在很长一段时间内支配着整个世界,因自给自足的特征,故缺乏环境税赖以生存的空间和土壤。随着工业革命的进行并促进了生产力的蓬勃发展,被称为"绿色征税"的环境税直至 20 世纪末才逐渐被人们所认知和接纳。日益严峻的环境形势呼吁国际社会更加重视和保护环境,环境征税已然成为各国政府保护自然环境而实施的重要经济手段和政策。从宏观层面分析,域外环境税共经历三个发展阶段。

一、环境税的初期萌芽阶段

20 世纪初期,部分欧美国家开始对环保有关事项进行征税。例如,1927年瑞典开始对车用汽油和酒精燃料征税。事实上,该类征税措施并非真正意义上的环境税,因为该征税的目的并非环保,其主要用于支持政府运作,即为增加财政收入。现实意义上的环境税诞生于 20 世纪 70 年代,始于 1971 年OECD 国家提出的"污染者付费"原则,此后以环保为目的的征税相继产生,例如 1971 年的挪威就矿物油开始征税。概括而言之,该阶段与环境税的相关立法尚在萌发时期,各国与环境相关的政策多是以行政命令的方式体现,以自由市场为核心的调节机制尚未构建起来,环境税只是在能源领域有所建树,存在极少数涉及对污染防治进行征税的情况。

二、环境税的形成发展阶段

20 世纪 80 到 90 年代期间,少数顶层设计者开始察觉到用行政命令的方式治理环境暴露出的诸多缺陷,并深刻体会市场调节机制的潜在价值与经济效益,渴望着更深层次地实践"污染者付费"原则,并希望将环境外部的不经济性内含于相关产品之中。在此期间,各国政府愈发重视通过水费政策的方式开展环境治理工作,特别是美国于 1980 年颁布了《综合环境应对、赔偿和责任法》法案,其目的是对危险废物实施管控,美国开始依照该法案对末端污染物征收联邦税。此外,法国在 1985 年开始征收硫税,挪威 1986 年开始对含铅汽油征税,并于 1988 年分别开始对矿物肥、杀虫剂和润滑油征税。英国也于 1987 年开始对无铅汽油征收每升 0.98 分的税。这一阶段环境税的立法主要以扩充和强化能源征税的规定为特征,同时,污染税、资源税等相关立法也得到相应补充。

三、环境税的成熟完善阶段

20 世纪 90 年代至今,环境税经历了发展、不断完善并日益走向成熟的过程。当前各国政府十分重视运用征税政策来治理环境问题。例如 20 世纪 90 年代的欧共体相继发布了《欧洲委员会罗马决议》《欧洲议会都柏林宣言》《第五次环境行动计划》和《发展、竞争和就业德洛尔白皮书》等文件,倡导成员国通过征税的方式来治理环境,此外,亚洲、美洲等地区的环境立法进程也全面加速。该时期环境税的立法有四大较为突出的亮点:一是立法进程更进一步,二是立法国家数目增多,三是新型税种频繁出现,四是征税法律体系走向完善。自整体观之,虽然随着各国、各地区环境征税范畴的普遍化发展,环境税(费)一体化的改革开始逐步深化,但是由于各国、各地区环境和经济发展水平不尽相同,加之人文方面的复杂差异性,使得各国、各地区环保相关法律法规、环境监管措施存在巨大差异,开征税种、管理方式也不相同。

随着世界环境问题的日益突出,现今许多国际组织对环境税的研究予以高度重视。例如 2010 年由 OECD 国家组织在泰国曼谷召开了全球环境税年会,该年会主题是"利用环境税战略适应气候变化";再如 2010 年 11 月该组织在全球绿色增长峰会上发布了《征税、创新与环境》报告,报告分析了包括瑞典、瑞士、英国、日本、韩国、西班牙、以色列等国的现行环境税制度,并提出了通过征税转嫁与补偿等方式向高碳产品征税的倡议,此举措可显著推动新时期的绿色创新与经济增长;又如 2011 年该组织于西班牙马德里召开以"市场手段和可持续经济"为主题的全球年会,年会突出说明在当前世界经济持续发展过程中,环境税所起的重要促进作用;2012 年该组织于加拿大温哥华举行的年会,深入讨论了环境税在各国的研究和应用进展。

第二节 域外环境税的发展理论与政策

一、域外环境税的发展理论依据

早在多年以前,国际上的许多国家就开始对环境税制度进行系列理论研究,并在逐步完善理论的基础上将其运用于实际当中。关于域外研究环境税的理论依据,学界主要从环境诱发的外部性问题、科斯定理的障碍和庇古税与补贴三个层面展开。

(一)环境诱发的外部性问题

所谓外部性,从经济学层面分析是个人或企业由于其他经济个体的行为所受到的经济损失或获得的经济利益。据此,企业出现负外部性是由于不受约束、管制地肆意生产污染产品或排放污染物;企业出现正外部性是由于其循环使用废弃物进行生产,或者购进清洁设备用于治理企业生产过程中所产生的污染物。

(二)科斯定理的障碍

经济学中,科斯定理的前提是符合特定因素时,外部性问题可以通过经济个人、企业双方的协商和谈判而得到纠正。以科斯定理为基础,许多发达国家不仅明确了污染物的排放权和排放量,还许可对此进行交易。事实上,运用该定理的前提十分严格甚至并不存在,此前的许多发达国家在科斯定理指导下进行实际操作时扭曲了对该定理的理解。如基于私人财产权等问题,并不是与环境保护有关的财产权都能被明确;此外,现实交易往往规模巨大,所涉费用等问题也凸显。综上言之,以科斯理论矫正环境诱发的外部性问题,其功效是极其有限的。

(三)庇古税与庇古补贴

庇古税与庇古补贴理论历史久远,且迄今仍处在被热门探讨和使用。对于环境诱发的外部性问题,庇古通常以对等的公共政策来施加干预或合理解决。经济学上的庇古税运用于环境诱发的负外部性问题,如污染生产或有害消费行为,常常采取征收环境税的方式使经济个人、企业的私人成本趋近或等同于公共社会成本。庇古补贴运用于环境诱发的正外部性问题,如综合利用资源或节能减排行为,通常采取征税返还和财政补贴的方式,使得经济个人、企业的私人收益趋近或等同于公共社会收益。环境税在一定程度上既隶属于庇古税，又兼具庇古补贴的特性。

庇古理论在域外的环保实践中得到了较为广泛的应用。从庇古税与庇古补贴来看，环境税的征收不仅彰显了国家对环保问题的干预与调节，更有甚者，于经济发展的不同阶段和环境状况，还可以施以相对应的政策，实为双管齐下之举。

二、域外环境税的发展政策效应

经济发展的最初，通常伴随以高污染、高能耗、低产出和低附加值的经济发展方式，增长速度较快的同时伴随的是环境质量的急剧恶化。经济增长趋近于某一"临界值"后，随着产业结构调整与经济转型，此后愈发侧重对发展质量、效率和环境保护问题的考量，环境质量问题因此得以优化和改善。此为著名的"环境库兹涅茨曲线"，即经济增长和环境质量之间呈现"倒U型"规律。在1960—1995年间，Galeotti 和 Lanza（1999）运用环境库兹涅茨曲线对108个样本国家进行数据汇总和计算后，得出 CO_2 排放量和人均 GDP 关系的临界值为13260美元[①]。此外，我国财政部的一份研究报告显示城市 SO_2 等污染物的日均浓度与人均 GDP 也存在环境库兹涅茨曲线关系，工业化国家临界值出现在人均 GDP 4000美元至10000美元之间。

理论研究和实证表明，国外环境税政策红利包括"绿色红利"和"经济红利"两个方面，前者是环境税有助改善环境污染、提升环境质量；后者即环境税可适当优化市场资源配置、减缓市场扭曲，促进经济增长。

（一）绿色红利

绿色红利是由环境税的基本属性决定的。一方面，政府可以通过课征环境税，从而额外或者从特定经济个人、企业手中获取相应的财政收入，不论这笔收入用于环境污染的专门治理、环境保护的研发投入，还是将其编入其他财政预算，都能够直接或间接对环境保护的起正面作用。另一方面，环境税主要通过针对污染物排放、有害消费行为和产品生产等对象课税，以及针对循环经济、节能节水、资源综合利用等环境友好行为普及征税优惠，来遏制和引导纳税人的日常生产和消费行为，同样可以对环境保护起到良好的作用。

---

① Galeotti M、Lanza A，Richer and cleaner? A stary on Carbon Dioxide Emissions by Developing countries，*Energy Policy*，1999，Vol. 27.

(二)经济红利

课征环境税不但能够修复私人成本与公共社会成本、私人收益与公共社会收益间的差异,还可以通过改变特定生产要素的报酬率和产品的相对价格来影响生产者与消费者的选择。除此之外,课征环境税可以增加特定产品的成本、提高其价格,导致有害于环境的生产要素报酬率降低,进而影响供求关系。同时,环境税征税返还与征税优惠还可大大降低特定产品的成本和价格,从而提升环境友好型生产要素的报酬率,减少和改善市场扭曲,优化市场资源配置,有助于经济健康与持续发展。

世界各国自 20 世纪 90 年代以来,将环境问题与征税政策更为密切地联系在一起,各国环境保护措施的内容均主要以征税为主、以收费为辅。此外,各国环境税制度改革趋势逐渐全面化和系统化,各国现有环境税制度不但侧重于对新型环境税的讨论和开征,而且纷纷调整现行环境税制中有关环境保护的条款,将限制征税和鼓励征税并重。资料表明,世界各国以"防治污染、保护环境"为核心思想开征的征税达近百种,课征范围十分广泛,涉及大气资源、水资源、生活环境、城市环境等多个方面。在这其中,环境税制度以 OECD 国家、美国、日本、韩国最为典型,本章节也将围绕上述国家重点展开介绍。

第三节　OECD 国家的环境税制度

欧洲环境税改革(ETR)最早可追溯到 20 世纪 90 年代初,欧盟中最早实施环境税改革的一批 OECD 国家是瑞典、丹麦、挪威、芬兰和荷兰,随后是英国和德国,接着是一些新入欧的国家。虽然 1992 年欧盟第五届环境运动纲领就建议更多地使用经济手段如环境税,但是,从那时起改革在欧盟层次上进展甚微。然而,在成员国水平上,过去二十年中,尤其在最近的十年,环境税的适用又呈增长趋势。这一趋势在斯堪的纳维亚半岛尤为明显,在奥地利、比利时、法国、德国、荷兰和英国也很突出。

在致力解决环保与发展冲突问题方面,OECD 国家最先探索和采用经济手段,并在相当长一段时间内走在世界前沿。其绿色税制发展、改革大致经过三个时期:一是 20 世纪 70 至 80 年代初。该阶段的绿色征税以环境补偿为首要特征,绿色征税初具形态。即在"污染者负担"的基本原则下,要求排污者承担监督、治理排污行为的成本。二是 20 世纪 80 到 90 年代中期。该阶段的绿色征税功能综合考量调节和财政两方面,与此同时绿色税种逐渐扩增,例如碳税、硫税、能源税、产品税和排污税等。三是 20 世纪 90 年代中叶至今。该阶段的 OECD 成员国逐渐形成相对完备的绿色环境征税体系,如推广和实施绿色财政、征税政策,生态征税发展全面提速。其一,能源税。能源税的内容针对能源的开采、生产、使用、排放等。该税种实施差别税率,多重征收,并计划逐年提升各项税率。其二,机动车税。OECD 国家中除普遍征收汽车燃料增值税、消费税、环境税和储存税外,还对购销、使用机动车征税。其三,征收产品或服务税与费。主要内容是:电池(比利时、丹麦、瑞典等),塑料袋(丹麦等),一次性容器(比利时、芬兰等),等等。服务费是与污染物收集、管理、处理行为有关的费用。其四,与资源、环境有关的税与费。此项税、费旨在针对资源等的开采、使用等行为进行有效监管和治理。OECD 成员国对资源税(费)的规定差异十分巨大,如丹麦设有渔业许可证费和狩猎许可证费,法国设有水资源开采费等。

在环境税具体落实方面,不同国家之间却存在许多不同,这很大程度上归因于其出发点及其政治牵引。比如,1991 年瑞典引进的环境税是较大规模财政改革的一部分,其当时政治导向是通过环境税减轻财政负担。德国于 1999 年引进环境税时的政治导向却迥然不同,德国政府始终坚持以收入中立来优化环境,特别在控制温室气体排放方面;此外,德国还分别通过缩减雇主与雇员的法定养老金缴纳额来降低劳动力成本,同时增加就业。英国与德国有着十分相似的政治意图。爱沙尼亚是首先引入环境税的国家,也是欧盟新的成员国,它的环境税改革更接近于瑞典,其税改中增加的环境税被用作平衡经济个人、企业收入税率降低所造成的财政收入缩水。

一、OECD 国家环境征税的范畴

OECD 国家环境征税的范畴,即指在理论层面,环境征税的应有之义。OECD 国家环境税改革步伐自 2001 年起逐步减缓。在隶属于 OECD 的欧盟新成员中,只有捷克和爱沙尼亚在某种程度上发起了该项税改。这部分是由于 21 世纪第一个十年国际能源价格更高,同时也是由于欧盟委员会在 20 世纪 90 年代对各成员国极力劝说引入整个欧盟范围的碳/能源税政策失败后,推出了欧盟碳排放交易系统(ETS)。该系统是欧盟平台上主要用于减少温室气体排放的政策工具。然而,从 2013 年起拍卖大部分(至 2027 年达 100%)该系统的排放补贴的决定,代表着可能出现一种崭新的、与环境关联的收入来源,这也将促成一个更宽泛的环境税改革概念的诞生,即世界银行所称的"环境财政改革"(EFR)一词,其内涵是"既能够增加财政收入,又可以改善环境的一系列征税或价格工具"。

由上可得,从欧盟环境税的发展来看,OECD国家环境税制度的理论不仅需要强调源自于环境税特别是来自能源和碳的收入,而且应囊括来自欧盟碳排放交易系统的排放补贴拍卖的收入。多数欧洲国家政府通过征税来减少公共赤字与实现碳减排目标,再一次引起社会对碳税、能源税和环境税改革的关注。如瑞典、丹麦、爱尔兰等欧盟国家,都于2009年分别引进新的(或重组的)绿色财政工具。

二、环境税制度中的实质公平原则

关于实质公平原则在环境税制度中的考量。低收入消费者和低收入家庭对环境税的影响更敏感,因为与富人相比,他们有很高的支出比例用于对环境敏感的物品,如能源或水。

在制定能源税、水资源税或类似必需品税时,如要确保公众对这些税种的支持,则这些对低收入人群可能造成的分配影响就值得引起高度关注。1994年英国政府未能把国内燃料的增值税(VAT)从8%提高到17.5%,这至少部分是因为考虑到这一税种税率的增长给穷人带来的影响。在这之前,包括多项抵消征税退步的措施、在一开始就通告实施征税的一系列政策的做法,使征税更易引入。只有当反对征税的意见相当强烈时,才需要提供一系列补偿政策。基于贫富差距和对穷人的特殊照顾,减轻能源税、水资源税或农村地区交通税退步作用的方法多种多样,并且因国家的征税和福利制度的不同而不同。[①]

三、环境税法律制度与政策、行政措施

市场失灵、市场结构、补贴及欧盟的条例都能带来反作用力或负面的环境刺激,甚至削弱或抵消环境税的预期作用。

(一)市场失灵

对环境敏感的物品的市场经常是很复杂的,涉及的内容不仅仅是价格。例如,能源效率市场会失灵,可能是因为信息渠道不通畅、短期效益驱使、鼓励供应能源而不是节约的关税结构、资金短缺及地主、佃户的问题,即市场交易

---

① 欧洲环境局:《环境税的实施和效果》,中国环境科学出版社2000年版,第50页。

双方都没有从能源效率中获得足够的利益使其值得投资。假如这些因素中的大多数都不鼓励能源效率,那么,激励能源效率的征税就特别重要。因此,就需要一项解决市场失灵的综合办法,来解决这些"交易"费用和其他费用。

(二)对环境不利的补贴和征税津贴

任何对密集型农业、矿物燃料、道路交通、空中运输的补贴都会抵消旨在改善环境的环境税的作用。尽管航空工业对环境具有明显的影响,但仍对它免征增值税和能源税。海洋工业免于此二项税负,不过它对环境的影响比航空业要轻得多。目前所做的研究是针对是否有必要把航空工业所产生的污染行为或污染物也纳入环境税的范围(Stichting Natuur en Milieu & Delft 大学,1996 年;瑞士环境交通协会,1996;贝雷特,1991)。这些不利补贴的规模意味着:对它们的改革,是开始改善环境的最具备费用有效性的地方。同样,征税津贴,如对小汽车的补贴,会削弱旨在减少开车上下班的燃料税的作用。

最后一份 OECD 的研究对补贴所带来的问题,尤其是对环境所造成的问题,做了全面评价。在执行环境税之前,仔细研究一下补贴是有益的。OECD 的报告总结道:"确实有理由相信,改革或取消一些补贴或让税,对环境和经济都有利。"在一些成员国,公共污水处理厂的全部费用通过向使用者收费的方法转移给了使用者,而其他一些国家则通过政府补贴,使使用者收费制度打了折扣。对那些刚加入欧盟的国家来说,因有实施差距,政府补贴的使用也许是合理的,而对那些老资格的成员国来说,其合理性就不那么明显。尽管如此,来自新加入成员的资金、结构基金或地区基金都不可用作不向污染者征收全部费用的借口。

研究报告特别注意到比利时和德国也有政府补贴。欧洲各国征收污水排污费的费率差异很大。如两个相似的产业,位于荷兰境内的一家排污收费(先进的处理方法)是 15500ECU(欧洲货币单位),而位于德国的一家仅收 4458ECU。在葡萄牙,补贴也很显著。爱尔兰地方政府则更关注通过收费来支付实际费用。报告总结道,那些征收所有费用的国家,污水处理系统更为完善,而那些依赖政府补贴的国家则远远落在后面。

(三)行政管理和执行费用

引入和贯彻环境税的成本取决于许多因素,没有简单的办法对它与其他管理手段的费用进行比较。环境税可以很方便地纳入业已成型的征税系统,如产品税,执行它的行政费用就会减少,相反,当需要建立新的环境税制度,或者需要特别监测(如排放)的时候,行政负担则会更重。例如,瑞典的 NO_x 税是根据测定的排放量来支付的,但测定排放量本身所需费用巨大。根据估计,

检测一家工厂 NO_x 排放量的费用为 350000 瑞典克朗,即减少一吨 NO_x 排放的行政费用为 4000 瑞典克朗。

规章制度也需要监测,在考虑政策手段的行政管理费用时,要包括所有的费用,而不仅仅是那些公共管理费用。对押金制度来说,虽然公共管理费用可能很低,但需要考虑消费者把物品还给零售商的费用,零售商把物品储存起来的费用,生产商收集物品、把它们运输到再使用地点的费用,以及再循环或再处理的费用。总之,环境税的行政管理费用相对其他政策手段低。

(四)环境税相关法律制度的障碍

欧盟国家许多环境部门已习惯于使用管制条例,并且习惯于咨询特定范围的当事人。规章制度可设定确定的削减污染量,但与环境税相比,其费用不确定。环境税涉及新的当事者,如财政部和征税部门,还涉及新问题,如税率、税源、征税使用、市场失灵等(如在斯堪的纳维亚各国,财政部经常充当发起人的角色)。熟悉的比不熟悉的更具优势。地域征税的这些障碍可能影响很大,但通过广泛协商、教育、经验交流、试验和政治意愿,是可以克服的。

四、各国的法治实践

通过一系列的征税及有关的改革,向那些对提高竞争力、改善就业、完善征税制度感兴趣的人广泛呼吁环境税的重要性,上述障碍是可以逐渐缩小的。

(一)瑞典

首先,在劳工或资本税份额转向能源和环境税方面。瑞典最早将收入税向能源税和污染税进行转移,该国 1974 年就实施了能源税,1991 年又增加了 CO_2 税,同时对能源征收增值税,环境税中还增设了 NO_x 税和 SO_2 税。

征税转移是更大的征税改革的重要组成部分。征税重新分配的总额相当于 GDP 的 6%,其中,从劳工税转换为能源税的部分占 4%。征税的背景首先是需要降低对劳工收入的高边际税率,但气候变化也起到了重要作用,瑞典意在 CO_2 征税方面为其他国家树立一个好榜样。

征税改革时,瑞典希望有更多的国家对工业能源使用尽快征收碳能源税或采取其他类似措施。瑞典政府逐渐认识到这需要相当长的时间,因此,在 1992 年又把工业中的部分能源税份额转移给家庭。CO_2 税降低到原水平的 25%,能源税部分则被完全取消,但征税份额没有再转还给劳工。相反,家庭碳能源税则有所上升。为顺应碳能源税的广泛使用,瑞典议会随后又倡议把 CO_2 税提高到原水平的 50%。一些非能源税如对化肥、农药、饮料罐、电池等的征税被引入。自 1989 年开始,国内航空运输还征收 HC 和 NO_x 税。1995

年春,瑞典议会成立了一个委员会,专门评价现行的能源税和环境税制度,探讨对征税再进行一次财政中性转移的可能性。

其次,环境税的实质性转移,是解决竞争力和就业问题的有效手段。当环境税是把劳工税转移到污染税,并制定旨在解决市场失灵、实质公平、竞争力和就业问题的一系列措施的一部分时,它将发挥最佳作用。1991 年,瑞典单方面引入了一项碳能源税,即至 2000 年每吨 CO_2 征税 100 美元,但对能源密集型企业实施部分免税。然而,某一官方委员会对世界工业化国家能源价格和征税研究后,发现瑞典的征税水平是最高的,瑞典政府于是开始在 1992 年缩减企业的碳能源税。该委员会还计算了降低碳能源税所带来的就业机会。因为所使用的模型并没有考虑通过技术改造和工厂内部为提高能源效益所采取的措施以适应碳能源税的可能性,所以,就能源税造成的失业而言,它所考虑的是最糟糕的方案。据委员会计算,放弃碳能源征税,大约可创造 10000 个就业机会,这些机会大多数在能源密集型企业。瑞典在碳能源税上退缩的做法表明提高竞争力的紧迫性,而且,在企业能源税降低的同时,家庭税却呈上升趋势。据瑞典环境和自然资源部称,由于取消了碳能源税,1993 年初,尽管工业产出下降了,但工业能源的消耗量却大幅度增长。瑞典政府于是提议重新对工业征收碳能源税。

最后,简要介绍瑞典实施环境税绿色制度改革后,在不同税种中所取得的阶段性成果。

1. 有关硫税的阶段性成果。为了进一步降低硫排放量,瑞典在 1991 年开始征收硫税。此项征税适用于含硫量在 0.1%(重量比)或更高的燃料(如煤、石油、泥炭)。税率为每公斤硫 40 瑞典克朗。如果硫排放得以削减,则征税可以退还。对 I 级油(硫含量最高不超过 0.001%)和 II 级油(硫含量最高不超过 0.005%)这些轻油,通过退税的办法来补偿其生产费用。轻油可允许的最高含硫量为 0.2%(即 III 级轻油)。硫税促进了清洁燃料的使用并促进了烟道废气的清洁,避免使用含硫量高的燃料。据某一项评价瑞典环境政策中的经济手段的研究 tat 表明,硫税具有相当大的作用。嫩料油的平均含硫量从 1990 年的 0.65%(当时法定最大许可量为 0.8%)减少到现在的 0.4%,甚至更低。当前的轻油平均含硫量低于 0.1%,符合不征税的含硫水平。可见政策的作用是巨大的。

由于硫税的实施,大约有 1/4 的征税对象已采取措施,使得烟道废气的排放更为清洁,并因此得到征税偿还。硫排放量平均削减了 70%。该税对 SO_2 排放确有影响,这已是定论。瑞典的这一评价研究认为,它能影响 6000 吨

SO_2 的排放。1991 年 SO_2 排放总量约为 110000 吨。以上数据表明,总排放份额中受征税影响的部分占极少数,主要原因是仅限于对燃烧目的的燃料征税,及燃料中含硫水平低的并未予征税。引进硫税后的平均治理费用为每公斤 10 瑞典克朗,这比 40 克朗的税率要低得多,说明了征税的巨大刺激作用。

2. 有关 CO_2 税的阶段性成果。瑞典、丹麦、荷兰、芬兰、挪威是早期实施碳税的国家,但各自的体例都不尽相同。1991 年,作为财政改革的一部分,瑞典开始采用 CO_2 税。同时,能源增值税也开始采用,而普通能源税开始削减。1993 年,不同的经济部门承担不同的税份额,通过降低 CO_2 税及完全取消普通能源税,工业部门总的征税负担下降了,而通过提高 CO_2 税,其他部门的征税负担提高了。生物燃料免征该税。CO_2 税是一系列环境税改革的一部分,所以其作用难以评估,况且采取 CO_2 税的时间相当短。1994 年,瑞典公开发布了应用经济手段的评价研究报告,此报告显示,该税可以起到引导作用。在许多情况下,能源生产厂家因该税已经更换了燃料。免征生物燃料税导致了转变现有工厂的兴趣的不断增长。用木材作为区域供暖的燃料在不断增长。联合供暖供电的生产,尤其是当使用煤和石油时,竞争力增强。

报告还指出,工业燃料油耗呈递增态势,但同期的工业生产却略微降低。推测此极有可能源于 1992 年后该部门征税减少的缘故。能源集中的造纸和纸浆业的燃料消耗一年中上升了 30%,而同期工业总消耗的增长率为 20%,显示免税策略对环境带来了消极影响。

3. 化肥收费的阶段性成果。瑞典从 1982 年开始对化肥中的氮含量和磷含量进行收费。这项收费是"价格调整性收费",旨在为农产品出口提供财政支持(及因化肥价低,收取农民的部分租金)。1984 年,开始对含磷化肥和含氮化肥征收环境税。此项收费目的有二:其一是为降低对化肥的依赖而提高化肥的价格;其二是为缓和农业对环境消极影响的系列经济措施提供基金,如建立粪肥处理厂,提供咨询和信息等。两项收费率在 1991 年都提高到化肥售价的 30%~35%。"价格调整性收费"1992 年被取消,同年的"环境收费"标准在 10%~13% 之间。氮的收费率为每公斤 0.6 瑞典克朗,磷的收费率为每公斤 1.2 瑞典克朗。

1984 年开始,瑞典本土对化肥的使用明显减少。收费制度对降低氮、磷肥的使用起到良好的正面作用。当收费率在 1990 年达到一个很高水平时,氮的削减量也达到了最大值。在 1984 年到 1994 年间,磷的使用呈逐渐下降趋势,总计减少 50%,这一结果是由收费制度及公众对磷所带来的环境副作用意识的不断提高而产生的。

(二)丹麦

首先,在劳工或资本税份额转向能源和环境税方面。1993年通过的一项重要环境税改革的主要内容是把劳工税的份额转给自然资源和污染税。这项改革使1994年到1998年间的边际所得税降低8%~10%,引入的新的绿色税税额收入达120亿丹麦克朗。汽油税和能源税将占征税增加部分的大多数,但有1/3来自废物收费和新的供水收费。

丹麦1992年就开始对工业征收CO_2税,并且从1996年起,这项征税有了大幅度提高。这种征税转移是以财政中性为原则的,CO_2税提高部分最终通过降低社会保险贡献额或鼓励节约能源等转还给企业。

其次,在环境税的实质性转移促进竞争和解决就业问题方面。丹麦部长间Dithmer委员会评估了同期提高CO_2税对企业的影响,并发现单边采用碳能源税对就业几乎没有影响(在当时实际上可增加1000个就业机会),而同时还能确保CO_2排放降低5%,这样丹麦便可实现CO_2排放降低20%的目标。CO_2税所得通过再循环回到企业,但有一小部分指定用于补贴投资。丹麦CO_2税的标准税率是每吨90丹麦克朗,但对能源密集型企业从1996年到2000年间逐步采用特殊低税率。在这种情况下,为投资目的的征税再循环对就业的作用就不是十分明显,但丹麦用了一种传统的模型来研究提高CO_2税对社会经济的影响,而不像同时期在其他国家的研究中,如在奥地利采用的模型。

最后,简要介绍丹麦实施环境税绿色制度改革后,在不同税种中所取得的阶段性成果。丹麦从1986年开始对无毒害废物的处理(倾倒和焚烧)进行收费。目前的税率是倾倒每吨195丹麦克朗,焚烧每吨160丹麦克朗。不同的征税标准体现了这样一种精神,即提高焚烧的份额,减少倾倒的份额。1997年又提高税率,加大差额。焚烧废物用于取暖或发电的,征税为每吨160丹麦克朗,否则将为每吨210丹麦克朗。填埋废物的征税为每吨285丹麦克朗。此外,某些废物仍在免税之列。从废物堆放点运走的废物所支付的费用将得到返还。丹麦废物收费所得纳入国家总预算。自1993年起,部分废物收费所得被用于绿色环境税改革。

该项税种具有显著的管控作用,包括此前所预期的环境作用:降低废物的产生、提升重复使用和再循环效率、扩大焚烧废物的份额。在1985—1993年期间,废物再使用和再循环在所有收集到的废物中所占的比例从21%上升到50%,倾倒从57%下降到26%。焚烧所占的份额保持相对稳定。

废物收费的财政作用相对可观。80%的填埋税(不包括废物收费)在每吨

150 丹麦克朗到 250 丹麦克朗之间。结果废物收费平均为 195 丹麦克朗,是废物倾倒费用的 2 倍。焚烧税在每吨 150 丹麦克朗至 300 丹麦克朗之间。160 丹麦克朗的收费标准使焚烧费用平均提高了 70%。

(三)荷兰

荷兰是 OECD 国家中较早启动环境税的国家,该国环境监管成果亦十分突出。荷兰多以特定目的征收环境税且以小税种为主,税种繁杂且遍布国民生活的各个方面,各种环境税税率规定得也十分详尽。随着荷兰环境税制的迅速发展和日益完善,环境税税额占全部税额的比重不断加大。税额比重从 1996 年的 1.22% 上升至 2004 年的 14%,占 GDP 的比重为 3.5%。与此同时,荷兰环境税大多为专项税,故其所得税额大多充作专项基金,统一适用于环保开支。并且,荷兰环境税还全面实行对相同产品的不同消费行为分别征税,其结果是对环境产生不同的影响,将部分几乎不影响环境的消费行为实行减免税,更彰显了环保的作用。以环保为目的,荷兰专门设计的税种主要有:燃料税、能源调节税、铀税、水污染税、地下水税、废物税、垃圾税、噪音税、超额粪便税、狗税等。从实践情况分析,荷兰根据中央和地方两级政府在征税目标和征税条件的差异,中央在环境税的征收管理上给予地方政府更为充分的灵活性,并充分协调了税务部门与其他环境、资源部门,确保了荷兰环境征税的高效运行。

1.在劳工或资本税份额转向能源和环境税方面。荷兰绿色委员会于 1995 年由荷兰财政部设立,其任务是为此后两年实施的绿色环境税制度提出建议。绿色委员会由资深政治家、高级公务员、大学教授、贸易界、工业界和非政府组织(NGOS)的代表组成。

绿色委员会起草了 3 份报告。第 1 份报告于 1995 年末发表,它评价了现行环境税制度,尤其是交通部门的征税,并提出改革建议,如降低适用高效燃料的私人车辆的购买税。第二份报告于 1996 年春发表,它调查了提高现行环境税的可能性,并得出结论:能源税的作用在这方面是至关重要的。同时,它还建议鼓励对环境有利的投资。这份报告评估出,自 1980 年以来以各种方式开征的 CO_2 征税,在 1994 年使全国 CO_2 排放量减少了 1%(荷兰委员会,1996)。第 3 份报告,也是最后一份报告,它提出了绿色环境税制度改革的长期规划,于 1996 年秋季出版。

2.实质公平原则在环境税法律制度中的体现。1996 年开始实施的荷兰小用户能源税,是专为解决征税负担分配问题而制定的。根据各自不同的税款,把商业和家庭的征税收入分开,进行征税再循环。对商业来说,再循环主要是通过削减雇主非工资劳力费用和企业所得税来进行的。对家庭来说(对商业也一样),实行了能源使用免税界限制,从而避免了对低收入家庭的征税不公平。此外,家庭还可以减免部分所得税,因为规定4个级别收入人群中的每一个能源平均消费者,都不能因这一征税而降低生活水平(高于或低于能源平均消费者的人将分别降低或提高生活水平)。这一项既针对个别收入人群又顾及所有人的透明的、特定的征税中立制度,对荷兰公民接受该环境税起了巨大作用。

3.在环境税的实质性转移促进竞争和解决就业问题方面,荷兰 Wolfson 委员会的研究和报告,是对小用户征收能源税的原始基础。关于单边征收碳能源税的成本的结论,是根据中央规划局(CPB,1992)的研究作出的。此项研究显示,如果能源密集型企业也包括在征税行列,那么,对竞争就会产生明显作用,而且,如果还包括石油的话,就会造成大量的境外购买。报告还显示,荷兰单边环境税和 OECD 范围内环境税之间的宏观经济作用几乎没有什么大的不同,因为能源密集型企业的生产和工作机会是可以转移的,在 OECD 范围内的甚至还可转移到 OECD 以外。因此,Wolfson 委员会建议,采用荷兰单边环境税,并允许能源密集型企业免税。采用这样的税制既不会破坏国内经济,而且对就业有积极作用,只要保证征税用于降低社会保险支出。Wolfson 委员会的研究报告具有很高的价值,因为它识别出了能源市场中制度失灵和其他失灵的现象,还提出了提高对价格信号的反应弹性的建议。

4.简要介绍荷兰实施环境税绿色制度改革后,在不同税种中所取得的阶段性成果。

第一,水污染收费的阶段性成果。荷兰水污染收费制度主要是为集体污水处理厂提供资金。1970年引进的此项制度目的在于促进污水处理能力的建立,以处理排放进国家管理的大水体(大江、港湾、湖泊)的污水。依照管理收费制度非国家部分的水理事会的意见,收费率是根据未来阶段污水处理厂的投资及经营所需的资金来计算的。伴随此项收费制度的还有一项许可证颁发制度。

现有评价资料表明,荷兰的水质量政策是相当成功的。从家庭下水道与公共污水处理厂相连的情况来看,污水处理能力从1975年的52%上升到1992年的95%。1991年所有的污水有74%得到处理,而在1980年只有51%。1975—1991年间制造业的污水排放量从1900万吨下降到400万吨。1975—1991年间制造业大排放源的排放量下降了80%。有两项研究旨在把收费的作用从一般的荷兰水质量政策的作用区分开来:一项研究发现水理事会收费率的变化与其管辖范围的排放削减率的变化之间存在着明显关系。另一项研究发现,大多数受访企业认为收费是采取水污染削减措施的决定因素。

此外,德国自1981年实施水污染收费制度以来,一直提供刺激性收费。此后又发生了多种变化,尤其是在德国统一后又具有指定用途性收费的特点。虽然从环境效果角度来看,缺乏数据会影响对收费制度的正确评价,但现有的一些资料表明,水污染收费制度引导市政府和企业采取行动,通过治理排放物,达到削减污水排放的目的。德国水污染收费率是按照不同工业部门的边际削减费用来计算,但所制定的收费率确切地说是用于控制收费对象的财务结果,而不是反映边际污染削减费用。

法国水污染收费制度,用于刺激和补贴市政与工业排污者经营的污水处理厂的建设。净化污水的责任最终依然归于污染者,倘若污染者将污水排入公共水域则须强制付费;倘若污染者实施有效的措施并使污染得以控制,那么他们可获得一些财政方面的资助。此项收费制度由6家法国水资源部门负责管理。这些公共部门制定目标、解决必需的基金、计算税率。与德国和荷兰相比,法国的收费率相对较低。因此,收费对采用污染控制措施的作用——证实采用了适当措施后才得到补偿的刺激作用也较小(占德国和荷兰刺激作用的10%)。收费率也从未与边际治理费用相联系,而且,比污染控制的平均费用要低得多。

第二,家庭废物收费的阶段性成果。荷兰各市政府有分别收集、运输小型市政企业与家庭在生产、生活过程中所产生废物的职责。许多城市和乡村把废物管理的任务委托给私营公司,但仍对废物管理提供资金。大多数市政府通过每年颁发固定费率的账单,把收集废物的(部分)费用转移给居民。逐渐地,有越来越多的边远城市、小城市,开始使用各种各样的收费率。该项制度主要包括三方面内容:其一,在收集废物的现场确有一两个市政府对垃圾箱中的废物进行称重;其二,有几个乡村适用"按袋付费"的制度;其三,部分市政府依照家庭的规模、废物收集的频率来收费。

参照"污染者付费"原则,在收费日益增多的情形之下,基于公平分配费用的主要考虑,荷兰在各个家庭中采取不同的收费率。除此之外,不同收费率也对不同家庭起到了一些刺激作用。一项评价报告在研究并剖析了多个"按袋付费"方法之后,得出"不同收费率对家庭废物的产生量具有积极的影响作用"的结论。与按照传统收费的制度相比,执行"按袋付费"制度的全新市政中每人所产生的废物可减少10%～20%。只要每袋废物的价格不超过2荷兰盾,非法倾倒或把废物倒在比邻的乡村就不是主要问题。这一发现与美国对"按袋付费"制度的研究结论相似。

(四)挪威

在劳工或资本税份额转向能源和环境税方面,政府成立的绿色税收委员会自 1994 年以来,一直在评估不同税制之间的关系。该绿色税收委员会于 1996 年中提交最后一份报告,目的是修改当时的环境税制度,更加彰显环境税制度的"绿色"特性。委员会由高级公务员、社会知名人士、非政府组织、学术团体成员组成。挪威统计局也在其中起了关键作用,如建立征税转移效果的数学模型等。

绿色税收委员会应用多种方法,分析了当前税制及"绿色"环境税的扭曲问题。尤其对征税补贴,也称为"负绿色征税",进行了详细地研究。挪威的 CO_2 税自 1992 年实施以来,一直是企业界最高的税项之一。委员会还就挪威作为"第一提议人"的作用问题进行了讨论。为委员会提供的初步计算表明,就财政中性转移而言,单边行动还大有余地(每吨 CO_2 税提高 220 挪威克朗),且不会给就业和竞争力带来危害。委员会提出的措施,是签署一个有约束力的气候协议,这样其他国家迟早也会跟着做。委员会还就采取单边行动而获得"双重红利"的可能性进行了分析。

(五)葡萄牙

葡萄牙在环境税法律制度中也运用了实质公平原则。葡萄牙在环境税的部分税种中采取累进税制度。类似于荷兰的免税界限,也可用于其他"必需品"如水的初级消费中,而对次级消费征税就会起到刺激作用,使之更有效使用。例如,葡萄牙 Setubal 的水资源税就是一种针对家庭水资源消费和污水处理征收的累进税,这种累进税制度有效地防止了对水资源基本使用收费过重的问题。这些措施应用于葡萄牙的大部分地区。

(六)奥地利

在环境税的实质性转移促进竞争和解决就业问题方面,受奥本国环境、青年及家庭事务部、科学部、农业部委托,由奥地利经济研究所完成的一份报告中,曾提出了类似的不同能源市场弹性相对较小的问题。此报告评述了国内外对征税转移所产生的经济作用的研究动态,并讨论了所应用的模型技术的缺点。

奥地利的这项研究模拟了 19 种可能情况,这些不同情况旨在考察用于征税中立的各种不同的征税模型和补偿方法。一个主要情况是"劳动费用降低、补贴支持技术改革",在这种情况中,征税的一部分用于降低社会保险支出,一部分用于对环境的投资。在征税再循环中,指定用于提高能源效率的投资(否则这些技术因交易费用及结构僵化而不能采用),在奥地利单边环境税的情况下,这对就业起着积极作用。据研究报告,上述当时主要情况对就业将起到肯定作用(在当时将创造 11000～34000 个就业机会),而没有技术支持的情况对就业将有负面影响:"部分指定征税收入再循环对投资和增长刺激的原因是,在制度限制下,市场机制的功能没有得到有效的发挥……征税收入的支持,弥补了市场失灵的缺陷。在零交易费用的情况下会带来利润的投资,通过使用这些基金而得以发挥作用。另一项重要的优势也不应低估,这就是因能源设施的减少,尤其是家庭能源设施的减少,能源价格上升的趋势被有效地防止了,这关系到人们的福利(温度降低、活动减少)。相反,能源设施,如供热,可以与其他因素结合来提供;隔热措施减少了能源流失,提高了资金的使用效率……最后,这种支持还对革新和技术有积极作用。"

1995 年 5 月,奥地利提高了部分税率,并从 1996 年 6 月开征能源税,所得资金的一部分用于支持环境技术措施。

从本小节内容可以看到,一些法律、制度等的障碍阻止了环境税可以获得的理论上的收获。但是,从 OECD 几个成员国的经验中也可清楚地看到,这些障碍是可以克服的。采用环境税并无一个固定的模式,但内容提要中的"成功实施清单"是根据最新经验综合而成的,对那些意欲更广泛地使用环境税的 OECD 国家可能有帮助。此外,成功地使用环境税还有赖于政治支持。

五、OECD 国家环境税制度的立法模式

以下是对 OECD 国家环境税制度三种法律模式的小结。

(一)独立环境税模式

独立环境税模式是根据"受益者付费"原则或"使用者付费"原则,为筹得环境保护所需资金而施行的独立税种。包括生态税、直接污染税等。上文中采取这种模式的有荷兰、丹麦等国。该税制模式的优点是能够达到专款专用的效果,有针对性地设计征税兑现、计税标准。该税制模式的缺点是在环境税体系尚不发达的情况下,由于针对不同税制要素的设计十分复杂,运行该模式可能会造成反效果的出现,从而阻滞征管工作的进行。

(二)融入型环境税模式

融入型环境税模式是指通过整合并改善现有税制而不另行设立环保税种,将环保理念纳入现有税种之内,从而形成新型绿色环保税制体系。上文中的法国、德国等国便是采取该税制模式。这种模式优点在于:它并不单独设立税种,运作起来简易快捷,还可大幅减少征税成本,同时它有效地维护了现有

的税制体系,有利于进一步补充和完善现行税制。缺点在于:该模式由于并未单独设立环境税而使得其自身矫正能力不足。故该模式仅仅适用于税制体系并不完善的国家。

(三)环境税费制度并存模式

此种模式的理念是当另设新税种时,保留一部分现存的环境收费制度。上述的奥地利,还有其他如斯洛文尼亚等国适用该制度。施行该模式就要求一国政府在设立环境税费制度时,综合把握环境税征税对象的特征、征收单位的能力等因素,以此明确区分税与费。

第四节　美国的环境税制度

美国国会在 20 世纪 70 年代初引进一项议案,内容主要是在该国范围之内,对向环境排放硫化物的行为征收环境税,此后,又在 20 世纪 80 年代末提议对排放 SO 和 NO 征收环境税。从这之后,美国政府逐渐开始将环境税作为倡导绿色环保的新手段,其环境税制度也不断完善。

一、美国环境税税制体系

美国环境税又作绿色税或生态税。美国环境税税制体系,是指美国为实现专门的生态环保目的而筹集该项资金,同时开征用以调控纳税人相应行为的有关征税的总称。美国环境税税制体系中包含多个环境税应税税源。从环境税应税税源看,美国的环境税制度的重点应税税源,是对损害大气臭氧的化学物质征收环境税,包括环境收入税、汽油税和与汽车使用相关的税与费(如卡车、拖车消费税、轮胎税等)、二氧化硫税、消费税、开采税、固体废弃物处理税与费等,还有众多环境税优惠政策。以下对具体、有代表性的环境税应税税源逐一做出介绍。

(一)氯氟烃税

氯氟烃税是一种从量计征的国内消费税,以生产和进口氯氟烃类的数量为税基,税率为每镑氟利昂 50 美元。氟利昂的税率被认定为基础税率,其他耗臭氧物按其耗臭氧潜能划分等级,税额为基础税率与耗臭氧潜能的乘积。

(二)开采税

开采税是对自然资源开采征收的一种消费税,主要针对煤炭、石油、天然气等自然资源,通过影响自然资源的开采速度来影响环境。

(三)高耗油车税

高耗油车税是联邦政府对未达到最低燃烧指标的无效燃料课征的一种消费税,专门用于抑制无效燃料车的购买、使用,对每加仑汽油未行驶 12.5 英里的汽车征税 7500 美元。

(四)煤炭税

煤炭税是联邦政府对煤炭征收的一种特殊国内货物税。该税为"煤肺病"患者提供社会保险基金。露天开采煤税率是每吨 55 美分,地下开采煤税率是每吨 1.1 美元。

(五)形成"超级基金"的征税

化学原料消费税、汽车消费税、公司所得附加税的征税收入形成专项基金——超级基金。该专项基金目的在于保护环境,为处理已倾倒废弃物提供清理费用。

(六)形成漏油责任基金的征税

漏油责任基金是由对原油生产者及汽油、原油进口商课征的消费税组合而成,税率为每桶汽油、原油 5 美分。该项征税只是对漏油事件产生的环境损失的预防和补偿。

(七)形成地下储藏罐泄漏基金的征税

地下储藏罐泄漏基金是由对柴油、汽油、飞机燃料与其他燃料课征的消费税组合而成,其税率为每加仑 0.1 美分。

(八)形成废弃矿井再利用基金的征税

废弃矿井再利用基金是对生产煤所课征的税,其露天开采的煤税率是每吨 35 美分,地下是每吨 15 美分。

(九)环境收费

一是水费和下水道费,此费为水污染的治理筹集资金,自来水和下水道按照水表计量数值进行收费。二是固体废弃物收费,其按照固体废物体积大小进行收费。通过该项收费,可以较好地抑制家庭固体废弃物过剩的问题。收费标准为每 30 加仑的废弃物收取 1 美元到 1.5 美元。

二、美国环境税征税管理体系

从环境税征税管理看,美国对环境税的征管趋于严厉。美国环境税征税管理是由税务部门统一收缴,随后纳入美国财政部,由财政部分别纳入普通基金预算和信托基金,后者再转入下设的超级基金。由于美国征管部门相对集中、征管手段现代化水平高,所以在美国较少出现拖欠、漏缴环境税的现象,环境税征收额更有逐年攀升的态势。该国环境税以重点突出、制度配套的特点在环境保护方面发挥了不可忽视的作用。

第五节　韩国的环境税制度

韩国当前尚未形成完善的环境税制度体系,也并未明确可称之为环境税的税种。韩国除现存税制中与环保主题契合的几项征税外,自 20 世纪 90 年代初以来还施行了五种以收取负担金为主的经济性措施,可纳入环境税费体系中。

一、现行税制中与环境保护相关的征税

(一)机动车税

机动车税以根据韩国《机动车管理法》进行登记的机动车为征税对象,以机动车所有者为纳税人,依排气量课税,其不但含有财产课税的性质,而且具有环境保护的作用。

(二)共同设施税

地方政府为筹集消防设施、污染处理设施、水利设施所需资金,对该设施使用及受益者征收共同设施税。

(三)地区开发税

韩国政府为确保对地区的均衡开发、水质改善及水资源保护等所需的资金,对发电及地下水、地下资源等征收地区开发税。

(四)燃油税

韩国现今尚无单独成立的燃油税,有五种具有该性质的税种,即交通税、特别消费税、公路使用税、教育税和增值税。

二、环保负担金制度

韩国政府采取的经济性措施主要针对环境污染企业征收一定数额的费用,从而使企业降低污染、节约资源,各种环保负担金就是在此背景下产生并施行的。

（一）环境改善负担金

环境改善负担金于 1993 年开征，该项经济性措施以"谁污染，谁负担"和"总量控制"为指导原则。其征收对象可分为两类：其一，在消费流通过程中因大量排放环境污染物造成污染的建筑物或其他设施，以城市地域、准城市地域、准农林地域和自然环境保护地域为征收对象。其二，按照《机动车管理法》进行注册的所有使用柴油的汽车，以柴油汽车所有者为缴费人。

（二）排放负担金

排放负担金这一经济性措施是根据所排污染物的污染程度进行征税。排放负担金分为超标负担金和基本负担金，前者对超过排放标准的污染物征税，后者对在标准范围内排放的污染物征税。征收范围为：大气领域中亚硫酸等十多种气体，水质领域中有生物化学性氧气需要量（BOD）或化学性氧气需要量（COD）17 种，畜产废水领域中有生物化学性氧气需要量、悬浮体等。

（三）废弃物预置金制度

废弃物预置金制度是为防止资源浪费，将具有二次利用价值的废弃物回收并进行再加工的一项经济性措施。具体流程为：生产或进口征收对象产品和容器的企业先依一定比率缴纳废弃物预置金，如果该企业最终采取合理方式回收并处理其产业废弃物，政府则将其预缴的金额予以返还。该制度并非直接采取控制方式，而是引导企业对有价值的废弃物进行回收再利用。

（四）废弃物负担金

废弃物负担金是依照《关于资源节约和促进再利用的法律》，对于含有害物质或是难以回收再利用的产品、材料与容器征收处理其废弃物所需费用的制度。通过废弃物负担金的征收，将其环境费用内化在产品价格中，使生产企业或进口企业承担相关费用，以遏制废弃物的产生，防止资源的浪费，这是该经济措施的目的。

（五）水质改善负担金

水质改善负担金是依照《以保护地下水资源和改善水质为目的的水管理法》，对饮水生产或是进口销售的企业实行征税的制度。收费依据为销售额的20％，而非地下水抽取量。

第六节 日本的环境税制度

一、日本引入环境税的背景

日本政府近年来推进实施碳排放环境税制度并取得了一定的成效。1990至 2004 年期间,日本各部门二氧化碳排放总量迅速攀升,增幅达到 13.6%,其中的商业及其他部门、家庭排放量增幅较大,均逾 30%。主要原因是上述部门使用面积增加的同时,相关设备如电脑、空调的数目也不断增加;交通运输工具碳排放量的升高主要是因为汽车、船舶等数量大规模增加;发电碳排放增长则主要是日本近年来不断出现的核电问题所致,目前只能主要依赖火力供电;目前各个部门中只有制造业碳减排 3.4%,呈下降趋势。

针对上述问题,日本政府在以减轻支出负担并达到经济发展和环保目的的前提下,进行一系列绿色税制改革。根据日本 2005 年 2 月 16 日生效的《京都议定书》内容,日本政府制定了相关的基本措施,提出了减排一体化政策概念,其特点是以自主性、限制性、经济与信息等相结合的多种政策手段并驾齐驱,并针对减排一体化政策的进展状况进行综合研究。实现控制效果最大化是减排一体化政策所追求的目标,同时还需全面降低国民负担、缩小财政成本,如必须动用财政达成目标时,还要慎重考虑财政资金的利用率。

经济手段作为减排一体化政策的主要措施之一,被日本政府寄予厚望,经济手段的运作以市场机制为前提,通过经济激励机制引导各经济主体理性地控制污染的排放,其焦点在于碳排放环境税上。

二、日本环境税制度的概况

日本政府自 2004 年起开始修订并于 2005 年 10 月推出了环境税的最终方案,此后于 2007 年 1 月正式实施环境税制度。为了减轻来自有关方面的反对压力,2005 年新方案中征税对象相较 2004 年范围变窄,并且还扩充了减免税范围和幅度。新方案在减免措施方面的规定主要有三处:一是针对采取行动降低排放量的应税高排放用户允许减税 50%～60%;二是针对钢铁制造业等以煤炭、焦炭等为原料的行业,由于该行业无其他合宜的可替代能源,可实施免税;三是对煤油减免 50% 的征税。新环境税方案的主要内容如下:

(一)环境税的基本思路

1.日本温室气体的排放量不减反增是重要背景。日本 2003 年财政年度温室气体排放总量达 13.4 亿吨,排放水平相较 1990 年提升了 8%,原因之一是东京电力公司为了安全目的,在相当长一段时期内停止使用核反应堆供电,从而导致火电厂产量急剧增加;二是当时正处于经济恢复时期的工业生产大幅增加。很明显,在这样的现状下,有必要重新审视地球温暖化对策推进大纲,追加措施。

2.根据温室气体的排放量,环境税主要向工厂、企业和家庭广泛征收。与此同时,环境税还能促进国民生活模式和社会经济体系向环境友好型转变,对日本这样一个资源短缺型国家来说,环境税将作为密切关系社会经济发展的基础。

3.根据《京都议定书》,日本要做到减排温室气体 6% 的目标,就必须综合利用各种举措,如经济、规制等,在当前温室气体排放量与目标排放量存在 14% 的差距中,要通过绿色征税制度确保完成削减大约 4% 的减排任务。

4.环境税的内涵,要把将企业和国民全部囊括入保护环境和防止全球变暖中。具体来说,环境税应对各行各业致力于防止全球气候变暖起到正面的作用,这是第一层面,另一层面不得降低甚至还应提升企业的活力与发展。长期存在的关于维持产业国际竞争力,低收入者、中小企业等亟待解决的问题,都应当出台相适应的减免方案。

(二)环境税的设计方案

此次的具体方案,以所有的化石燃料和电力为重点应税税源。以课征阶段为标准划分为上层课税和下层课税,上层课税税目包括挥发油、轻油、煤油、液化石油气,在从石化公司生产或作为成品进口的阶段课税。下层课税税目包括煤炭、重油、天然气、城市气、电力、喷射燃料,在消费阶段课税。其中,煤炭、重油、天然气只对大型消费者征税。

(三)征税负担的减免措施

环境税的引进将对日本带来一些消极影响,比如降低产品国际竞争力、使产业结构产生剧烈变化、对低收入者的累退性,等等。日本新的环境税方案针对以上负面影响制定了一些征税负担的减免措施。

在针对确保国际竞争力与缓和产业结构的剧变等方面,主要有以下三点措施:(1)针对钢铁等制造业使用的煤炭、焦炭,农业、渔业使用的 A 型重油等进行免税;(2)针对属于能源高消耗型制造业的企业所消费的煤炭、重油、天然气、电力、城市气进行减税,生产额中所占能源成本超过全国平均数额的行业减免二至五成;(3)针对运输行业中轻油等实行税率减半。除此之外,针对出口汽油等化石燃料和用于发电的煤炭实行免税。

通过实施新环境税方案,日本本土预计可以实现碳减排约 4300 万吨,相当于日本 1990 年碳排放总量的 3.5% 左右。同时,由于日本在环境关联税征税力度上弱于其他国家,此对生产与生活带来的能源成本影响不大。经测算,实施环境税将使日本 GDP 年增长率降低 0.01 个百分点。

第七节　域外环境税制度总结

一、OECD 国家、美国、韩国环境税制度总结

OECD 国家、美国、韩国环境税制发展至今,已然获得显著的社会、经济效益。上述国家不但通过开征各类环保税种对有损环境的产品和消费行为课税,为给减少污染的专门计划筹集收入、提供资金,还构建了系列旨在减少排放污染物的激励机制。更有甚者,通过采取减免税等征税优惠政策的方式,用以支持和鼓励国际环保事业的发展。

(一)环境税制的实施是一个渐进的过程

域外环境税制度的实施虽不尽相同,却毫无例外地都经历了循序渐进的过程。环境税制度的发展都是按照每一税种的实施条件、根据不同的特点循序渐进,逐步实施税制改革,最终在保持或降低原有征税负担的基础上实现环境目标。例如,污染税中的碳税与 SO_2 税,二者各有千秋:前者征税条件较高,只有制定相对严格的税率,并采取一致的国家行动才能达成理想的预期效果,相对征收时间较短;相比而言,后者执行成本较低,对降低硫排放量的成效也相对显著,公众更能接受,相对征收时间较长。除此以外,税率也有一个逐步提高的过程。一般情况下,要取得显著的环境效果,税率必须维持较高的水平。但是,如果税率一步到位,可能令人难以接受,甚至导致政治危机的出现。并且,从经济角度看,本国企业的竞争力也会受挫。为此,税率的提高应是逐步的。

(二)环境税制的实施重视运用综合手段

在环境税制度的实施过程中,特别重视综合运用该征税手段和其他环保手段,以及该征税手段和直接管制手段配合的默契程度。要说明的是,直接管

制手段并不因为环境征税手段受到重视而被取代,直接管制手段给环境征税手段的刺激作用提供了最低标准,环境征税手段又为直接管制手段带来有益补充,二者相辅相成。除此之外,还十分重视该征税手段与其他经济手段的配合。OECD 国家、美国、韩国的环境税制度均普遍囊括了和环境相关的诸类专项收费与使用费,寻其根本是"费"的适用不但简便易行,还与"污染者付费"原则精神契合,特别当征收标准随着污染程度的变化需不断做出调整时,更适宜采用收费措施。与此同时,上述国家还都普遍适用排污许可制度、押金制度。此外,对环境税种之间(如污染税中的 SO_2 税、CO_2 税与水污染税,水污染税与各种间接产品税等)以及环境税种与征税差别、征税优惠措施之间的协调配合也十分重视。

(三)规范征税使用,增进税费利用效率

通常而言,环境税所得资金收入的使用方式有两种:一是专项使用,二是纳入一般预算收入,前者被用于特定的环境保护活动之中。资金的专款专用极大地增强了征税在政治上的可接受性,因而环境税的专项使用在上述国家中十分普遍。例如,OECD 多个国家的水税专项用于水质量管理支出,美国原料征税专项用于资助有害废弃物的处理。另外,环境征税纳入一般预算后又有两种用途:一是制定补偿计划。考虑到实质公平原则,基于环境征税对低收入者的影响大于高收入者,此举可用于与环境征税带来的累退性消极影响互抵。二是补偿对其他征税的削减。用环境税替代那些影响劳动所得和劳动成本的税种,保持总征税不变的同时增进效率。

(四)域外环境税制度呈现政府层级色彩

OECD 多国、美国和韩国环境税的征收带有明显的政府层级特征。基于中央和地方政府各自不同的侧重点,环境税制有必要在此二层次上分别进行设计。例如,美国的联邦政府比较关注对燃料使用的征税,全国性的环境税有燃料税、噪音税和对粪便剩余物的征税,一些征税鼓励措施,如加速折旧、自然区域所有者的征税减免等,其决策权也取决于中央。低层级的政府比较关注针对与特定污染有关的行为征收的环境税,如对废物的处置、水和土壤的不适当处置等。根据不同层级政府的不同侧重点来设计相应的征税对策,并以此解决相对应的环境问题,可以节约征管成本,使环境税制更具效率,既保证了国家环境政策的统一性,又便于各地因地制宜解决实际问题。

二、日本环境税制度总结

(一)日本环境税制度的作用

日本运用环境税的重点指标是以对环境造成的负荷值为依据,并根据该值进行纳税,该负荷值指化石能源中的碳含量的大小。此外,通过鼓励纳税人与大型企业自主研发等激励机制,引领化石能源依赖型的社会经济体系与产业结构进行绿色改革。日本推行环境税有三大重点考虑因素:价格效应因素、宣传效应因素与财源效应因素。

1.价格效应因素。环境税除要对污染物排放者征税外,还允许采取征税差异方法或者其他相关的征税优惠政策,构建激励机制,以此促进有关部门更新节能设备。推行环境税,即是针对高能耗、低能效的设备采取惩罚性征税举措,从而对节能设备在进入市场初期的竞争力有所保障,并且达到帮扶环保企业的间接目的。

2.宣传效应因素。环保问题应当与全体国民的理解和配合紧密联系在一起,环保思想和环境税的实施更是一个长期的、潜移默化的过程,其影响因素包括节能新技术对工作、生活产生的影响消极与否,更新换代所需费用能否接受等。环境税的推行引导着一些新信息的传播,促使全体国民的生活与工作方式发生了巨大的改变。

3.财源效应因素。推行环境税能为环境保护相关政策的运作提供一项持续稳定的财政收入,不仅能够补充环境整治资金的缺口,还能用于开发新能源、推广先进节能技术等领域。

(二)环境税对日本经济发展的积极影响

1.刺激新兴产业快速发展。在总体上,环境税虽被认定为一种运行成本,然而于制造部门和环境技术产品销售部门而言,却是获取利益的机会。此外,还能引导更多绿色新型技术产生。可以说,这是经济增长的一个新的重要源泉。日本环境政策的经济分析结果表明,环境政策可以带来较低的环境公害和高生产率并举的技术革新,能够刺激这些新兴产业兴旺发展,对经济增长做出了显著贡献。

2.提高环境技术的竞争力。受《京都议定书》生效和原油价格上涨等因素影响,环境技术已经形成世界市场竞争格局,对有关国家的宏观经济也产生了重要影响。在汽车和太阳能发电技术上,日本极具国际竞争力及影响力,其混合动力车和低耗燃料车畅销并享誉国际市场。通过推行环境税,使得环境技术研发氛围更加浓厚,促进各大企业提升自身环保产品的国内外市场竞争力。

3.鼓励节能型消费方式。环境税在直接层面上提高了能源价格,促进着消费结构向节能型方式转变。从理论和长期实践两方面而言,能源价格的上涨在短期内对社会需求总量影响较小,但在中长期则对人们的需求总量有显著的反向促进作用。

思考题:

1.试比较我国与域外在环境税制度发展上的各个历史阶段。

2.请分析美国、韩国、日本三国的环境税制度。

3.阐述借鉴域外环境税制度的立法经验的理论前提。

第三章 环境税法基本原则

　　原则是人类在漫长的历史发展中从自然界和社会实践中高度抽象概括出来的,唯有经实践反复验证确实符合事物客观规律的原则才可在实践当中用于指导,才可以算是正确的。

　　环境税作为国家的主要税种之一,在现实操作中必须符合环境税的原则要求,不得偏离实际作出违反原则的规定。原则作为一般性指导理论,具备验证环境税制度设计正确与否的资格,也是环境税在制度设计过程中所应依据的基本标准。因而,在研究环境税的具体制度构建中,对环境税原则的理论分析不可缺少。环境税原则不但是环境税制度理论体系中的核心要素,在现实的课税实践中更是发挥极为重要的指导作用。

　　环境税作为环境污染和生态破坏转化至市场经济中的社会成本,本身综合了社会制度、经济制度、法律制度等多个领域,其规范构建涉及范围很广。环境税作为一项综合性税种,一旦出台推行,影响覆盖面大,因而在最原始的制度构建时便应把握正确方向。而环境税原则作为客观正确的真理能够使我们更好地理解环境税的本质,更能指导我们在实务中正确构建环境税的制度设计,还能在环境税的推行中实时检验实施效果。故此,对环境税原则的分析至关重要。

第一节　公平原则

一、税收公平原则概述

　　税收公平原则在学界的一般定义为:以政府为主体的纳税机关在对社会开征不同税种时,必须综合考虑纳税人的实际情况,使得社会各界的纳税人对所承受税的负担义务和其经济收入状况相协调。[①] 同时,确保纳税人所承受的纳税责任是在优先保障其基本生活的物质基础上,在纳税人的经济水平所能接受范围之内。纳税负担水平应保证在各个不同收入阶层之间保持动态平衡,实现真正意义上的税收公平。

税收公平原则作为税收在制度设计过程中依据的最为重要的原则之一,在根本上保障了不同阶层纳税人之间的利益,平衡了各阶层的经济收入差距,使得国家税收能够保持稳定性。税收公平原则在税收的制度设计中的核心要求类似于联合国1992年制定的《联合国气候变化框架公约》的中心原则,即"共同但有区别的责任"。[②] 该原则的第一要求便是"共同",税收作为国家经济来源的主要支柱,要求所有符合法定条件的纳税人必须在法律的程序下按照规定履行纳税义务,这是每个符合要求的纳税人必须承担的为国家经济收入做贡献的义务。国家是保障每个公民在社会中更好地开展生产生活活动的最强有力靠山,而国家在保护公民的过程中必须有经济支撑,这就要求公民应反哺于国家,在经济状况良好的前提下,按照法律要求履行纳税义务。如果国家不能够获得公民的经济支援,那么必然会在国家调控中力不从心,面临国家生存危机。毫无疑问,最终受到消极冲击的会是国民。因此,所有经济条件宽裕、收入符合国家征税要求的公民应认识到国家在保障其经济收入时所作出的贡献,主动承担国家对其所做的帮助的对价责任,必须积极履行法定义务,共同承担对于国家的经济责任,助力国家机器得以顺利运转,使得国家能够持续为整体公民做贡献。税收公平原则的第二要求便是"区别"责任。国家在经济发展过程中不可否认改革发展先富带动后富战略所引发的社会矛盾,即公民在不同政策的指导下经济发展水平不均衡,收入产生差距。税收作为国家缓和因社会收入不均所引发的不同阶层之间矛盾的法律武器,是国家解决社会矛盾的有力手段。收入水平较高者是国家在政策执行过程中最大受益群体,他们也拥有承担国家税收的经济实力;反观经济收入较差的群体,在国家的发展中并未受到极大的政策扶持,国家对其的帮助尚未完全且有效,因此在现阶段其主要任务依然是在国家的指导和帮助下积极提升自我的生活生产能力,改善自我生活水平、提高收入,待经济收入发展至国家法定要求后再承担

---

① 孙尚清:《商务国际惯例总览(财政税收卷)》,中国发展出版社1994年版,第382页。

② 黄颖:《全球气候治理与"共同但有区别责任"原则的演进》,《生态经济》2015年第11期。

相应的纳税义务。置言之,经济收入较高者,在国家的政策执行中收获更高的利益,自然应承担更多的国家责任,以回报国家在政策上对其的支持;而经济收入较低者,在国家的政策中受益相对较低,国家应均衡这部分群体的利益,在税收上法律要求其暂不承担或承担相对较低的国家责任。

税收公平原则要求国家在进行税收法律规则设计中,充分考虑到国内不同阶级公民的经济发展水平、税收责任的承担能力以及当前主要的经济发展任务,综合各类纳税人的实际情况科学分配纳税义务。一方面协调国家福利服务和公民纳税义务之间矛盾,要求公民在享受国家服务的同时以税收形式回报国家对其的贡献,保证国家有资金持续提供优质的社会服务。另一方面,协调不同收入公民之间的利益矛盾,经济收入富余者承担较大的纳税责任,经济收入相对较弱者承担较小的纳税责任,以税收形式实现国家的二次收入分配,缩小贫富差距,达到税收公平原则对于公平合理的本质要求。

税收公平原则通常被学术界分为两大类:受益说和负担能力说。[①] 其一是受益说,即以公民从国家服务中所获得的利益为纳税标准,所获得的利益越多应相应地承担更多的纳税义务,反之则越少,以此实现税收公平。该学说又将税收公平原则划分为横向公平和纵向公平这两个层次。所谓横向公平是指因国家服务使得收入居于同一水平的纳税人自然应按照相同的纳税规定履行相同的法定纳税责任,国家的纳税机关对同一收入群体应同等对待,课以相同水平的税收。同理,纵向公平即是因国家政策的不同致使收入层次有差异的群体,国家应对受益不同者课以不同的税收。其二是负担能力说,该学说认为应以纳税人的纳税能力作为实现税收公平的标准。在进行税收制度设计时,应充分考量纳税人的实际纳税能力,并以此作为区分不同层次纳税人的依据。纳税能力处于同一水平的应负担相同的税收义务,不同纳税能力的纳税群体之间自然应承担有区别的纳税责任,由此实现税收公平。

二、环境税的公平原则内涵

近年来,工业的高速发展,在带动经济迅猛增长的同时亦付出环境受损的不利代价。在环境持续恶化甚至对部分地区产生不良影响的情况下,20世纪末国际税收学界才开始对于环境税展开学术研究。学界公认的最先提出环境税学术概念的创始人是英国现代经济学家庇古,其在著作《福利经济学》中率

---

① 徐孟洲:《税法学》,中国人民大学出版社2005年版,第36页。

先将环境与税收在概念上进行联系并展开理论研究,因此环境税在学界别名庇古税。庇古在其著作中提出社会资源适度配置理论,他认为在社会生活生产过程中所运用到的每一种生产要素应该保持边际私人纯产值与边际社会纯产值的动态平等,保证双方的公平性。当生产产品所耗费的边际成本作为计算产品价格中的一项影响因素时,那么在理论上便使社会资源的利用达到最适宜的境界。然而,现实情况是人类在肆意挥霍大自然的各种资源,破坏生态环境,从而获得商业利益,却未对此行为付出对价以弥补大自然的损失,导致私人成本与社会成本相偏离,边际私人纯产值与边际社会纯产值失衡。这种私人和社会整体间的矛盾无法单单依靠市场本身加以解决,庇古认为应由政府通过征收环境税或者补贴来解决私人成本与社会成本的矛盾,最终使得社会资源的配置达到最适宜的程度。

在环境税公平原则的立法实践上,数个国家也用实践成果证明了该理论的正确性。第一,爱尔兰政府为解决国内肆虐的白色污染问题,决定向每个塑料购物袋征收约 13 美分的税,并将所得全部用于支持环保项目的各项开支。经过一定时期的征收,结果表明公民在政府的引导下塑造了正确的环保观念,塑料袋的使用量减少近 90%,国内的环保项目也因得到了资金支持而有所突破。第二,自然资源丰富的澳大利亚也在工业发展中付出了一定的生态成本,在政府意识到生态重要性的情况下相继出台空气环境保护等多项税收政策。从而政府通过环境税的征收开始在生态和国民间的利益之间展开协调,保证公民发展和自然发展的公平。同时,澳大利亚政府还以减免个人、法人所得税的形式鼓励公民积极主动保护生态环境,进一步引导公民的环保意识,维护生态和私人主体间的利益平衡。第三,波兰是从 20 世纪 70 年代开始征收环境税,其最初的目的是调整污染者的行为,从根本上控制环境污染问题。基于"污染者付费"原则,波兰最初仅仅是为了提高污染者对环境的重视程度,因此开征的税率较低。在之后的发展中,低税率与环境高消耗显著不平等,波兰进行环境税改革,从税率、征收系统、范围等各方面进行体系完善,使得私人生产与环境间趋于利益公平。

环境税公平原则同样拥有现代生态伦理学的理论支撑。按照生态伦理学的观点,人类和自然之间存在一种道德关系,人类不应毫无节制地向自然索取资源,人类对于自然的任意剥削、巧取豪夺势必会导致人类和自然道德关系失衡。人类和自然继续保持不公平的发展现状,严重破坏生态平衡,在一定程度上会引发自然对于人类的报复。21 世纪以来,短短数十年的时间内,中国的地震、印尼的海啸、美国的龙卷风等世界各地的自然灾难不断上演,人类对于自然的破坏已经得到了自然最严肃的惩罚。因此,为了人类的可持续发展,兼顾后代的生态利益,人类目前的资源使用行为必须受到环境税的制约。通过环境税的征收,促使人类积极主动关注生态现状,培养与自然和谐相处的意识,回归人类与自然固有的道德关系,维系人类与自然在发展上的利益公平。

结合法理学的基础理论可知,环境税公平原则是法理学公平正义价值在生态领域的具体表现。公平正义作为法理学最为根本的价值之一,应在环境税公平原则上发挥理论指导作用。人类在社会中从事生产生活,物质的分配自然应该是平等的分配,实现根本的公平,才能有利于人类社会持续平和地发展。然而在现实的社会发展中,总是无法实现完全均等分配物质。因此,为了促使社会物质分配得以均衡,有必要通过征收环境税,对从社会中分配较多物质的群体进行后天人为调整,用以弥补在物质分配中处于不利地位的群体的利益。

环境税收隶属社会分配领域,公平是该领域的核心指导原则,其存在是以人类原始所追求的基本社会准则作为信念支撑的。[①] 公平原则作为环境税制度设计时所依据的最重要的原则之一,也是首要参考原则,其分量不言而喻。环境税公平原则的理论研究通过对上述学界的各种成果的综合,大致可以做出如下界定:政府在对环境税的制度设计过程中,应充分遵循公平原则的理论指导,以公平原则作为衡量税制设计正确与否的标尺,并作为在实践中时刻检验税制是否符合实际以确保其合理性的依据。同时,保障纳税主体的税负责任与环境税税收二次分配的公平合理,平衡国际间的环境责任,实现环境责任的国际、代际、代内的综合性公平,最终实现人与自然、人类之间、国家之间发展的协调与公平。

三、环境税公平原则的具体表现

(一)人与自然的公平

环境税的征收有利于恢复人与自然间的公平关系。人类自诞生以来,基于求生本能,不断从自然中获取各种能源以维持生计,逐渐演化成大自然的对立面。从此人类的发展与自然发展息息相关,人类历史的顺利推进离不开自然的物质支持,人类也在发展中不断扩大对于自然的需求量。人类欲望无底线,追求利益最大化,相反大自然有限的资源储量无法满足人类庞大的需求。

---

① 饶立新:《绿色税收理论与应用框架研究》,中国税务出版社 2006 年版,第 64 页。

因此,人类和自然间的矛盾不断积累。尤其是人类经历了四次的工业革命后,社会生产力和科学技术水平成倍提升,加之人口数量急剧攀升,对自然基本物质的需求日益迫切,大自然也面临着前所未有的供养压力。人类的社会活动破坏了大自然的循环规律,严重扰乱了自然的生态平衡。

人类在无节制的消费自然的同时也受到了自然的冷酷惩罚,大自然环境不再如同往日般温和舒适,取而代之的是恶劣的气候、极端的温度等严重影响人类日常生活的自然环境。人和自然的关系日趋紧张,大自然也在不时以极端灾害报复人类的剥夺和破坏自然环境的行为。因此,人类与自然应重回符合公平原则的相处模式。人类的社会行为需符合生态规律,重塑生态善恶观,尊重生态系统平衡。在公平原则和生态伦理学的指导下,重新形成人与自然间的道德关系。

而环境税有利于促使人类加快形成正确的环保观,有效阻止部分群体对自然资源无节制的挥霍。当人类从自然中过度索取资源以换取更高的利益而造成自然破坏时,那么这部分人类必须公平地为自己的过度索取行为缴纳相应的环境税,用于补救自然所受的损失,平衡私人和自然之间的利益公平。

(二)代际公平

环境税有利于维持代际公平。代际公平是指当代人在向自然索取资源并加以利用,使得当代人的基本物质生活有所保障,还可通过资源的使用改善生活水平。代际公平理论一开始是由美国学者爱迪·B.维丝提出,其代际公平理论研究中的核心观点即为"托管"[①]。爱迪认为,每一后代人都是委托人,当代人作为受托人有责任也有义务主动保护地球生态环境,确保环境质量不受破坏并将其传承给后代人。当代人享有的通过自然资源实现生存目标并得以发展的权利必须与后代人保持均等,即当代人必须给后代留存其生存发展所必需的自然物质基础,实现自然资源分配的代际公平。环境税的存在可适当改善当代人资源消费观,可用于警醒破坏生态环境、罔顾代际公平的当代人,用税收作为当代人滥用资源的经济惩罚,并向后代人做出经济赔偿,维持代际公平的稳定。

代际公平主要涵括三个基本原则:第一,保存选择原则。当代人所生存的自然环境中,拥有种类繁多的资源,当代人可以任意选取所需的资源以满足各

---

① 宋旭光:《代际公平的经济学解释》,《内蒙古农业大学学报(社会科学报)》2003年第3期。

自的生产生活需要。当代人在自然和文化资源中享受的多种选择权应同样适用于后代人,避免后代人因资源被当代人使用枯竭而在选择上受到不公平的限制。第二,保存质量原则。当代人在使用自然资源时应注重对自然质量的保护,符合自然的更迭规律,不破坏自然的复原进程。当代人须保证交给后代人的环境质量如同从上代人继承时的水平,承诺环境质量在当代人的使用过程中未受消极影响。第三,保存接触和使用原则。自然资源对于人类生存影响重大,每一种资源都可对人类意义非凡,都可能发挥根本性的作用。当代人对于所继承的每一种资源都应该充分重视,即使是使用价值低的资源也不可加以破坏。当代人应将继承的资源完好地传承给后代人,使后代人能够有同样的权利全面接触自然资源并加以使用。上述三种原则都是表明当代人和后代人在资源使用上的公平性,这种公平是永恒且一定的。当代人不可不重视对该公平的维护,而环境税的征收通过增加当代人环境使用成本,引导当代人主动保护环境,为后代人留存属于其的环境利益,实现代际公平。

(三)代内公平

代内公平是指生活在同一个时代的全体人类,应公平地享受舒适良好的生态环境,对于自然资源的使用拥有平等的权利,并且该权利的行使不得因国籍、种族、经济、文化等各种差异而有所区别,在同一水平上使用相同的环境资源需承担同样的税负,[①]使用的环境资源程度不同、受益不同则政府应课以不同的税收,即在真正意义上实现环境利用权利的完全公平。

实现代内公平是可持续发展战略追求的重要目标,要求同一代人在自然资源的使用上应科学分配,合理使用、保护所享有的自然资源,在相同的使用情况下征收同样的环境税以修复自然的损失。但是在当今社会中,发达国家与发展中国家的资源分布不均、不平等现象严峻。发达国家凭借历史上对发展中国家资源的掠夺和剥削,不断积累经济物质基础,进而导致如今资源分布失衡的结果。现代化社会中虽普遍不存在武力抢占资源的野蛮行为,但是发达国家依然通过和平手段剥削发展中国家,如转移垃圾等。再者,发达国家不但侵犯发展中国家的自然资源,甚至罔顾自身环境利益,透支环境资源加快国内经济发展,导致发达其环境迅速恶劣,危及其他人类生存环境。针对此种状况,便应向不同的受益群体征收不同的环境税收,以平衡不同群体之间的受

---

① 姜涛:《论环境税收制度》,载吕忠梅、徐祥民主编《环境资源法论丛》(第3卷),法律出版社2003年版。

益,实现代内公平。

代内公平要求国家之间公平合理地使用自身所拥有的资源,并为自身的环境使用行为支付对应环境税,不得抢占、侵犯别国合法拥有的自然资源使用权利。同时,一国在享受自身的环境利益时,若对其他国家产生间接不良影响,则需为此行为缴纳相应环境税用于修复他国的环境损失。每个国家都有责任保护生态环境,但这种责任不是绝对平均化,而是根据不同国家的实际情况作出划分,即是"共同但有区别的责任",这是代内公平最基本的要求。

第二节　效率原则

一、税收效率原则概述

税收效率原则作为西方财政经济学界向来推崇的用于指导税收实务的理论性原则之一,在本质上要求政府在从事税收行为时需分析对社会征税是否对经济效率的提高产生积极影响。效率原则要求政府不断进行理论和实践的研究,探索出的税收政策应该是付出最小的费用而能获得最大的税收收入。继而,在获得税收之后的二次社会分配中,政府应再次遵循效率原则的指导,充分利用合法聚集的社会财富,合理规划,达到资产配置最优化,通过税收的调控使得经济发展能够得到最大程度的促进,完成税收最大效率。

美国经济学家约瑟夫·斯蒂格利茨将效率作为税收体系中仅次于公平的第二重要的评价标准。可见,对于效率原则的深入研究是在实践中更好执行税收政策的关键前提。税收效率原则的主要内容包括三个方面:第一,税收的部分是作为税务机关的基本支出。为使税收达到最高效率,应不断改革税务行政程序,减少不必要的税收支出,提高税务行政效率,使征收过程中的支出达到最小值。第二,降低税收对经济活动的阻碍作用,使负面作用最小化,减轻经济活动额外负担。第三,税收的执行需对社会资源的有效利用产生积极正面的引导作用,达到资源配置帕累托最优。

二、环境税的效率原则内涵

环境税的效率原则作为税收效率原则项下的重要分支,不仅具备税收效率原则关于行政效率、经济效率的特性,更是包含环境效率这一特有效率形式。一方面环境税的征收在公平原则的指导下,政府对市场经济干预行为有更多的理论支撑,但在另一方面又对经济发展形成阻碍,由此需要效率原则配套指导政府的环境税征收行为。而对环境税效率原则内涵的进一步探究,将有利于更加深度领会该原则的本质,并更好地运用于实践操作中。

环境税效率原则是法理学中的效率价值的理论化体现。法理学中对于效率的要求是行为人需从一个给定的投入量中以科学合理的方式获得最大的产出,置言之,即实现特定资源的价值极大化。法理学对于效率的使用范围主要限定在三个范围上。第一,要求资源配置上实现严谨规划、充分利用的最大效率。人类的生活生产活动与资源的使用密切相关,脱离资源的人类活动是不存在的。基于资源的稀缺性和高利用率,法理学要求人类在配置资源时必须做好翔实准备工作,将资源浪费降至最低,使用效率升至最高。第二,要求在收入分配上实现最大效率。人类是群居物种,需要在社会中与人交流。社会给人类生存提供基本背景,而收入的使用作为人类在社会中与外界交流的重要途径,给人类带来更为舒心的社会交际。人类收入的取得并非易事,因此更应将收入使用在能收获最大效益的领域,也就是实现收入效率最大化。第三,要求在特定资源配置上实现最大效率。虽然大自然所提供的资源种类繁多,但是每个时期人类所需的资源不同,使用量也各有差异。对人类生存贡献最大的几类特定资源在特定时期显得尤为珍贵,因此对此类资源的配置理应达到最大效率,以更有利于实现人类生存利益的最大化。法理学上对于效率的要求也是环境税效率原则的基本要求。第一,环境税作为防止污染者肆意排污等不良行为的法律手段,是国家机关利用税收对环境进行经济救济的途径,具备普适性且可推广度高,是国家对环境税务机关在行政业务中资源配置的最优化。第二,环境污染者数量多且在国内分布范围广,无法对自然损坏进行统一经济补偿。而将污染者的环境成本以环境税的形式集中于环境税务机关,更能实现更好的税收收入分配,提高环境损坏补偿效率。第三,实务中对于环境的破坏形式多样,破坏程度也参差不齐,通过税务机关的统一规定,对不同资源进行有区别的征税,实现对特定资源的最有效率的环境税法保护。

新古典经济学中的经济效率为环境税效率原则提供了理论借鉴。上世纪80年代以后,经济学界的部分专家在此前对经济学理论的三次整合基础上,展开新一轮的经济基本概念研讨。[①] 以华裔经济学家杨小凯为代表的部分经济学家提出的学说在学界内认同度较高,他们用新的分析方法定义经济学,提出新古典经济学代表性观点"经济学是研究经济活动中的各种两难冲突的学问"。经济学向来追求利益最大化,而在其定义中又限定于实现经济活动的各种途径取舍上,也即实现最大的经济效率。实现经济活动的方案各异、经济主体资源有限,为追求最大经济利益,经济学的研究偏向于选取最有效率的方案。在环境税的效率原则研究中,也反映经济学的效率理论。政府在针对环境污染的防治问题上,曾有政府拨款、社会募捐、政府鼓励社会机构环保工作等多种方式。但是政府在环境的整治项目上资金有限,为实现治理环境的效率最大化,更好地分配政府资金,政府决策使用环境税。一方面,环境税的综合征收使得在全国范围内广泛开征税费成为可能。环境污染在国内普遍存在,因而政府有必要进行综合管理整治。通过环境税的设立,政府可为各地在征收税费时订立同一标准,提高政府环境治理行政效率。另一方面,污染者在污染环境的行为中获利,依公平原则,需为此行为付出经济代价。但是经济代价的支付途径多样,依新古典经济学理论,需选取最能实现经济效益的方法,也即能最快收集污染者资金的方法。政府通过对污染者开征环境税,能使污染者按照规定标准最快完成付费,实现环境税效率原则要求。

环境税效率原则同时呼应生态学中所倡导的生态效率,生态效率的中心思想是经济主体的产出和生态资源的投入这二者间的比值。[②] 经济主体的产出是指经济组织或经济私人主体在从事生产经营过程中所获得的产品或向消费者所提供的服务里包含的经济价值;生态资源的投入是指经济主体在从事生产经营中所投入的生态资源这一物质资料,以及因经营主体的经营活动而导致环境破坏的环境负荷。党的十七大报告中首次提及建设生态文明,表明国家对于生态资源的高度重视和科学规划配置倾向,在保证可持续发展的前提下,提高有限资源的生态效率,使可用的生态资源发挥出最大的经济效益,达到产出和投入的最大比值。环境税效率是生态效率的重要组成部分,环境税效率达到最大值有助于促进生态效率实现最大化。一方面,环境税在立法、执法层面的最大效率,可简化政府的环境监管流程,更高效地进行政府征税活动,以税收形式监督经济主体在经济活动中的资源使用情况,促使其最大效率

① 叶航:《超越新古典——经济学的第四次革命与第四次综合》,《南方经济》2015年第8期。
② 黄雪琴、王婷婷:《资源型城市生态效率评价》,《科研管理》2015年第7期。

地利用环境资源、改进经营方式,减轻环境破坏程度。另一方面,通过环境税的形式政府统一对环境污染者进行环境成本的收费,能以最快的方式使污染者付出经济成本,同时确定的税率及差别化的资源税率,更能减少政府和经济主体间的矛盾且有针对性地展开资源保护,实现政府投入和环境保护程度比值最大化,也即环境税效率原则的要求。在环境税效率原则的指导下,使经营主体为减少环境成本、改善经营方式,促进资源最大化利用、将环境损坏程度减至最低,即降低生态资源的投入,同时增大经济主体的产出,直接提升生态效率。

综合上述各家理论基础,可大致对环境税效率原则作出环境税法概念界定:税务机关在进行环境税征收活动中应遵循环境税效率原则的指导,确保在环境税征收后环境资源的利用程度、环境破坏的修复程度与政府在征税各环节中付出的行政成本的比值达到最大值,实现效率最大化。

三、环境税效率原则的具体要求

环境税效率原则是评价环境税设置是否正确的标准,该原则的重要性仅次于公平原则,但是依然要充分重视该原则的核心要求,在环境税效率原则的概念研究基础上探讨环境税在实践中操作的具体要求。

(一)环境税立法效率

环境税效率原则首先要求环境税在立法上的高效。环境税作为在环境污染治理工程中重要的有效手段,其在法律设立上的正确、高效与否直接影响环境税在实践中的运用效果。环境税在征收当中需要其本身的法律设置规范、合理且切合实际情况,因此,必须在征税的最开始也即是环境税的立法设置上实现公平合理。第一,必须明确环境税的立法目的以及环境税在实践当中的执法期望。将目的和期望作为立法中的风向标,各项立法程序均围绕此二者展开制定具体的立法计划,以确定的目标和期望更快完成立法任务,提高立法效率。第二,在立法过程中保持法律灵活性。我国国土面积大,资源分布范围广泛且分布不均,各个省市所持有的资源情况各异,环境遭受破坏的程度也各有不同。基于实际情况的考量,无法在国家层面设定一个统一的标准进行环境税税收规定。因此,法律的灵活性显得尤为重要。法律在设置时,应充分保留法律灵活性,使得环境税法在实践操作中可根据具体环境实际情况做出不同适用,提高法律的执法效率。第三,立法中确保法律规定具体、确定、清楚。法律在实践中的操作涉及的税务机关工作人员数量大,面向的纳税主体范围广。为确保环境税在实践征收中减少不必要的人力资源、时间成本浪费,应首先在立法上实现法条的规范表述,明确公务人员的职责以及程序规定,减少税务机关和纳税主体间不必要的争议,提高行政效率。第四,简化税制结构。环境资源多种多样,但无需为各种资源均设立相关的税种,会导致立法、行政资源浪费,降低立法效率。税制的简化途径有减少税种、减少纳税环节等。

(二)环境税征管效率

环境税效率原则要求税务机关高效率地进行环境税的征管环节,提高环境税的征管效率。要求税务机关在效率原则的指导下建立高效便捷的税收征管体制,科学合理配置行政资源。环境税的税收征管大致可分为两个方面:其一是环境税税收行政执法,主要是面向纳税人进行的各种纳税活动,包括税务登记、申报纳税管理等;其二是税务机关的内部管理,在环境税征收后根据国家的环境宏观调控政策要求进行环境税的二次分配管理活动。

根据税务机关在税收征管中的实际工作内容,可依据环境税效率原则的要求提出针对性的制度规划:第一,提高环境税税收行政执法效率。税务机关对外征收环境税的行政行为是纳税人的环境成本支付途径,关系到纳税人生产经营利益和环境修复资金收集进程。因此一方面不可在纳税环节过多浪费纳税人的时间成本和耽误生产经营进度,另一方面不可影响环境修复的资金收集,税务机关必须在对外征收环境税时科学规划征收程序,简化纳税流程,合理分配行政权力,保证环境税的征收效率。第二,提高税务机关内部环境税管理效率,环境税在征收后的政府管理效率同样关系到环境修复能否得到及时有效的资金支持。针对庞大的环境税收入,政府应制定符合宏观经济需求的税收计划,并在税收计划的指导下有序进行税收的二次分配,加快资金流通速度,提高环境税内部管理效率。

此外,还需充分协调税务机关和环境部门之间的工作关系。环境税作为税务部门和环境部门的连接纽带,应科学合理地在两部门之间分配征管权力,共同对环境修复基金的征管展开良性配合。上世纪 70 年代末,由环境部门开始针对污染者收取的环境费是国家在进行环境治理中一项重要的资金来源。而国家授权税务部门征收环境税,同样用于治理环境污染。作为环境治理的两大资金来源,应根据实际情况进行整合,将征管资源的成本降到最低,节省行政费用。

(三)环境税使用效率

环境税在征收后势必有使用环节,在使用环节的效率同样占据环境效率的大部分内容,提升环境税使用效率将直接促进环境税效率的提升。环境税效率原则对于环境税在使用环节的指导主要体现在两个方面:第一,税务机关在分配使用环境税时,在提升征管内部效率的基础上,还应同时注重使用效率的提升,采用科学方法管理税务,减少环境税使用过程中分配给税务机关的必要管理费用,以将更多的环境税收分配给环境治理项目。环境税除了用于环境治理的开支外,还需要承担税务机关在征税环节所需的行政执行费用,该部分支出又降低了环境税使用效率。故而,可将税务机关的执行费用转化为管理费用,减少纳税人不必要的税负,更加科学合理地分配环境税,增加税务支出的公开程度,提高环境税使用效率。第二,将有限的环境税税收按需分配。经济主体在从事商业活动中所使用的自然资源可通过其产品或服务的价值做个大致的数据,但是因经济活动所导致的环境污染等环境破坏后果却无法得到准确的估计。国家通过环境税的征收使得通过环境资源获利的群体支付环境成本,以修复环境在经济活动中遭受的损害,但是征收的环境税和遭受的环境损害是否等价没有确切的评估标准。因此,国家应根据环境受损的具体情况,结合事态严峻性等因素综合考量环境税的具体使用,将有限的资金使用在最为迫切、最能使环境在修复中受益的环境项目上,实现环境税使用最大效率。

第三节 税收法定原则

一、税收法定原则概述

税收法定原则是法治国家在税法领域的必然要求,该原则直接表明在税法领域的一切权利义务均由法律规定,任何主体不得偏离法律恣意行使税法权利或要求他人履行税法义务。税收法定原则的含义是:关于税收的法律设置、征管程序、分配使用等一切问题的决定权均由立法者掌握,立法者享有决定税收任一权利义务的权力,没有立法者制定的税收法律作为依据,税务机关不得行使税收权利,纳税人也有权利拒绝履行税收义务,也即国家征税必须以法律存在为前提,国家征税权法定。[①]

税收法定原则要求征税机关必须拥有法律赋予的税收权力,并且在征税

---

① 刘剑文:《财税法专题研究》,北京大学出版社 2007 年第 2 版,第 183 页。

的任一环节必须严格按照法律的规定履行职责,在法律规定的征税范围内对纳税人进行税务活动。另外,税务机关征税后对于收缴的税在二次分配使用时也必须符合法律的规定,不得违反法律规定。同时要求纳税人也必须按照法律规定主动向税务机关申报纳税,履行纳税法定义务,不得逃避法定纳税责任,违反法律规定,当税务机关的行政行为有违法律规定时,纳税人有权利拒绝其违法征税要求。

税收法定原则是税收工作进入法治阶段的重要理论基础。税收是国家治理的基础和重要支柱,一方面涉及支撑国家机器持续运转的资金保障,另一方面,涉及纳税人的直接经济利益。因此,在税收方面,必须坚持法定主义,将国家及公民的利益以法律形式进行立法保障,平衡二者的利益,解决国家与公民间的利益冲突。税收法定原则将税收工作严密控制在法律范围内,杜绝国家机关滥用权力的乱象,保护人民群众根本利益不受侵犯,推动国家法治理念进一步深化。

二、环境税的税收法定原则内涵

环境税是税制的重要组成部分,环境税税收法定原则是税收法定主义在环境税领域的具体表现,必须符合税收法定主义的各项要求,是在税收法定原则指导下结合环境税的特有因素而存在的具有环境法特色的原则。环境税税收法定原则是将环境税收的各项权利义务限制在法律指定的轨道之内,确保国家环境税收工作依法进行:一方面,国家的环境治理工程项目有税收的资金支持,保障了环境治理工作顺利开展;另一方面,使得环境污染者能够按照法律规定承担污染责任,严格按照法律要求纳税,法律没有规定的污染者不承担责任,避免污染者权益受到税务机关的不法侵害。

环境税收法定原则是法理秩序价值的体现。法理学中的秩序不只是国家立法机关所制定出台的法律规范或者学界所研讨的法律体系,而是将其概念升华到法律的具体操作中,也即指已实施的法律在社会生活中的表现,达到用法律秩序引导甚至代替社会秩序的程度,实现国家法治化。自然环境是国家最为珍贵的资源,环境税是确保环境得到国家保护的核心经济手段。环境税税收法定原则是秩序价值在环境领域的理论延伸,为环境税在实践中的运行提供理论保障。法理的秩序价值主要表现在两方面:其一,法律的稳定性。作为管理社会各项活动的法治秩序,必须保持在一段时间内的稳定性。法律是指导社会公民从事各项生产生活的风向标,也是公民开展活动所参照的基本行为准则。法律指导范围广泛,但法律本身的制定较为单一且准确,为了维持社会活动在法律的指导下能够保持长期稳定,要求法律本身必须能够在合理时间内保持一致。朝令夕改行为严重损害社会大众利益,且极易使社会行为在多变的法律中变得慌乱,影响社会秩序。其二,法律的可预测性。法律不仅规定公民在从事社会活动时所享有的各项权利义务,同时还规定公民违反法律规定的义务或社会行为违反法律禁止性规定时所应承受的法律制裁。为维持社会秩序同法理秩序相吻合,减少公民对于法律处罚的争议,制定法律必须明确违反法律的后果,使公民预测到违反法律规定时可能承受的法律后果。法律的可预测性给予公民预判能力,使得公民在从事生产经营行为时能综合考量违法成本而遵守法律规定。综合法理中的秩序价值,对于环境税税收法定原则可作出如下理解:第一,环境税的制定必须保持稳定性。环境税作为面向污染者收取的税种,必须在相对合理的时期内保持税收法律的稳定。环境税的法定主义不仅可维护法律在管制社会行为时的威严,还有利于保护污染者的正常生产经营秩序不受法律过度破坏。第二,环境税的制定必须明确违法后果,使法律具备可预测性。污染者在营利性活动中选择牺牲环境以换取商业利润,环境税的征收正是污染者对于环境损害的经济补偿。环境税的法定主义可使污染者准确预估其在生产经营中对环境资源的利用而应付出的环境成本。环境税税收法定的秩序价值有利于环境税在实践中的施行并更有益于环境保护。

环境税产生的直接原因在于目前生态环境不断遭受破坏,且该状况在世界各国普遍存在,已引起各国的关注。西方各国对于环境税的研究起步较早,因而其环境税法制化也早于大多数国家,也更早实现了税收法定原则的要求。以下列举几个成功设立环境税的国家,进一步领会环境税税收法原则的立法实践中的具体指导意义。第一,荷兰在环境税制定时,将环境资源按照不同领域做出详细的划分,并分别归入不同的税种、制定不同的法律税收规定。荷兰这种立法模式明确地为公民展示法律内容,帮助公民更精准领会法律内在要求。荷兰环境税立法的法定主义让荷兰公民可根据法律的规定做出更科学的能源利用安排。第二,芬兰在针对环境治理中,在立法上明确垃圾税的法律地位。正式通过法定方式向公民征收垃圾税,且规划在3年的时间内逐渐修改法律规定将垃圾税提高近一倍。根据芬兰的立法实践可知,芬兰以法律形式制定垃圾税这一新税种,不仅明确了国家的环保责任,且将环保责任上升至法律层面,加强了对公民环境破坏行为的约束。芬兰公民基于对法律的确定性及严肃性考量,严格遵守法律规定,使得芬兰垃圾量得到显著减少。第三,美国同样将环境税的征收纳入法律体系,以法定方式面向群众展开环境税的征收工作。美国主要将环境税规定为损害臭氧的化学品的消费税,同时在征管环节作出严格的法律规定。美国在制定环境税时不仅考虑到以法律形式向公众宣告各种税收,同时将征管环节用法条对外公布,规范税收机关的公务行为,增加公民对于法律的信赖度以自觉遵守税收规定。各国对于环境税的立法实践表明:第一,环境税收的法律化,可让公民基于对法律的尊重而自觉遵守法律,有利于税收的顺利进行。第二,环境税收的法律化,可明确税收各项规定,使公民、国家在税收过程中减少纠纷,减少国家机关滥征环境税、公民逃避税收等违法现象。

　　税收法定在我国的税收征管实践中占据重要地位,是环境经济活动得以顺畅发展的基础和前提。依法治国是我国现阶段的基本方略,在税收方面更是强调法定主义,且该原则在宪法中得到确定。宪法作为我国的根本大法,以其最有法律权威的地位宣示税收法定在我国环境税收领域的适用。但是,宪法中仅仅规定征税主体必须按照法定纳税程序向税务机关履行其纳税责任,只是在法律上规定了公民的义务,其他税收要素并未在法律上予以确定,这是在之后环境立法中亟需完善的部分。除了母法宪法对于税收法定原则的贯彻外,《税收征收管理法》同样遵循税收法定原则的指导,在该法的第 3 条中明确规定关于税收的开征、停征以及减税等各项与税收相关的程序必须严格按照法律规定执行,任何机关、单位和个人等主体不得违背法律规定。同时也表明环境主体在税收中也必须按照《税收征管法》的要求纳税,我国各个和税收相关的法律中的规定,均不同程度体现了税收法定原则已被现行立法所接受。

　　综合各理论和实践关于环境税税收法定原则的理解,可对于环境法领域的税收法定作出以下定义:环境税务机关在对环境主体进行各项税收工作时,必须有法律的明确规定作为税收活动的依据;法律对相关税收活动未做规定的,则环境税务机关不得向环境主体展开税收活动,环境主体也有权拒绝环境税务机关的征税要求。

三、环境税税收法定原则的具体要求

　　1215 年英国对外发布的大宪章中明确限制了国王在征税方面的权力,第一次将税收权力完全赋予法律,税收法定原则自此也开始在世界范围内推广实施。税收法定一方面保障了社会私主体财产安全不受国家随意侵犯,另一方面用法律的权威保证税收立法的公平性、中立性。环境税作为新兴税种,是针对使用环境资源的社会主体而适用的,为使新税种的征收不但能够保护环境主体的正常经营活动不受严重影响,而且还能确保环境资源保护工作在税

收过程中获益,那么必须坚持环境税税收法定原则,需要在法律上做出明确的规定,方便在实务中有序进行环境税收活动,促使新税种顺利推广施行。所谓环境税税收法定原则就是关于环境税的全部问题均由国家立法机关以法律形式明文规定,一切环境税务活动参加人均以法律规定为准,法律规定必须确定和明确,确保法律的稳定性和可预见性,充分保障环境主体的财产权益在环境税征收过程中受到合法保护。环境税税收法定原则主要包括以下几个方面。

(一)环境税征税要素法定原则

环境税的税收要素必须在法律上规定得明确无误,不得表述得模棱两可,在税务机关和纳税人之间产生歧义。征税要素的确定可大幅度加强对于环境纳税人财产权益的保护,同时约束税务机关在征收环境税过程中的权力,避免权力滥用的乱象。所谓环境税税收要素是指环境税范畴的基本因素,主要是指环境税税收制度要素。

环境税制度要素法定,主要包括纳税人、课税客体、税基等项目必须在法律上予以明确规定。纳税人是指在从事生产经营活动过程中污染环境或者对生态造成破坏的,那么该经济主体则需因环境破坏而向国家缴纳一定税赋,这类经济主体在学理上称为纳税人。课税客体是税法确定纳税人需承担纳税义务的标的或依据,在环境税中的课税客体是环境污染。作为环境税设计的诱因,环境污染是威胁人类生存的重大难题,为缓解污染现象,国家研究制定环境税,通过税收的形式将环境污染造成的外部成本内部化。环境污染作为课税客体是与其他税种相区别的核心标志。税基是税务机关在征税时计算纳税人应纳税额的基础,在环境税中通常是以经济主体在从事社会活动中向自然环境排放的污染物质的数量为税额计算基础。

(二)环境税征管程序法定原则

环境税税收征管程序法定要求立法时必须将征税的各个程序以法律形式加以确定,保证法定税收关系中的各主体的实体权利义务是通过合法程序实现的,确保税收征管涉及的每个环节的程序均有明文规定作为权威支撑,无论是税务机关还是依法承担纳税责任的纳税人在税收的各流程都必须依照法定程序行使各自权利、承担各自义务。

环境税在实践中能否得到顺利实施有两个重要影响因素:其一是环境税制度本身的实体内容设计的科学性和完善程度,其二是保障环境税实体内容顺利实施的程序性制度的配套设计的完善水平。因此,环境税的征管程序必须同样得到法律的明文规定。具体又可分为两个方面的要求:第一,环境税立法机关在立法过程中需充分重视程序部分的法律规定,完善环境税税收征管制度,使得各个税收程序均能够在立法上得到明文体现,坚持税收程序条文的明确性和完善性。程序的法定化不但可以使得税收工作有法可依,极大提高税务机关工作效率,节省社会成本,而且能够保障环境税纳税人在纳税过程中合法的程序性权利。第二,要求税务机关依法面向环境纳税人征收环境税时,必须严格按照法定程序行使税收职权,谨记程序法定要求,保护环境税纳税人合法的实体、程序等权利。

(三)环境税分配法定原则

环境税作为经济主体对环境造成污染或破坏后承担的向国家缴纳一定税赋的法定税种,这笔资金的后续分配使用也必须坚持法定主义,立法机关必须在法律上给予明文规定。将环境税的二次分配法定化优点有三:其一,可以使纳税人知晓其所缴纳资金的去向,提高国家财产透明化程度,维护纳税人合法财产权益;其二,明文规定税收使用途径,可以将贪腐等政府不法行为扼杀在源头,保障资金安全,确保环境税收的正常使用方案在法律的保护下得以实施;其三,环境税作为环境污染者的经济代价付出实现途径,其设立的目的是修复被经济主体破坏的生态环境,其在征收后的使用自然应主要分配在环境工程上,为避免税务机关将该税收使用在其他项目上,在法律中明文规定环境税分配使用途径显得尤为重要。

税收是国家财政收入的主要来源,其中税收分配使用的合理性对国家的长治久安有着一定的影响,因此需严格规定环境税的分配使用方案,将其纳入法律规制范围之内。环境税收作为国家进行社会自然资源修复、经济资产二次分配的重要手段,调节和改善使用自然资源的经济主体间的生态利益分配关系,缓和公民和生态的尖锐矛盾。将环境税分配法定化,可以提升法律对于环境的保护效果。虽然这在一定程度上会限制政府对环境税资金的灵活分配和统一调度,但可以尽量降低环境税作为新兴税种在征收中对经济主体产生的负面影响。因此,坚持环境税的分配法定原则不失为新兴税种的第一选择。

(四)环境税纳税人救济程序法定原则

环境税的征收使得税务机关和纳税人之间产生一种特定的税收关系,而每一种社会关系的存在总会产生一定的社会矛盾。因此,为了保障税收活动的正常进行,保证国家利益不受消极影响,一方面要保障环境税能够按计划征收以支持环保工程的顺利实施,另一方面也要解决税务机关和纳税人之间的矛盾,明文规定法定救济程序,在法律上维护纳税人的合法权益不受侵害。

环境税纳税人的救济途径主要有两种:第一,行政救济。税务机关作为行政系统的一部分,纳税人通过行政系统的内部监督,可以更高效地解决和税务机关之间的矛盾。第二,司法救济。作为保障公民合法权益的重要救济途径,其权威性、中立性、强制性无疑会给身为弱势一方的纳税人最为公正的判决,是社会救济的最后救济手段。因此,法律须为维护纳税人合法利益,以行政、司法救济为主要手段,建立起完善、全面的法律救济体系。

第四节　协调原则

协调原则的要义便是追求某一事物在发展过程中能够科学合理分配各组成要素,使各要素之间达到和谐一致的良好状态,为该事物的最终完成有序分工、配合得当。环境税是治理污染、修复遭破坏的环境的重要经济武器,其最终目标是为人类创造适宜的生存环境,为人类的未来发展奠定环境基础。因而,环境税在实施过程中也需要各个要素遵循协调原则,使环境保护、修复工作能够更高效、高水平地完成。环境税的协调原则具体体现在三方面:第一,环境税的国际协调原则;第二,环境税国际协调原则的具体体现;第三,环境税与其他环保手段协调原则。

一、环境税的国际协调原则

国际协调原则是指同一组织中参与某一事项的国际各方在履行各自职责、享受各自权利时需本着和谐一致的原则,综合考量自身和其他参与者的利益均衡,为实现组织某一共同目标而分工有序、配合得当。各方参与人要正确处理同一组织内部、外部的各方面关系,共同为组织的有序运转营造适宜的氛围和条件,加快组织制定的共同目标的实现。环境作为全人类共享的资源,每个国家或地区都是环境保护组织的参与人。各个国家或地区在用大自然赋予的各类资源创造财富的同时,也要深刻认识到自身对于环境保护、环境修复的责任。环境保护工程是全人类共同参与的,并非简单的一方或几方的义务,各个国家或地区都需要有所参与。环境税作为环境保护的一项重要举措,应受到各个国家的重视,各方应平等协商,在全球范围内共同推进环境税的使用,并且在协调原则的指导下相互配合、科学分工,实现环境税在全球范围内的运用协调并能最终实现保护环境的根本目的。

(一)坚持环境税国际协调原则的必要性

环境是全人类持续生存的必要因素,环境不受控制的持续恶化必将引发人类生存危机。各国在现代的经济发展中不断加强合作，环境税作为环境和经济两大要素相结合的存在，是各国共同治理环境的良好选择。而各国在适用环境税时，须坚持国际协调原则，其理由如下：环境税收有利于各国在环境保护进程上共同发展。环保工程需要各国共同参与、相互配合已成为一大共识。但是各国的环境保护进展参差不齐，发达国家的技术优良，能够在环保上迅速取得良好成果；反观发展中国家，囿于经济和科学技术发展水平，在环保工程上进展迟缓。若是放任这种现象继续存在，那么发达国家和发展中国家的环保工作进展差距将越来越大，环境状况将愈发良莠不齐。在环境一体化的现实背景下，发展中国家的不良环境势必将影响到发达国家的生存环境状况。因此，必须坚持国际协调原则，在发达国家和发展中国家对环保工程工作进行合理分配，促使两方在环保工作上加深合作程度，基于追求良好生存环境的共同目的，共同成为环境保护工程的积极参与者。

（二）环境税国际协调原则的主要内容

环境税在国际范围内展开征收，因各国的法律制度、历史背景、文化发展等各因素的不同而会在征收中产生一定矛盾，故而需要国际协调原则进行理论指导。该原则的指导内容主要包括以下三个方面：第一，税收管辖权矛盾。当今各国普遍将税收管辖权法定化，隶属于主权国家特有。因此当税收管辖权在环境税的征收过程中在两个或多个国家之间发生冲突时，涉及的国家普遍都主张税收征管权力归自身所有。在此种情况下便需要各国遵循国际协调原则的指导，相互协商，寻求解决矛盾的最佳方案。第二，各国在历史发展过程中形成的税收制度均带有各自的国家特色，且各国的环境现状不同，制定的环境税亦会根据各自环境特点做出相应制度设计。富有各自特色的环境税制度不利于在全球范围内高效有序推广环境税收工作，因此需要国际协调原则优化各国的环境税收制度。第三，环境税在税务机关征收后的分配使用是由各国的税收政策所决定的，因为各国在经济发展中的国家宏观战略的不同，环境税的资金使用方案各异。环境税收的各自使用使得资金并不能在全球范围内科学分配，不能根据环境恶化程度的不同做出灵活的资金分配，环境治理成效也有所折损。针对此种现象需要国际协调原则的指导，协调各国的环境税收使用，使重大环境问题能够得到各国的资金支持以便共同解决。

二、环境税与经济发展协调原则

经济发展是指国家通过宏观调控等各项经济手段刺激国民整体经济的增长，科学分配现有自然资源创造财富，帮助全国上下摆脱贫穷落后的现状，实现经济收入富足社会总体迈入现代化的愿景。而环境税的创设,旨在限制经济主体使用环境资源,同时征收环境税势必会给经济主体增加新的消费支出,加大经济主体的生产成本,对经济发展形成负面影响。因此,二者相背离的目的使之产生矛盾,需协调原则加以指导,辩证地分析二者关系,缓和二者矛盾,实现经济与环境保护共赢的局面。

第一,经济发展不能过度利用环境资源,大肆牺牲环境换取经济利益。我国近年来经济发展迅猛,尤其是工业的直线式发展,直接推动全国各行业经济全面发展。然而,经济主体在发展过程中为了更快创造最大的经济利润,并未顾及环境的保护工作,随意丢弃工业垃圾、未经处理随意向外排放废水等工业废物等严重破坏环境的行为普遍存在。人们需提高环保意识,充分认识到自然资源是人类长久生存的基本要件。环境税的设计是帮助人类提高环保意识,更好地节约资源。尤其是对恶意破坏环境的经济主体需加大课税力度,使其明确环境保护的基本原则。总之,在发展经济中不能以危害环境为代价,应本着可持续发展宗旨协调经济发展和环境保护二者间的关系,使生态环境和经济社会协调发展。

第二,环境税的征收对于经济发展造成的阻碍作用应控制在最小范围内。开征环境税会给经济主体设置新的成本支出,减缓经济主体在生产经营过程中的资本累计进度,影响经济增长速度。但是基于保护人类赖以生存的环境的目的,环境税的征收又有其存在的现实意义,因此,不可因对经济发展会造成阻碍的消极影响而摒弃环境税的适用。应在协调原则的指导下,科学设计环境税的各项税制,充分优化税收政策,综合考量经济主体的整体成本收益水平,使环境税的征收对经济发展造成的迟滞影响控制在最小范围内。

三、环境税与其他环保手段协调原则

环境保护工程在我国目前具有多种实现途径,各种手段在环保项目上的运用各有优势,环境税作为环保工作新举措,应在立法中与之前的环保方法相协调,共同促进环保工作顺利进行,为各自的共同目标而在协调原则的指导下分工明确、齐头并进。①

我国目前使用的环保手段主要有:第一,行政手段。主要是指根据国家各

---

① 何锦前:《环境税与环保制度的协调》,《中国环境管理干部学院学报》2012 年第 4 期。

类行政法规的规定,国家和地方各级行政机关依法行使法律赋予的环境资源管理权力,定期或不定期针对本行政区域内的环境状况展开监管工作,同时按照规定向上级报告环保工作进展等各种情况,并且履行法律规定的其他环境资源行政管理职责。第二,技术手段。主要是指在经济生产活动中能够创造较大经济效益,却又对环境造成破坏的经济行为,通过科学的技术手段加以改进,在保障经济效益不折损的前提下,用技术将环境污染控制在最低程度,实现国家对于环境管理的科学化要求。第三,宣传教育手段。主要是指通过报纸、电视、网络等媒体资源向公众宣传环境保护的内容,提高公民的环保意识,鼓励公民积极主动加入环保工程之中,在日常生活中绿色生活。宣传教育是推进环保工作必不可少的阶段,受众范围广,影响力大,从根本上控制破坏环境的行为。

环境税作为实现保护自然资源、修复被破坏的环境的新途径,具有极高的推广价值,但是国家使用的其他环保手段亦有其存在意义,因此不可武断地仅使用征收环境税这一方法。在各手段的选用中,应遵循协调原则的要求,加大环境税的推广使用程度,同时搭配其他环保手段共同使用,以此达到国家环境保护的根本目的。

第五节　损害担责与受益补偿原则

一、环境税损害担责与受益补偿原则概述

(一)环境税损害担责与受益补偿原则的内涵

环境税损害担责原则主要是指任何个人或组织在其日常生产生活活动中因其自身行为而造成环境损害或破坏的,那么该个人或组织应按照法律规定向税务机关缴纳法定税额,以承担自身行为造成环境破坏的责任。第一,所谓环境破坏是指环境因人类行为所承受的一切负面影响:一方面包括可再生能源的再生周期被人类打乱,破坏环境自身复原能力;另一方面指不可再生能源遭到人类各类社会活动的无节制使用,透支后代人的环境利益。第二,所谓承担责任是指凡对环境做出破坏行为的个人或组织都应该承担修复被自己破坏的环境的责任,但是为了更高效、更专业地对被破坏的生态进行复原工作,个人或组织主要承担经济责任,即向国家支付环境税,作为国家的环保工程资金

来源之一。

环境税受益补偿原则主要是指公民在利用环境所提供的各类资源进行财富创造活动时,需要为因资源使用行为而获得的利益付出一定代价,该代价的主要形式是向国家缴纳环境税。所谓受益主要指公民的经济活动行为或多或少会涉及环境资源的使用,当环境资源的投入成为公民的经济活动顺利进行的必备条件时,那么公民经济目标的成功实现包含着环境资源在活动过程中的贡献。公民从环境中获得一定经济利益,也即是受益。所谓补偿主要指公民因借助环境资源达到自身的财富积累目的,为了回应环境的贡献,公民应做出一定补偿行为。因此在受益补偿原则的指导下,我国主要通过制定环境税来使受益公民付出使用环境资源的经济成本。

(二)环境税损害担责与受益补偿原则的意义

该原则的存在对我国环境税的顺利推广实施具有两大重要现实意义:第一,缓解环境与人类的利益冲突。环境在人类的经济活动中一向是无偿提供着人类需要的各项资源,不但源源不断地输出可再生能源,而且连不可再生能源也任由人类随意使用。反观人类对于自然资源的使用却本着理所当然的态度,无节制地任意挥霍而不用付出一定成本。这种自然无底线地做自我牺牲而人类无底线地获取纯利益的模式导致环境与人类利益发生激烈冲突。因此,根据损害担责与受益补偿原则的指导,污染者与受益者需要为其对环境做出的行为付出经济代价,主要是承担缴纳环境税的责任,使得人类不再单纯地收获利益同时环境遭受的损害也有资金修复,缓解环境与人类的利益冲突。

第二,使环境保护工作成本合理地分担给损害者、受益者。中国自改革开放以来以工业为主的各产业全面高速发展,随之而来的是环境污染的日益严重,环境破坏问题层出不穷。为解决迫在眉睫的各大环境问题,国家先后投入巨额资金用于改善恶化的环境,而国家资金是由全体纳税人贡献而成的,将污染者、受益者造成的环境污染转化给全体纳税人共同承担,这种模式显然对其他未对环境造成损坏的纳税人造成额外的税负压力,于理不符。因此,学界开始研究损害担责与受益补偿原则,根据该原则的根本要义,解决环境问题的一定比例资金要求来源于污染者和受益者,即主要使污染者、受益者向国家缴纳法定环境税作为支撑环保工作的经济来源之一,使环保工作的成本承担更加科学。

(三)环境税损害担责与受益补偿原则的立法体现

该原则在法律体系当中也受到各主要法律的规定,其在法律体系中指导性的法律地位受到权威肯定,大致体现在三方面:第一,2015 年生效的新环保法第 5 条的规定。这是我国环境立法过程中首次明文提及环境法的基本原则,该规定明确将损害担责作为环境保护法各项立法的指导原则,而环境税作为环境保护法的重要分支,自然需受到该原则的指导。同时,本法的第 31 条确定了生态补偿制度。此条虽不是原则性的规定,但是间接反映受益补偿原则,是受益补偿原则的具体化规定。第二,《民法通则》第 109 条的规定。由该法条可知在民法领域注重对于国家、集体及私人财产的保护,一旦受损,那么损害人或受益人需给予适当的补偿,以平衡受损方与侵害方或受益方的利益。环境作为国民共有的财产,因部分人的行为受损,将会导致全体公民的环境利益受到侵害,那么依据损害担责与受益补偿原则的要求,环境侵害方或环境受益方需承担缴纳环境税责任以平衡全体公民遭到损害的环境利益。第三,国务院办公厅印发《关于健全生态保护补偿机制的意见》(以下简称《意见》),该《意见》是在党的十八届三中全会精神的引导下制定的,确定了"谁受益、谁补偿"的生态原则,树立了权责统一、合理补偿的生态理念,环境税的损害担责与受益补偿原则正是在该理念的指导下在环境税领域的具体实现。

二、与污染者付费原则的辩证关系

我国新环保法的制定过程中,清晰地呈现"损害担责受益补偿"的设计演化过程,"损害担责受益补偿"实际上是"污染者付费"的具体、完善化后的责任形式,将污染者付费规定得更为全面。从学理角度分析二者的关系,实际上损害担责、受益补偿原则是污染者付费原则的延伸化发展,具体而言:一方面,污染者付费原则是损害担责与受益补偿原则的制度设计原型;另一方面,损害担责与受益补偿原则是污染者付费原则的中国化表现。

(一)污染者付费原则是损害担责与受益补偿原则的制度设计原型

污染者付费原则是指个人或经济组织在生产经营中未按照规定合理使用自然资源,生产行为违反法律而造成污染和破坏环境的后果,由此产生的环境损失归行为不当的个人或经济组织承担的国家在环境管理方面的原则。污染者付费原则在法律上的制度设计主要有三种实现形式:其一,向污染者征收排污费或者是制定相关法律向其征收环境税;其二,要求污染者承担赔偿责任,赔偿数额以环境遭受的损失为准;其三,要求污染者除了承担赔偿责任弥补环境损失外,还需承担一定数量的罚款作为其污染环境的经济惩罚。污染者付费原则是经合组织环境委员会于上世纪 70 年代在环境持续恶化的背景下率先提出的,成为国际各主权国家在设计环境保护法原则的参考。我国主要采用设计环境税作为环境破坏者的环境责任,由此污染者付费原则是环境税损害担责与受益补偿原则的理论原型。

(二)损害担责与受益补偿原则是污染者付费原则的中国化表现

我国参照污染者付费原则的宗旨,在 2015 年出台施行的新环保法中确立了谁污染谁治理的环境法原则,明确了污染者的环境责任,贯彻了污染者付费原则的精神。损害担责原则要求我国企业或个人在经济活动中有义务承担防止环境被破坏或污染的责任,否则将承担法定不利后果,该不利后果在我国主要是以环境税的形式实现。我国对污染者付费原则的吸收除了体现在损害担责原则外,还补充发展了受益补偿原则。受益补偿原则指从环境中获益的个人或企业虽未对环境造成损坏,但是获益的个人或企业却无偿利用环境资源,因此出于公平考虑,要求获益的个人或企业承担一定的经济成本作为对使用环境资源的补偿,该补偿形式在我国目前也是通过缴纳环境税得以实现。综上,我国在制定自身的环境责任时,不但充分吸收了污染者付费原则的主要精髓将其具体规定为损害担责原则,还补充了该原则,即以受益补偿形式对环境形成更加全面的保护,环境税的损害担责受益补偿原则在污染者付费原则的指导下设计得极具中国特色。

第六节　专款专用使用原则

一、环境税专款专用原则概述

环境税的专款专用原则是指国家税务机关在环境税征收后须按照国家事先的安排投入到专门的某一项或某几项环保工程中进行资金使用;国家任何机关或个人均不得将环境税使用至其他未指定的项目中,也不得与其他国家资金混合管理,必须为环境税设置专门资金账户进行统一管理。

环境税的专款专用原则本质上是政府对于市场资源的分配进行干预,从而限制市场自由发展的空间。在自由市场经济体制下,推动市场平稳有序发展的条件是达到最优化资源配置状态,而优化资源配置则是以资源根据市场发展动向进行自我配置为主、以政府的计划资源配置为辅。但是专款专用环境税则是在环境税分配使用环节介入政府调控力量,引导环境税资源直接转向特定领域,干预市场自由配置资源的状态,政府在资源配置中占据较大作用。因此,专款专用原则在优化资源配置视角下存在两大弊端:第一,优化资源配置要求环境税在使用过程中根据环境破坏程度及紧迫性等综合因素制定使用方案,在了解国内整体的环境质量前提下,安排环境税的分配方案、使用规则、具体数额等各项工作,即要求环境税须面向自身具体情况进行使用,这是优化环境税配置的内在要求。但是专款专用环境税可能导致环境税的分配固定化,不能根据环境实际状况作出合理分配。第二,优化资源配置还要求政府能够根据其管辖范围内的生态、经济发展状况,从整体利益上考量环境税的分配使用办法,集中资金支撑核心环保工程的顺利进行。但是环境税的专款专用规则要求政府只能将环境税收使用于特定的环保项目中,限制了政府自由安排环境税的权力,在一定程度上会影响环境税的配置效率。

二、环境税专款专用原则的运用背景

虽然在优化资源配置视角下环境税的专款专用原则存在些许弊端,但是结合我国当下的发展背景,我国的环境外部性问题仍需政府在法律、政策上给予积极干预。专款专用原则在环境税征收初期进行理论指导的必要性和可行性,是我国用环境税治理遭受破坏的环境的现实选择。我国在征收环境税的初期运用专款专用原则进行理论指导主要原因有二:其一,是因为纳税人在自身的生产成本规划中增加环境税这一新支出需要过渡期;其二,是因为,环境税作为一项新税种,其在我国实际操作中的顺利推广也需要过渡期。而专款专用原则可以使这两项过渡期进行得更为顺利和更加高效率。

(一)纳税人开始缴纳环境税需要过渡期

环境税的纳税人大致可分为两大类,一类是生产企业,另一类是普通消费者。第一,企业在缴纳环境税初期的绿色转型需要过渡期。企业在市场中长期保持的竞争力是企业的生命力来源和基础,而企业的竞争力又取决于企业对于生产资料的运用效率以及盈利能力。开征环境税将导致企业成本加大,直接影响企业盈利能力,从而使得企业在市场中的竞争力受损。我国在现阶段的经济来源主要依靠大型重工业等各类工商业,其或多或少均对环境造成一定的破坏,如果开征环境税,将会在大范围内影响各类企业的竞争力。为了均衡企业和环境的矛盾,专款专用原则要求将企业缴纳的环境税使用于特定的环保工程,减轻企业对于其他环保项目的环境税成本支出,缓解企业在环境税缴纳初期的转型压力。第二,企业缴纳的环境税导致生产成本加大,此种情形下企业极有可能通过增加产品价格将环境税成本转嫁给普通消费者,无疑会加大消费者的生活消费支出。此外,消费者因自身的日常生活行为导致环境受污染的,也需要缴纳一定的环境税作为对环境损害的经济补偿。这两个主要环境税支出,使得消费者日常消费支出增加。在经济收入基本不变的前提下,加大支出会让消费者的生活水平在一定程度内下降,生活质量也会相应受到影响。因此,也需要给消费者提供一段适应期,而专款专用原则使环境税更加集中地使用于受消费者影响最大的环保工程中,提高税收的使用效益,减少消费者的税负痛苦。

(二)环境税税率设计的完善需要过渡期

环境税制度设计包含纳税人、课税对象、税率水平等各要素,作为一项新税种,在社会中进行推广使用,必须同社会实际情况经过一定时期的磨合,才能在实践的基础上不断完善制度设计,使得环境税更好发挥环境保护的职能。

税率作为环境税制度中最难确定的因素之一,其设计的准确性高低直接关系着环境税在社会征收中发挥的调节作用的大小:如果税率水平过低,那么生产者的环境破坏成本在其牺牲环境获取的经济利益可接受范围之内,生产者在权衡利弊之后继续破坏环境的生产行为,那么环境税的社会调节功能被架空;如果税率水平设置合理,那么部分生产者为了节约环境税的支出,会积极主动改进自身生产技术,进行污染防控等环保工作,使得环境税从根本上引导公民合理使用环境资源、维护环境利益。

但是刚刚推广施行的环境税在设计税率时直接达到合理的水平可能性较低。因此,为了给予税率在环境税的征收中能够有自我完善的过渡期,需要专款专用原则的理论指导。专款专用原则要求环境税的税收专门使用于特定的环保工程,无论税率设计的高低,都能保证在该税率适用下征收的环境税均投入于环保工程,保障环境税环保作用的实现,加强税率设计的环境保护效果。

综上,坚持环境税的专款专用原则是我国在开征环境税初期的必然要求,在我国基本现实背景的考量下,环境税的专款专用可以平衡各方利益,保证税收去向的透明性、公开性,从而使得环保工程的资金来源受到专款专用原则的保障。

三、环境税的专款专用原则的实践

(一)环境税专款专用原则的国外实践

国际上部分发达国家对于环境税的使用主要是通过设置基金的形式实现专款专用原则的要求。以美国为例,美国国会于 1980 年通过了环境治理法案,同时针对污染程度严重的地区特别设立了超级基金作为支持环境治理工作的资金来源,同时授权美国环保局对各污染者进行监管并科学分配使用超级基金中的资金。美国环保局在超级基金设立后几年内对外公布的统计数据显示:该项目不仅超额完成污染物的清理工作,还为公民提供了达标的饮用水源。专款专用环境资金推动环保工作得以高效率、高质量地进行,使得环境获得有效治理。

国外实践表明,专款专用是在国内顺利推行环境税的有效途径,是提高国民对于新税种接受度的有力方法。成功在国内普遍实施环境税的国家,其一般方法是首先实行环境税的专款专用政策,用于降低纳税人的缴税压力。在国民适应环境税的缴纳之后,国家再将环境税收入纳入一般财政预算中,用于政府统一调配使用。

(二)环境税专款专用原则在我国实践中的要求

在分析我国环境税开征国情的基础上,综合国外环境税成功征收的实践经验,专款专用原则是我国环境税制度设计中应遵循的原则之一。但是在实践当中仍然需要注意两点要求。

第一,专款专用原则应运用于宏观层面。如上述分析,专款专用原则在一定程度上与优化资源配置相矛盾,因此,为了克服专款专用指导下环保支出刚性化以及税收使用低效率的弊端,应在宏观视角进行环境税的制度架构,在中央层级明确将环境税收纳入财政预算体系,并且为其设立专门账户进行监管。在宏观上由最高立法机构根据我国当下实际环境情况确定专门使用环境税的项目,充分调度全国环境税收资金,科学分配于国内最需资金支持的环境项目中。

第二,建立环境税税收使用"以专款专用为主,兼顾其他使用方式"的使用制度。环境税专款专用方式存在局限性,但专款专用方式符合环境税的特殊税种性质,故为保护环境应将其纳入公共财政一般预算,使得在制度上逐渐构建形成专款专用、公共财政一般预算和税收返回这三种使用方式相互配合的格局。

思考题:

1.环境税法应首要遵循哪个原则?请阐述原因。

2.如何科学把握公平原则和效率原则之间的辩证关系?

3.简述损害担责与受益补偿原则的内在要义。

第四章　环境税法律关系

第一节　环境税法律关系主体

环境税法法律关系的主体,是指在环境税法律关系中享有权利和承担义务当事人,其中最主要的是税收征收主体和税收缴纳主体。因为税收是依托国家政权强制无偿取得的国家主要财政收入的主要来源,所以抽象上说,国家才是真正的征税主体,享有征税权,但是在具体的法律关系中,真正行使国家征税权的是享有国家税收征管权力和履行国家税收征管职能,依法对纳税主体进行税收征收管理的国家机关。而环境税缴纳主体,即环境税的纳税人,是依据法律、行政法规规定负有纳税义务的单位或个人。

一、环境税的征管部门

由于环境税的特殊性,其征收范围广,涉及的税种包含环境保护税、资源税、消费税、城市维护建设税、耕地占用税、城镇土地使用税、车船税、车辆购置税、碳税和排污税等等。从宏观角度上看,环境税征管部门的确立应当与整个环境税税制结构相协调,以满足环境税征收管理的需要。从微观角度上看,如何确定哪一机关或哪些机关负责征收环境税,也就是税收征管权如何配置的问题,需要从横向和纵向两个维度进行考量。

(一)传统的税收征管部门

税收征管权的横向配置是指权力在同级的国家机关间进行分配,根据我国现行的税法规定,税务机关、财政机关和海关是负责税收征管的主要国家机关。其中,财政机关主要负责契税的征管。历史上,财政机关还负责过农业税、农业特产税和耕地占用税的征管,而当前的耕地占用税转为由税务机关征管,农业税和农业特产税已被废止。海关负责关税的征收,同时负责进口环节中增值税、消费税的代征等。除以上由财政机关、海关负责征收的税种外,其他税种均由税务机关负责征管。税收征管权的纵向配置是指权力在中央和地方间的分配,这就涉及我国的分税制体系,具体包括中央税、地方税和中央与地方共享税三大类。这一权力的纵向分配通常是根据不同的税种来确定的。例如,消费税、车辆购置税、关税等属于中央税;城市维护建设税、资源税、城镇土地使用税、耕地占用税等属于地方税;增值税、企业所得税、个人所得税等则属于中央与地方共享税。

(二) 环境保护主管部门在环境保护税征管中的角色定位

除了传统的三大税收征管机关外,环境税的特殊性使得环境保护部门在具体的税收征管过程中发挥着重要作用。例如,2016 年 12 月 25 日全国人大常委会审议通过的《中华人民共和国环境保护税法》中规定,环境保护税的征管主要涉及税务部门、环境保护主管部门,其中税务机关负责税务征收,环境保护主管部门负责对污染物的技术测定等辅助性工作。那么,是否可以认为环境保护主管部门可以成为税收征管主体呢? 环境保护主管部门在环境保护税征管中处于什么位置,与税务机关之间属于什么关系? 这些问题需要得到进一步的探讨。

环境税与其他普通税种不同,它是由各类具体税种组成的环境税体系,其中包含的碳税和排污税等特殊的税种,往往需要进行专门的检测。例如,排污税的征管,涉及应税大气污染物、应税水污染物、应税固体废物、应税噪声等征税对象,需要对污染物物种、排放量、污染指数等技术含量较高的指标进行检测。而税务机关无相应技术,相反,环境保护主管部门在环境知识、检测技术、机器设备、专业人士等方面均享有很大优势,因此,在环境税中,涉及专业性较强的技术鉴定应由环境保护主管部门来负责。环境检测工作技术性极强,需要耗费大量的人力、财力、物力,若在税务机关重复设置相应的技术鉴定部门,无疑是对财政资源的浪费。而将环境保护主管部门相应的机器设备及专业技术人员转移到税务机关的做法也不合理,因为环境保护主管部门在日常的环境保护行政管理工作中也需要专业的机器设备与相应的技术人员。在环境税的征管过程中,税务机关与环境保护主管部门各具优势,协调好两者关系,更有利于环境保护税征收的有序进行。

对于特殊的环境税,例如排污税、碳税等,税务机关与环境保护主管部门在税收征管中各具优势,那么环境保护主管部门与税务机关之间的关系如何协调,环境保护主管部门在环境保护税征管中的地位如何? 目前税务理论界有三种不同的征管模式:一是税务机关直接征收管理的模式;二是税务机关审核,环境保护主管部门代为征收的模式;三是环境保护主管部门审核,税务机关征收的模式。下面对这三种模式进行相应的分析与对比。

税务机关直接征收管理的模式,即从排污量的检测到税款计征的全过程均由税务机关负责。显而易见,这种模式中税务机关负责环境保护税征收符合我国现有的税收征管部门的设置情况,但在实践中税务机关难以承担起排污量检测等技术性工作。环境保护税的征收需以排污量为计税依据,但税务机关对排污量等技术性较强的工作缺乏必要的技术设备及专业人士,从而大大地加大了税务机关的工作难度。如果税务机关为了排污量检测等工作重新建立一支专业技术队伍,又增加了税收征管成本,不符合我国行政高效原则。该模式成本高,效率低,明显不可取。

税务机关审核,环境保护主管部门代为征收的模式,是指排污量的确定、税款计算和征收交由环境保护主管部门负责,税务机关仅负责审核。在这种模式中,排污税的主体是税务机关,税务机关拥有税收征管权,环境保护主管部门是征税受托主体,但排污量的确定、税款计算和征收均由环境保护主管部门行使,这种模式与征收排污费的模式殊途同归,无实质进展。众所周知,征税与收费有本质区别,征税在专业性、程序性方面要求很高,环境保护主管部门在征税的配套各方面不足,难以承担起征税的重任,在实践征税过程中容易出现执法不严和违反程序等问题。因此,这一模式也不适合。此外,从行政角度看,该模式也存在着重大问题。该模式中,税务机关是委托主体,环境保护主管部门是受托主体。根据行政诉讼法,行政委托关系中,在委托的权限范围内,受托行政机关的行为后果归于委托方。这类环境税的争议基本大多数均是是否征税或者征多少税的问题,根据税收征管法,此类争议必先经过复议前置程序才可起诉。在这种模式中,虽然和纳税人发生直接争议的是环境保护主管部门,但因行政诉讼法规定其法律后果归于作为委托人的税务机关,所以应当以税务机关为被申请人,向税务机关的上一级税务机关申请复议。起诉时则以主管机关或税务机关为被告。无论复议还是起诉,最终均是委托机关税务机关承担,这大大增加了税务机关的风险。由于环境保护主管部门本身难以克服的技术困难,即使通过建立部门间监督协调制约机制也难以有效解决问题,这点在排污费已有明显的体现。让税务机关为环境保护主管部门的错误买单,显然是不合情理。该模式执法风险大,法律责任不清,也不合理。

环境保护主管部门核定,税务机关征收的模式,即由环境保护主管部门对排污源进行监测,为税务机关提供计税资料,然后由税务机关计税征税。该模式既有效利用了环境保护主管部门在环境监测等技术上的优势,也充分发挥了税务机关在税务征收及管理的特长,两者分工负责、互相配合、共同征管,充分利用了两者的优势。湖北省 2007 年 10 月就已经采取了该模式,取得了不错的实践效果。该模式征收成本低,管理简便,稳定性强,是比较理想的模式。

综上,环境保护主管部门核定,税务机关征收的模式是最佳选择。在该模式下,环境保护主管部门的法律地位是:协助税务机关的第三人。环境保护主管部门主要从以下方面协助税务机关征收环境保护税:税务机关和纳税人才是税收法律关系的双方当事人,环境保护主管部门仅仅是行政主管机关,不是税收法律关系的主体。在环境保护税征管过程中,环境保护主管部门只起到辅助性作用,不介入具体的税款征收,征税主体固有的权利如税款征收权、税务的强制执行权、违法处罚权仍然属于税务机关。相关法律法规赋予环境保护主管部门的职能主要是监控企业的污染行为,搜集企业有关污染和其他经营活动的信息并将相关信息提供给税务机关。具体核定污染物排放种类、数量等,协助税务机关加强环境保护税的征收管理。

根据前文所述,环境税的征税主体应当结合环境税的具体税种加以明确,对于排污税、碳税等需要特殊检测的税种,可以采用环境保护主管部门核定,税务机关征收的模式,而对于其他的环境税种,例如消费税、资源税等不涉及专业性环境检测问题的,可以沿用传统的税收征管模式。

二、环境税的纳税主体

纳税主体是税收法律关系中最重要的主体之一,明确纳税主体的含义具有重要的理论和实践意义。关于纳税主体的定义,有学者认为,纳税主体是指税收法律关系中依法履行纳税义务,进行税款缴纳行为的一方当事人。[1] 有学者认为,纳税主体是指税收法律关系中负有纳税(或扣缴)税款义务的当事人。[2] 有学者认为,纳税主体是依据法律规定承担纳税义务的主体。[3] 关于纳税主体的范围,学界观点较为一致,一般认为纳税主体包括两类:纳税人和扣缴义务人,分别被称为狭义纳税主体和广义纳税主体。[4] 也就是说,狭义纳税主体仅指纳税人,而广义纳税主体还包括扣缴义务人。

---

[1]　刘隆亨:《中国税法概论》,北京大学出版社 2003 年第 4 版,第 72—73 页。

[2]　朱大旗编著:《税法》,中国人民大学出版社 2004 年版,第 22 页。

[3]　翟继光编著:《个人所得税政策解析与案例分析》,中国经济出版社 2005 年版,第 2 页。

[4]　刘剑文主编:《税法学》,人民出版社 2003 年第 2 版,第 107、108 页。

（一）环境税纳税主体的理论基础

环境税法，是环境保护法和税法的交叉，是一种区别于普通税种的特殊税种的法律规范。对于环境税这一特殊税种，其纳税主体需要从两个方面予以确定：一方面是环境税纳税主体必须符合税法对于纳税主体的基本要求，为环境税征收提供法律保障；另一方面是环境税纳税主体要体现环境税自身的特性，即符合环境保护法的基本要求，以实现其环境效益和经济效益。

环境税纳税主体需要符合基本的税法原则，即环境税的开征和实施需要体现税收公平正义的价值理念，具体而言，需要满足税收法定原则、量能课税原则和稽征经济原则这三大税法基本原则。其中，税收法定主义代表了形式正义的要求，量能课税原则代表了实质正义的要求，而稽征经济原则代表了技术正义的要求。换言之，成为环境税纳税主体需要有相关法律的明确规定，同时要考量纳税主体实际的税负承受力，即纳税主体必须具备一定的纳税能力，在某些特殊的情况下，还需要考虑对某一纳税主体征税的可行性，因为大量的税收行政与有限的税务行政资源存在内在的自然张力，在行政资源有限的制约下，为达到普遍平等课征之可能性，在税捐法之规范规划必须建立各种能够降低稽征成本的设计，必须考量一定的成本效益关系。[①]

环境税纳税主体的确定，还需符合环境保护法的基本要求，以实现其环境效益。为此，需要对环境税的征税对象和征税范围进行考察，通常在环境税的具体税种、征税对象、征税范围确定后，相应的纳税主体也自然得以确定。换言之，环境税纳税主体的确定一般具有被动性，即随着税种、征税对象、征税范围确定而确定。从环境保护法的角度而言，环境税纳税对象的确定，是为实现环境税自身的功能目的，如实现一定的环境效益和经济效益，但前提是符合税法对纳税主体的基本规定。例如，排污税作为环境税中一类重要的税种，其纳税主体的确定需要考虑环境税的政策目的，具体是根据"污染者付费"原则还是"受益者付费"原则，确定的纳税主体可能就会产生差异，但是无论是受益者还是污染者作为纳税主体，都必须符合税法对于纳税主体的基本规定。

具体而言，环境税的纳税人在理论上可以大致分为三类：第一类，对环境损害具有直接因果关系的单位或个人，可以认定为环境税纳税人。这一类纳税人通常是排放污水、废气、固体废弃物的生产经营者，在纳税数量中占有较

---

① 黄茂荣：《税捐稽征经济原则及其"司法"审查》，载《人大法律评论》2016 年第 2 期，第 3～77 页。

高的比例。第二类,污染环境产品或服务的生产者或消费者,可以认定为环境税纳税人。可能带来潜在的环境污染的产品或服务,其生产者应当承担环境税。这一类环境税纳税人与第一类环境税纳税人不同之处在于,第一类环境税纳税人是因自身的行为直接引发环境损害而被要求承担环境税,而第二类生产者承担环境税,是因为纳税人的产品可能带来潜在的环境污染。同样,对于某些消费者拥有的某类消费品,可能带来潜在的环境污染时,消费者也应当承担相应的环境税,车辆购置税就是最典型的一类由消费者承担的环境税。第三类,对自然资源开发和对生态环境造成破坏的单位和个人,可以被认定为环境税纳税人,这一纳税人的确定是基于"谁受益、谁付费"的原则,旨在通过税收制度矫正环境污染和生态破坏行为,倡导绿色生产经营方式。

(二)环境税纳税主体的详细规定

环境税法是调整环境税征纳关系的法律规范的总和,包括各类具体的税种,其中较为典型的排污税,已经被规定在环境保护税法中,在 2016 年 12 月 25 日审议通过,2018 年 1 月 1 日起生效。其他与环境保护有关的法律法规还有《资源税暂行条例》《城市维护建设费暂行条例》《消费税暂行条例》《车船税暂行条例》等。由此可见,我国对环境税纳税主体的规定,散见于现行有效的各类税收法律法规之中,按照纳税人属于单位还是个人对环境税纳税人进行划分,可以分为单位纳税人和个人纳税人。大部分环境税的纳税人同时包括单位纳税人和个人纳税人。例如,《中华人民共和国资源税暂行条例》第一条规定,在中华人民共和国领域及管辖海域开采本条例规定的矿产品或者生产盐(以下称开采或者生产应税产品)的单位和个人,为资源税的纳税人。《中华人民共和国车船税暂行条例》第 1 条规定,在中华人民共和国境内属于本法所附《车船税税目税额表》规定的车辆、船舶(以下简称车船)的所有人或者管理人,为车船税的纳税人。《中华人民共和国消费税暂行条例》第 1 条规定,在中华人民共和国境内生产、委托加工和进口本条例规定的消费品的单位和个人,以及国务院确定的销售本条例规定的消费品的其他单位和个人,为消费税的纳税人,等等。但其中新颁布施行的环境保护税法,其规定的环境保护税纳税人仅限于单位纳税人,而不包括个人纳税人。《中华人民共和国环境保护税法》第 2 条明文规定,在中华人民共和国领域和中华人民共和国管辖的其他海域,直接向环境排放应税污染物的企业事业单位和其他生产经营者为环境保护税的纳税人。一般认为,环境保护税针对的是我国环境污染的严峻形势,为了全面控制污染,根据"税负平移"原则,将排污费的缴纳人作为环境保护税的纳税人。删除个人纳税人是基于我国目前贫富差距的社会现实的考虑,为了不直接加重个人的税收负担,暂时不宜将个人作为环境保护税的纳税人。为保证环境保护税的顺利开征,应遵循渐进式的步骤,按照先企业后个人的顺序进行征税。综上可知,在我国当前的环境税税制设计中,除环境保护税外,纳税人的确定,一般同时包含单位纳税人和个人纳税人。

第二节　环境税法律关系客体

一、环境税税收客体

"对什么征税"?"征税权"的客体是什么?即税收构成要件的客体要素,简称税收客体,是对何者进行征税的问题。因为,征税必须与具有经济给付能力的标的、状态、行为或事实相联系,也就是征税对象应当符合的基本条件。学界将不同纳税能力的物、行为和事实规定为征税对象,进行类型化的区分。换言之,征税对象可以是所得、资源,也可以是财产、行为等,不同的征税对象是区别不同税种的主要标志。依据税收法定原则的基本要求,税法在选择和设定征税对象时,应当考虑其明确性、普遍性、继续性、划一性,以及税务行政上的便宜性、征税成本和负担公平等因素。

征税对象是环境税法最基本的要素,我国应从国情出发,根据自身客观经济状况选择适宜的征税对象。因为环境税的特殊性,影响环境的因素多种多样,所以,环境税是一个由多个税种构成的体系。环境税不但对形成污染的产品及行为征税,而且对形成的污染物征税,以及对污染的成因,即资源的开采和使用征税。"[1]概况而言,环境税的征税对象包括了污染产品、污染行为、污染物以及资源能源等。因此,环境税中的各类税种,可以进一步划分为为环境保护目的而设置的刺激型税种,如排污税,资源税、碳税等;为筹集环境保护资金而开征的收入型税种,例如意大利的垃圾处理税、美国《超级基金修正案》设立的环境收入税等;为调节纳税人环境保护行为而征收的调节型税种,例如消费税、车船税等。

---

[1]　俞敏:《环境税改革:经济学机理、欧盟的实践及启示》,载《北方法学》2016年第1期,第73—83页。

二、环境税征税对象的基本理论

基于环境税征税对象的广泛性,理论界通过依据不同的分类标准,对环境税征税对象进行了一定的分类。按照生产经营过程中的具体环节可能出现的环境税,将环境税征税对象分为三类:(1)在生产环节中,生产者生产的污染环境的产品或者生产过程中排放的污染物,可以作为环境税征税对象;(2)在交换环节中,销售者销售的污染环境的商品或服务,可以作为环境税征税对象;(3)在消费环节中,消费者拥有的易造成环境污染的消费品以及消费过程中产生的污染物,可以作为环境税征税对象。根据环境税具体税种的不同设置,将环境税征税对象分为四类:(1)污染排放物;(2)能源或能源消耗类产品;(3)能源使用行为;(4)开发自然资源等行为。环境税征税对象在不同的分类标准下归属于不同的类别,但究其本质,对什么征收环境税,即确定某类产品、服务或行为是否可以成为环境税征税对象应当符合税法和环境保护法上的基本要求。

从税法角度看,环境税征税对象必须符合税法的基本原则,即税收法定原则、实质课税原则,还必须具有可税性。具体而言,相应的产品、服务、污染物或是与生态环境相关的生产经营行为,是否可以对其征收环境税,这类标的是否可以成为环境税的征税对象,这类问题均应当由相应的税收法律进行明确规定,规定时应当考察事物的实质属性,而非表现形式。在确定具体的征税对象时,对于各种具体情况不能仅根据其外观和形式确定是否应予课税,而应根据实际情况,尤其应当注意根据其经济目的和经济生活的实质,判断是否符合课税要素,以实现公平、合理和有效地课税。最后,在确定环境税征税对象时,还必须考虑某一产品、服务或行为,是否具有可税性,其中既包括经济学上的可税性和法学上的可税性。经济学上的可税性是指具备经济上的可能性和可行性,即解决某类产品、服务或行为成为环境税征税对象的合理性问题;法学上的可税性是指对其征税是否具有法律上的合理性与合法性,即考虑税收平等、普遍征税等方面,解决的是环境税课税对象的合法性问题。对具体的征税对象进行可税性考量,是对具体的产品、服务、行为可能对环境产生的影响,进行经济效益与法律效益的分析,以合理有效的确定环境税的征税对象,从而进一步界定环境税的征税范围。

从环境保护法角度看,不同税种的环境税体现各自不同的立法目的,以实现相应的环境效益和社会经济效益。不同于一般税种的税收目的,环境税征收的主要目的不是为增加国家财政收入,而是为了保护环境的生态功能,实现环境资源合理利用和维持环境生态平衡。此外,由于过去环境污染治理习惯于直接管制的行政手段,会出现政府失灵的情况,而采用市场调节手段,也容易陷入市场失灵的困境,"双重失灵"问题促使集经济手段和法律手段于一身的环境税法律制度的诞生,以解决生态环境的治理问题和开发利用问题。具体而言,从经济法理论来看,环境税的实质就是通过调节税收,让污染环境的行为,从负外部性向内部化转变,进而实现保护环境的效果。根据庇古税理论,在环境保护领域中,存在大量的外部性问题。例如轿车使用者在使用汽车时能享有汽车带来的出行便利,然而,汽车使用过程中排放的尾气却污染了空气,对大众身体健康造成危害,具有外部负效应。外部性问题的存在极大影响了市场主体对经济行为的选择,同时也影响市场机制对资源配置的效率。如前例中,汽车消费的成本并不是都由消费主体来承担,但所有的收益却由其完全享有,这会产生一种变相鼓励,从而使市场的资源配置机制陷入低效率甚至无效率。很显然,负外部性问题是造成各类环境问题的症结所在。要有效治理环境污染,政府应充分利用环境税,从产品、服务、行为各个方面入手,共同抑制和内化相应的负外部性效应。例如,排污税、消费税、碳税等各类环境税,可以利用环境税征税对象的多样性,从多方面多领域,抑制相应的环境污染行为,鼓励清洁、节能、减排、低碳的绿色生产生活方式,以推动资源合理利用,促进资源有效配置,达到环境保护的目的,实现经济效益和环境效益的有机统一。

三、我国环境税征税对象的实践选择

在实践过程中,我国对环境税的划分,一般是以污染排放税、污染产品税、碳税这三类为主。其中,污染排放税是对污染物(如废气、废水、固体废物和噪声等)排放征收的环境税种;污染产品税是对有潜在污染的产品(如能源燃料、机动车、臭氧损耗物质、化肥农药、含磷洗涤用品、汞镉电池等)征收的环境税种;碳税是对产生二氧化碳(CO_2)的煤、石油、天然气等化石燃料征收的环境税种。

具体而言,我国当前对环境税征税对象的具体规定,散见于各税收法规条例之中。例如,针对污染物征税的污染税,其征税对象通常是污染物排放行为,我国对排污税征税对象的规定,主要集中在《环境保护税法》中,具体针对以下几类污染物:(1)大气污染物,例如二氧化硫税。(2)水污染。(3)固体废物,也称为垃圾税。(4)噪声,这类无形污染,一般是根据分贝的高低进行划分。针对自然资源征税的资源税,其征税对象通常是各类被开发利用的资源,

具体规定在《中华人民共和国资源税暂行条例》中,例如原油、煤炭、矿产品、盐等。不难发现,现行资源税的征税对象主要是矿产品中的能源产品,但这对于环境税体系而言,当前我国资源税征税对象的范围过窄,没有将水资源、森林资源、草场资源等也纳入到征收范围中来,无法实现对全部资源的保护。因为资源税作为环境税体系中最为重要的税种之一,应当具有保护环境、防治污染的生态效益,而生态环境问题的多因性和广泛性,对资源税的调整范围、调节力度等都提出了更高的要求,即要求资源税能够在更大的领域发挥其应有的功能,根据这一目标要求,当前我国资源税的征税对象和征税范围都亟待完善。就碳税而言,则相对较为特殊。最初的制定目的是为了控制温室气体排放,因此,征税对象应包括所有能构成温室效应威胁的气体,但通过科学实验分析发现,众多的温室气体中,二氧化碳占比最大,高达60％以上,且二氧化碳在技术层面也更有操作性,因此,由煤炭、天然气、成品油等化石燃料所产生的二氧化碳气体是目前我国碳税的征税对象。

其他与环境相关的税种中,较为典型的有消费税、车船税、城市维护建设税等,这几类税种虽早已在我国实施,已经有较为完善的理论和实践经验。但是由于我国的环境税体系构建仍在探索过程中,这些具体税种还需要根据环境税法的基本理念,进行一定的调整和完善,即通过相应的税制绿化改革,满足相应的环保要求,符合环境税法的立法初衷。例如,现行消费税的征税对象为特定的消费品,主要集中于烟酒、奢侈品以及一些非环保用品——木制一次性筷子等。消费税设立之初,除了为增加国家财政税收这一基本税收目的外,其主要的目的还在于引导和调节国民的消费结构。因此,消费税的征税对象在国家宏观调控政策中发挥着不小作用,可以对产业进行良性引导,同时调整消费者的偏好。但是,当前的消费税尚未将煤炭这一主要能源消费主体以及其他一些容易给环境带来污染的消费品纳入征税范围,其潜在的环境保护功能未得到有效的发挥,相应的非环保性产品范围有待进一步的认定和补充,以丰富消费税的征税范围。从我国现行车船税看,其征税对象主要为依法应在公安、交通、农业等车船管理部门登记的车船,具体可分为车辆和船舶两大类。由于机动车船的使用要消耗大量的能源燃料,是环境污染的主要来源之一,因此车船税也是环境税体系中十分重要的一类税种。但就我国目前的情况来看,车船税和车辆购置税这两个税种,在环境保护方面的作用较小,也未起到大的积极影响。因为其没有区别大排量、价值高的机动车与小排量、价值低的机动车的税负,也未对不同排放标准的机动车实行差别税负,所以难以发挥其对污染物排放的调节作用。此外,其他的几类与环境相关的税种,也或多或少存在这类问题,虽然通过增加环境资源的使用成本,刺激对环境资源的节约利用,在一定程度上抑制了污染的产生,但这些税种在征税对象的设置上,在设定之初较为合理完善,但随时社会的发展,国民环保意识的不断增强,逐渐暴露出相应税法中环保意识不足的问题。在我国早期的税制设计中,未认识到税收在提高环境效益方面的重要作用,而导致相应税法在对征税对象考量过程中,未注重相应的环境效益考察,使相应的税种在环境保护领域表现欠佳。

第三节　环境税法律关系的内容

环境税法律关系的内容即环境税法律关系中各主体的权利和义务,主要为依照环境税法律规范的规定,税务机关以及纳税人所享有的环境税权利及环境税义务。税务机关所享有的环境税权利通常也是环境税义务,同时,税务机关的环境税权利通常与纳税人的环境税义务相对应,纳税人的环境税权利对应着税务机关的环境税义务。具体而言,环境税法律关系各主体的权利和义务包括如下几方面:

一、税务机关的权利和义务

各种环境税的征收都由税务机关负责,税务机关无疑是环境税法律关系中最重要的主体之一,税务机关在环境税法律关系中所享有的权利主要为依法确定各环境税税收要素、核定纳税期限、计税价格的权利、调整纳税地点的权利以及程序性的权利,其承担的义务主要包括依法征收环境税及程序性的义务。

(一)税务机关的权利

1.依法确定税收要素的权利

环境税法律规范的主要内容便是各环境税及环境保护相关税税种的税收要素。税务机关征收各种环境税的前提均是依法确定税收要素。税务机关所享有的依法确定税收要素的权利即正确理解并严格适用各环境税法律规范中对于税收要素的具体规定,这需要税务机关人员提高业务能力和专业素质。

(1)依法确定纳税人、征税对象的权利

征税对象是税收要素之一,是指环境税法律关系中税务机关和纳税人的环境税权利义务所共同指向的对象,总体而言,其范围通常为环境不友好的行为或有损环境保护和生态平衡的财产、商品。税务机关有权依法确定这些环境不友好的客体为征税对象并对其征收各种环境税,而环境税纳税人的确定一般不具有太大难度,各环境税及环境保护相关税的法律规范中均有对其纳税义务人简明扼要的规定。

(2)依法确定计税依据、税率的权利

税务机关有权依照各环境税及环境保护相关税的法律规范中对计税依据和税率的规定征收税款。各环境税及环境保护相关税计税依据的确定方法均为从量计征或从价计征,相应的环境税税率形式为定额税率或比例税率。依法确定计税依据和税率不仅是税务机关的权利,也是其义务。因为行使该项权利要求税务机关及其工作人员提高自身的业务素质和专业水平,在正确理解的基础上严格使用,这关乎环境税纳税人群体的私人财产权利是否完整,环境税法律的权威和环境税征税目的是否实现。总之,税务机关在环境税法律关系中所享有的重要权利便是依法确定各环境税税收要素。

2.获得涉税信息与税收协助的权利

环境税的征收具有很强的专业性和技术要求,税务机关通常需要在掌握污染物排放的种类、数量等涉税信息的基础上确定计税依据才能实际征收税款。为了保障税务机关提高环境税征收管理效率,充分发挥其他环境保护相关机关的特长和专业性以有效实现环境税开征的绿色目标,其有义务协助税务机关征收环境税,向税务机关提供其职能范围内所掌握或管理的环境保护相关信息,即税务机关具有获得涉税信息与税收协助的权利。

税务机关享有该项权利,具体体现在《环境保护税法》第15条、第20条和第21条的规定,主要内容为税务机关有权获得环保机关管理的应税污染物排放种类、数量等监测信息,核定的污染物排放种类、数量;《车船税法》第10条,主要内容为税务机关有权从相关部门获得车船有关信息,有权要求相关部门协助税务机关加强税收征收和管理等。

3.调整、确定部分税率的权利

该权利具体由国务院税务主管部门即税务总局享有,具体内容体现在我国耕地占用税的征管中。赋予国务院税务主管部门该权利主要是考虑到我国各地区人均耕地面积和经济发展状况的不平衡和差异性,为此有必要对各地区适用的平均税额作具体规定,同时也考虑到各地适用的税额不应过于悬殊,且由国务院税务主管部门确定各地的平均税额可以发挥其专业性,使平均税额的确定更加科学,但该权利由税务主管部门行使的现状不符合现代国家税收法定原则的基本要求,难以反映税收民主的精神,也与当下我国全面深化改革,落实税收法定原则并加强财政税收领域立法的政策取向不符。税务主管部门应当谨慎行使该项权利,全国人大及其常委会也应重视该问题,并在适当时机修改该条款的规定。

4. 核定计税价格的权利

税务机关在征收某些环境税时,如果发现纳税人申报的计税价格明显偏低并无正当理由的,有权核定计税价格。税务机关该项权利主要体现在消费税和车辆购置税的征收和缴纳中。税法赋予税务机关该权利的目的在于避免纳税人避税,且只有在纳税人申报的计税价格偏低而缺乏正当理由时税务机关才享有核定计税价格的权利。

5. 核定纳税期限的权利

在消费税和资源税的征收管理当中,税务机关享有核定纳税期限的权利。由于消费税和资源税的纳税期限不统一,在实践中为了便于征收管理,税务机关有权根据实际情况具体核定。

6. 调整纳税地点的权利

环境税法律赋予税务机关纳税地点的调整权主要是考虑到现实中某些环境税税种的纳税地点过于分散,如果严格依照环境税法律对纳税地点确定的规则执行,不够便民高效,而地方税务机关对其管辖范围内的环境税纳税人具体情况较为熟悉,赋予其调整纳税地点的权利将降低环境税征纳成本,同时更加便民。

7. 制定实施办法的权利

税务机关在征收环境税时有权依法制定实施办法。税务机关制定的实施办法多是指为了便于各环境税的征收管理具有可操作性而规定的征收管理性规范,或是对较高位阶(如法律、行政法规)的环境税法律规范中的某些范畴进行限定或明确,总之,税务机关制定实施办法的内容不能超过授权其制定实施办法的较高位阶的环境税法律所涵盖的内容,即一般不宜由税务机关制定具有创设性内容的办法或规定,以免税务机关陷于无权立法的舆论中,且制定实施办法的权利应由国家税务主管部门即税务总局行使。

在我国现行环境税制中,授予税务机关制定环境税实施办法权利的环境税及环境保护相关税的税种为环境保护税、资源税和消费税。

8. 提请复核纳税申报数据资料的权利

我国《环境保护税法》规定,当纳税人不据实申报其污染物排放数据资料或未按规定期限进行纳税申报时,税务机关有权提请环保机关复核纳税人的污染物排放状况,并应当依据环保机关出具的复核意见确定纳税人的应纳税额。这便是我国税务机关在征收环境保护税时所享有的提请复核纳税申报数据资料的权利。《环境保护税法》赋予税务机关该项权利的目的也是为了有力抑制纳税人肆意排放污染物、虚假申报等违法行为,使环境保护税制度更加完善。

9.税收征管的权利

环境税开征目的的实现需要落实到各种环境税税种及环境保护相关税税种的实施,即征收和管理的实践中去。不论各环境税法律规范中确定的税收要素如何科学和理想,如何有助于我国生态文明的建设发展,若缺乏有效的实施,无法获得纳税人乃至税务机关的认同和自觉遵守,仅停留在纸面上,则我国环境税制的建立和完善都是不具有实质意义的。建立和完善我国的环境税制不仅需要构建环境法制,更需要加强环境法治的力量。在实现环境法治的追求中,十分重要的努力便是落实各环境税及环境保护相关税税种的征收和管理,在此基础上,税收手段才能有效调节纳税人生产生活以及漠视环境污染,肆意排放污染物,淡漠自然资源的稀缺性和价值或是对自身消费行为的绿色程度缺乏足够重视的行为,间接促使纳税人转变生产生活方式,提高清洁生产、节能减排的能力以及形成绿色消费的观念,如此方可最终实现环境税制建立和完善的目标,即保护环境、节约资源、高效利用资源、实现生态文明。总之,应当重视并落实税务机关在征收环境税时所享有的一系列税收征收管理的权利。这也是税务机关在环境税法律关系当中所享有的重要权利。

(二)税务机关的义务

税务机关的义务即税务机关的职责,税务机关作为一种行政主体,其职权与职责具有统一性,法律赋予税务机关的职权(或权利)同时也是税务机关的职责(或义务),二者的区别不过是各自强调的重点不同,分析税务机关在环境税法律关系中的权利,侧重于强调国家及其税务机关具有通过税收调节手段实现环境保护、资源节约等生态文明建设目标的正当利益;分析税务机关在环境税法律关系中所承担的义务是为了强调税务机关在征收环境税时对于税法和纳税人所应负有的责任。由此,税务机关在环境税法律关系中所承担的义务大体也包括了依法确定税收要素的义务、核定计税价格的义务、核定纳税期限的义务、调整纳税地点的义务、制定实施办法的义务以及在税收征管上所应承担的一系列义务等,此处不再赘述,下文仅对税务机关所应承担的其他义务进行分析。

1. 依法减免税额的义务

各环境税税种及环境保护相关税税种的法律规范中多规定了减免税等税收优惠的情形,纳税人若符合这些减免税额的情形,税务机关应当依法减免税而不能有自由裁量的空间,即税务机关对纳税人负有依法减免税额的义务。环境税法律规范规定税收减免情况的目的应当是鼓励纳税人加大生产科技研发投入,创新并转变经济发展方式,提高清洁生产、节能减排的能力,促进环境保护、资源节约和合理利用等生态文明建设目标的实现,或是为了避免某种环境税的征收对经济和生产发展造成过度抑制,对民生保障、社会福利事业建设和基础设施建设产生不利影响以及避免对同一征税对象重复征税等。考察我国现行环境税制,设定的众多环境税税收减免情形多是以避免环境税的开征对经济建设、和谐社会建设等可能造成的不利影响为出发点,而较少具有以鼓励科技研发投入、加强清洁生产及提高节能减排能力为直接目的的税收减免规定。因此,我国环境税法律法规中的税收优惠措施的绿色化程度仍亟待加强,国家和立法者应逐步修改完善各环境保护相关税法规中的税收优惠措施。即便如此,环境税实体法律法规规定的各项税收减免情况的背后均有国家政策的倾向性,税务机关依法为符合税收减免条件的纳税人减免税额是在贯彻落实国家政策,因而不能享有自由裁量权,除非环境税实体法律法规另有规定,例如规定在某种情形下可由省级人民政府酌情决定减免税的,则另当别论。

2. 涉税信息通知的义务

税务机关向其他机关负有涉税信息通知的义务。税务机关依法有义务将其所管理的环境保护税涉税信息定期向环保部门通报,有义务将纳税人缴纳车辆购置税的情况定期向公安机关车辆管理机构汇报。总体而言,开征各种环境税的目的都在于运用税收手段调节纳税主体的生产经营行为、消费结构以加强环境保护力度,税务机关履行涉税信息通知的义务是为了加强环境保护相关职能部门间工作的协调和配合,以期更好地实现环境税开征目的。具体而言,环保机关的主要职责也是保护环境,促进生态文明目标的实现,在开征环境保护税时也须注重发挥环保机关在监测应税污染物排放上的作用,为此环保机关也须具备一定职权,即有权从税务机关处获知环境保护税涉税信息;税务机关向公安机关车辆管理机构通知车辆购置税的缴纳情况,也是为了减少及避免少缴、漏缴车辆购置税等情形的出现。

二、环保机关的权利和义务

(一)环保机关的权利

环保机关的权利即环保机关的职权,是指环保机关在环境税法律关系中所享有的为或不为一定行为以及要求他人为或不为一定行为的能力或资格。在我国环境税制中,环保机关的权利主要体现在环境保护税法律关系中。

1.监测管理污染物的权利

根据《环境保护税法》的相关规定,环保机关享有监测管理污染物的权力。相较于税务机关,环保机关在监测管理污染物方面具有更强的专业性、技术能力和技术设备,而税务机关缺乏监测管理污染物的专业条件和技术设备,在环境保护税的征收和管理上,须充分发挥两个机关各自的特长和专业性,才能使开征环境保护税充分发挥其限制污染物排放的效用。

2.要求共享涉税信息和接受工作协助的权利

《环境保护税法》规定了税务机关和环保机关均有获知涉税信息和相互协助完成税收征收和管理工作的权利。法律赋予环保机关这项权利是为了加强环保机关和税务机关的合作。

3.复核数据资料的权利

《环境保护税法》第 20 条规定了环保机关有权根据税务机关的提请,复核纳税人污染物排放的种类、数量等数据资料,在环保机关出具复核意见之后,税务机关应当按照复核意见确定纳税人的应纳税额,即复核意见具有法律效力。法律赋予环保机关该项权利的目的是避免纳税人不申报或不据实申报其污染物排放数据信息,偷逃应纳税款而置税务机关和环保机关于被动的局面。值得注意的是,环保机关行使该项权利的前提是税务机关提请其复核,环保机关无权自主决定对某位纳税人的污染物排放数据资料进行复核,因为环境保护税的征税主体为税务机关,环保机关复核数据资料的最终目的只能是帮助税务机关确定纳税人的应纳税额,无权直接对纳税人提出缴纳税款的请求。

4.核定污染物排放种类、数量的权利

通常的申报纳税程序要求纳税人申报其污染物排放的种类、数量等数据信息,而核定的前提是纳税人因未安装自动检测设备或其他原因无法自行测定其污染物排放的种类和数量,导致环境保护税的计税依据难以确定,无法计算应纳税额,此时环保机关有权依照省级环保机关规定的抽样测算的方法核定污染物种类、排放量,为税务机关核定应纳税额提供必要依据。

(二)环保机关的义务

环保机关的义务即环保机关的职责,由于环保机关在环境税法律关系中的职权和职责具有统一性,因此环保机关的权利和义务也具有统一性,其义务包括依法监测管理污染物、依法共享涉税信息及提供协助、依法复核数据资料以及依法核定应税污染物排放的种类、数量等。

三、海关的权利和义务

海关是环境税法律关系中重要的征税主体之一,其主要负责进口应税消费品环节的消费税的征收和管理。海关在环境税法律关系中的权利和义务主要体现在其代征消费税时享有的若干权利和义务。

(一)海关的权利

1. 依法确定税收要素的权利

海关依法确定税收要素是其代征消费税的前提,也是其在环境税法律关系中所享有的重要权利。

(1)依法确定纳税人、征税对象的权利

海关征收环境保护相关税税款的前提是依法确定纳税人、征税对象。这既是海关的权利也是其义务。海关工作人员应当在正确理解环境保护相关税税收要素的基础上严格适用相关规定,才能确保其代征环境保护相关税的行为具有合法性和正当性,行使这项权利对其工作人员的专业素质和业务能力也提出了较高的要求。

(2)依法确定计税依据、税率的权利

海关在代征环境保护相关税时还须确定该税种的计税依据和税率。依法确定的前提是海关工作人员须充分理解某种环境保护相关税的计税依据和税率的具体内涵,因此这既是海关的权利也是其义务。

2. 税收征管的权利

海关在征收环境保护相关税时适用关税征收管理的规定执行,因此海关也享有一系列税收征管的权利。

(二)海关的义务

海关的权利与义务也具有统一性,因此海关须依法征收消费税(包括须确定纳税义务人、审定商品归类、审定或估定完税价格、价格核查、价格质疑、价格磋商、确定适用税率等税收要素等)及承担一系列程序性的义务(包括获知涉税信息的义务、宣传和提供咨询的义务、接受纳税申报的义务、税收处罚的义务、税收强制的义务、调整执行事宜的义务等)。

四、纳税人的权利和义务

环境税的纳税人通常为实施环境不友好行为的单位或个人以及生产销售或消费环境不友好商品、财产的单位或个人。纳税人在环境税法律关系中所享有的主要权利是要求依法缴纳环境税的权利、依法获得或申请税收减免的权利以及众多税收征管上的权利。

（一）纳税人的权利

1.要求依法缴纳环境税的权利

在现代国家，税收法定原则深入人心，纳税人的民主意识和主体意识也空前提高，面对环境税的征收和管理，纳税人再也不应当是消极被动地缴纳税款，其有权要求依法缴纳环境税。环境税纳税人有权要求国家制定环境税法律，民主、科学地明确各环境税种的税收要素，依据环境税法律规定的税收要素缴纳环境税。

2.依法获得或申请税收减免的权利

当环境税法律规定对某些情况减免征收环境税时，符合法律规定的税收减免情况的纳税人有权获得税收减免；当环境税法律赋予纳税人申请税收减免的权利时，纳税人便依法享有申请税收减免的权利。

3.税收征管的权利

我国《税收征收管理法》是规范各种税的征收和缴纳行为的法律，纳税人在缴纳环境税时享有《税收征收管理法》赋予的众多权利。具体而言，纳税人有权要求税务机关对自己纳税申报的数据资料、银行账户账号、身份信息等进行保密；有权无偿获得对纳税程序等知识的税务咨询；有权对税务机关作出的于己不利的行政决定进行陈述、申辩等；即便在纳税人欠缴或欲偷逃税款的情形下，仍有权要求税务机关不得查封、扣押维持基本生活的财产；有权要求税务机关出具扣押清单、查封清单；有权获得税务赔偿、国家赔偿等。总之，现行《税收征收管理法》赋予纳税人群体丰富的法定权利，且从现代国家的政治文明历程中探寻，纳税人的权利源自于宪法对人权的规定，但重点是应当关注在环境税法律关系的实践中纳税人权利的落实、保障和救济的问题。

（二）纳税人的义务

1.依法缴纳环境税的义务

环境税的纳税人有义务依各环境税法律法规的规定缴纳环境税。从税法基本理论角度看，环境税的开征目的主要在于保护和改善环境、节约资源和促进资源的合理利用，即为了实现生态文明的目标。税收是通过经济手段调节人们生产生活行为的有效方式,如果纳税人不依法缴纳环境税,税收的调节作用便无法发挥,从而难以实现开征环境税建设生态文明的目标;从法律的性质角度看,法律以国家强制力作为保障,法律义务若不履行,必然招致法律责任,纳税人依法缴纳环境税,是其所承担的最主要的义务。

2.税收征管的义务

环境税的纳税人应承担的税收征管义务由两部分组成,包括一般性的税收征收管理义务(其具体内容体现于《税收征收管理法》中)和环境税纳税人依据环境税法律及环境保护相关税法律的规定所应承担的特殊的税收征管义务。例如,《环境保护税法》中规定纳税人有义务报送税务机关要求其提供的其他材料,并对其报送的纳税资料的真实性和完整性负责;这些特殊的税收征管义务的承担不具有普遍性,仅当纳税人处于规定该种特殊税收征管义务的环境税的法律关系中时才承担该种义务。

五、扣缴义务人等的权利和义务

在我国环境税制中,资源税以及车船税的征收和管理中均有扣缴义务人等的参与。扣缴义务人等在环境税法律关系中的权利和义务与纳税人基本相同,即其均有权要求依法缴纳环境税、要求依法获得或申请税收减免以及享有众多税收征管的权利,包括一般的税收征管权利以及规定于环境税或环境保护相关税法律中的特殊的税收征管的权利。同时,扣缴义务人对于环境税的纳税人还享有要求依法代收代缴或代扣代缴环境税的权利。其所负有的环境税义务通常也包括一般的税收征管义务和环境税及环境保护相关税法律规范中规定的税收征管义务。

思考题:

1.请简述如何构建环境保护税涉税信息共享机制。

2.请简述环境保护税纳税主体的界定。

3.请简述环境保护税纳税对象的界定。

第五章　环境税法律责任

第一节　环境税法律责任概述

一、法律责任

法律责任的定义大多是以责任的日常语义为核心展开,根据现有学者研究,针对法律责任一词有不同的学说定义。以奥斯丁为代表的后果论将法律责任定义为行为人由于违法或者违约行为而应承担的不利的法律后果。以后果论界定法律责任,忽略了责任概念中国家强制力的作用,且法律后果的范围远远大于法律责任,不能对法律责任的概念有具体所指。关于责任论,上世纪七八十年代我国法律理论刚起步,对法律责任进行了界定:"法律责任专指违法者实施违法行为所必须承担的责任。"[①]在后期,相关学者对此进行修订,学者沈宗灵在《法学基础理论》中认为"法律责任是指人们对违法行为所应承担的带有强制性的法律上的责任",[②]而在其后编写的《法理学》中,放弃了责任论的观点。关于新义务论对法律责任的定义是指由特定的法律事实所引起而侵犯法定权利或违反法定义务,进而对损害予以补偿或接受惩罚的特殊义务,即由于违反第一性义务而引起的第二性义务。新义务论强调了法律责任作为特定法律义务后果的强制性特征,避免了后果论淡化国家存在的不足,是现今较为通说的观点。负担说认为法律责任是行为人因违反法律义务的事实而应当承受专门国家机关依法确认并强制的合理负担。负担说的优势在于对法律

---

① 孙国华:《法学基础理论》,中国人民大学出版社 1987 年版,第 477 页。
② 沈宗灵:《法学基础理论》,北京大学出版社 1992 年版,第 429 页。

责任的构成要素作了较为全面的概括,主要从义务、可归责性和法律负担这三方面进行考察,在一定程度上弥补了其他学说的缺陷。

根据法律责任的流行学说,可以将法律责任的含义主要归纳为以下四点:第一,法律责任是指因行为人违反法律上的义务(包括违约等)而形成的法律关系。第二,行为人因此需要对违法行为承担补偿或赔偿义务等不利的法律后果。第三,法律责任的追究是由国家强制力作为实施保证。第四,法律责任的方式包括行政罚款、刑罚、民事赔偿等。

二、环境税法律责任

环境税的征税目的主要是降低污染对环境的破坏,保护环境和资源。环境税法律责任主要指:造成或者可能造成生态环境污染和破坏的当事人违反了国家有关的环境税收法律规范、侵害了环境税收法律关系所应承担的法律后果。环境税法律责任是对环境进行保护的强有力的手段。目前,《中华人民共和国环境保护税法》已由中华人民共和国第十二届全国人民代表大会常务委员会第二十五次会议通过,自 2018 年 1 月 1 日起施行。但《环境保护税法》并未覆盖法律责任的相关规定,因此,环境税作为我国整个税收制度的组成部分之一,其法律责任必然具有一般税收法律责任的共性。

税收责任以税收违法行为为前提,先实施了税收违法行为,才导致税收法律责任。税收违法行为主要包含三层含义:一是税收违法行为的主体即税收违法行为的实施者,主要包括征税主体和纳税主体,另外委托征税主体、协助征税主体和税务代理人等也是税收违法行为的主体。二是税收违法行为必须是行为人实施了某种作为或不作为的行为,侵害了为税法所保护的税收法律关系。三是实施税收违法行为的主体需承担相应的不利法律后果。环境税法律责任也是如此。

在环境税收法律关系中,环境税收违法行为主体所需承担的责任依其性质和形式的不同主要可分为行政责任和刑事责任两种。行政责任是指税收行为人因违反税法的行为,税务机关对其所追究的法律责任。刑事责任是指由国家司法机关对触犯刑法的违反税收行为所追究的法律责任。认定某一行为是否是环境税收违法行为或认定应当追究哪种责任形式的法律责任关键看其是否具备环境税收法律责任的构成要件。从理论上看环境税收法律责任应具备三个构成要件:一是行为人具有相应的法定义务。比如纳税人具有依法纳税的义务,扣缴义务人具有依法履行扣缴税款申报的义务。没有法定义务便无相应的税收违法行为。二是行为人的行为已构成税收违法。有行为才有责任,行为人没有按照税法的要求来履行或怠于履行法定义务,给国家的利益造成损害,且行为人的违法行为和损害后果之间具有因果关系。三是行为人实施税收违法行为时具有主观错误,包括故意和过失两类。

第二节　环境税法律责任的要素

一、环境税法律责任主体

法律责任主体是当依法享有权利和承担义务的法律关系主体实施了违法行为时,承担一定法律责任者,属于法律关系主体的范畴。法律责任主体一般符合人格独立、意志自由和行为自由这三个条件。从法律责任的角度来说,人格独立就是责任主体是一个完全独立的个体,包括从生理上是成熟的,即达到一定的年龄;心理上是健全的,即没有精神方面等疾病。同时责任主体的人格独立还需具备社会关系方面的独立性,不存在依附关系。意志自由是指法律主体的思想是自由的,不受外力干扰,用恩格斯的话说,"意志自由只是借助于对事物的认识来作出决定的那种能力",它是人格独立的内在状态。① 相对于意志自由而言,行为自由就是个人独立的外在状态,它是意识自由的转化和延伸。这意味着行为自由是个人在客观规律的认识下,凭借着理性的选择而做出的不受他人干涉的行为并由此承担其带来的法律后果;反之,如果个人不是自主做出的行为就无须承担法律上的责任。

环境税法律责任的主体是指在环境税收法律关系中因违约或违反相关环境税收法律规范而承担法律责任的人,其具有广泛性的特点。凡是对环境税收过程中享有征管等权利和承担纳税义务的法律关系的参加者都有可能成为环境税法律责任的主体,主要包括征税主体和纳税主体,另外,委托征税主体、协助征税主体、税务代理人等也是环境税法律责任的主体。环境税法律责任主体是环境税法律责任构成的必备条件,违约或违反相关环境税收法律规范首先是一种行为,而行为是由环境税收法律关系主体在其意志自由支配下产

---

① ［德］恩格斯:《反杜林论》,载《马克思恩格斯选集》(第3卷),人民出版社1995年版,第92页。

生的活动,因此实施违法或违约的行为必须有行为人。但并不是任何人都可以成为违反环境税收法律规范的实施者,成为环境税法律责任主体须具备人格独立、意志自由和行为自由这三个条件。环境税法律责任主体的规定对于判断行为人法律责任的有无、种类以及大小有着密切的关系。

二、环境税法律责任客体

环境税法律责任客体是指环境税的法律关系中权利和义务所指向的对象,简言之是课税的对象。环境税法律责任的客体主要包括行为和物两种。

行为具有特定性,环境税收违法行为必须是实施了侵害《环境保护税法》所保护的法律关系的行为,违反了环境税收法律规范。根据环境税收违法行为的程度和性质,将环境税收违法行为分为一般的违法行为和犯罪行为。其中一般的违法行为是指虽然违反环境税收法律规范,但尚不构成犯罪的行为,其主要承担的是行政责任;而犯罪行为是指行为人触犯1997年全国人民代表大会颁布的《刑法》的严重税收违法行为,其承担的法律责任形式为刑事责任。

违法行为是环境税的法律关系主体承担法律责任的前提,没有违法行为就没有法律责任,但法律责任的承担不以违法的构成为条件,而是以法律的规定为构成条件。违法行为的形式必须包括两类,即税收主体必须实施了某种作为或者不作为的行为。作为的环境税收违法行为指行为人违反环境税收相关法律规范从事法律禁止的行为,如纳税人违反全国人民代表大会常务委员会1992年9月4日发布的《税收征收管理法》的规定,使用假发票的行为;不作为是指负有履行环境保护征税纳税责任或义务的个体的不履行的行为,如根据法律规定纳税人有主动申报缴纳应缴税款的义务,但其违法不进行申报纳税的行为。无论是作为还是不作为,二者均要承担相应的法律责任。在我国《税收征收管理法》和其他相关的环境税法律规范中一般都具体规定了法律禁止的事项和应当履行的职责和义务。

物是指环境税的法律关系中权利和义务的对象,是可能成为违法行为指向的各种物。环境税违法行为指向的物与民法保护对象的物存在本质上的不同,民事法律关系客体的物通常是指具有某种价值或者社会财富的物,而根据《环境保护税法》的规定,环境税法律责任的物应是包括对环境产生污染产品、行为和向生态系统排放的所有污染物等,它不是一种社会财产。

三、环境税法律责任的主观方面

主观方面主要指行为人在实施违法行为过程中的主观意志,是认定和归结法律责任的一个重要依据，一般分为故意和过失。其中故意是指明知自己行为会发生危害他人或危及社会的不利后果，但仍放任不利后果发生的心理状态。过失是指应当预见而疏忽大意没有预见自己的行为可能会发生损害他人甚至危及社会的后果，或是已经预见但过于自信能够避免，最后导致不利后果发生的这种心理状态。故意和过失对法律责任的认定和承担具有不同的意义。针对故意的行为，行为人都要承担相应的法律责任，而过失的话在刑事责任上只有法律有所规定的才需承担相应的责任。环境税的相关法律规范在追究责任主体的行政责任和刑事责任时，行为人主观上具有故意或过失被视为必备的要件。

四、环境税法律责任的客观方面

法律责任的客观方面主要指行为的违法性和社会的危害性。任何承担法律责任行为通常都具有法律禁止的、具有违法性和社会危害性的特点，这种行为是一个确实发生的现实存在，而不是主观虚构或臆想的。在多数情况下，因违法性和社会危害性之间密切的联系，常常把社会危害性作为判断违法性的标准。

这在《环境保护税法》中具有一定的特殊性，不能一概而论。环境税作为对污染行为课征的税，在进行税收征收管理过程中，违法行为一般表现为行为人的作为与不作为，并不一定会给社会带来严重的危害后果。

第三节　环境税的行政法律责任

一、环境税的行政法律责任之概念

环境税的行政法律责任（以下简称环境税的行政责任）是指环境税的行政法律关系主体因违反税收法律规范的行为所应承担的不利的法律后果，它是对行为人违反税法行为的一种行政制裁。一般而言，行政违法行为对社会危害性同犯罪而言较轻，因此行政制裁也相对刑事制裁轻。

环境税的行政责任不同于环境税的刑事责任，环境税收刑事责任注重影响社会安全的重大违法行为，而环境税收行政责任作用于危害征税管理的违法行为。当环境税收违法行为达到法定犯罪的严重后果时，则需承担刑事责任,如果尚未达到严重的犯罪程度,则承担一般违法的行政责任。此外,两者的责任追究机关、追究程序和责任的形式都不同。必须注意,环境税收行政责任和刑事责任也是交叉和协调的,从承担行政责任到刑事责任的过程是一种由轻到重、由量变到质变的发展过程。如果行为的违法行为在承担行政责任的过程中得到有效遏制,那么演变到犯罪的可能性就会大大降低。

二、环境税的行政法律责任的构成要件

环境税的行政责任的构成要件是指对环境税收违法主体追究其行政责任所必须具备的条件。主要包括:

(一)行为的违法性

行为违法是指行为人实施了法律禁止或违反环境税的相关法律规范规定的义务的行为,行为的违法性是构成环境税法律责任的首要条件也是必要条件,没有违法行为,构不成行政责任。当前,法学界对"违法"的解释有两种较为通说的观点。一是"主观违法说",指凡是行为人的行为违反了法律强制性或禁止性的规范即构成违法;二是"客观违法说",是指行为人的行为即使没有违反法律强制性或者禁止性的规范,但侵犯了应受法律保护的权益,也构成违法。目前我国行政法领域采用的是"客观违法说"。

环境税的相关法律规范规定中所指的行为违法性主要包括行政管理相对人的行为违法性和行政主体的行为的违法性,即环境税纳税主体的违法行为和环境税税务管理人的违法行为。

1. 纳税主体的违法行为

纳税人实施了违反环境税的相关法律规范规定禁止的行为就是违法行为。如我国《税收征收管理法》规定:"纳税人、扣缴义务人必须接受税务机关依法进行的税务检查,如实反映情况,提供有关资料,不得拒绝、隐瞒。"如果纳税人不履行税法规定的义务,就是违法的行为。再如《中华人民共和国发票管理办法》第22条规定:"开具发票应当按照规定的时限、顺序、栏目,全部联次一次性如实开具,并加盖发票专用章。"如果纳税人不依法履行该义务便是违法行为。总结环境税纳税主体的违法事实,可以将纳税主体的违法行为分为两类:一是违反税法上作为与不作为义务的行为;二是直接的偷逃税的行为。违反税法上作为与不作为义务的行为主要包括不按规定办理环境税税务登记的违法行为、违反账簿管理制度的行为、违反发票管理制度的行为以及违反税务机关检查制度的行为。直接的偷逃税行为主要包括偷税、抗税、逃避追缴欠税等行为。

2.税务管理人的违法行为

根据《税务人员违法违纪行政处分暂行规定》第 4 条的规定,税务管理人的违法行为主要包括:(1)贪污税(公)款;(2)行贿、受贿、索贿;(3)挪用税(公)款及公物;(4)通谋参与骗取国家出口退税款;(5)参与伪造、倒卖、盗窃增值税专用发票和为他人开具内容不实的增值税专用发票;(6)违反税收票证、印章、发票使用管理规定谋取私利;(7)玩忽职守,造成国家税(公)款及公物直接损失;(8)勾结、唆使、协助纳税人、扣缴义务人偷税、抗税;(9)积压、截留国家税款;(10)超越权限擅自减免税;(11)任意降低(或提高)税率,缩小(或扩大)征收范围;(12)收受纳税人礼品、礼金及有价证券;(13)以权压价购买纳税人商品;(14)接受纳税人的宴请;(15)向纳税人借钱借物、赊欠货款;(16)在纳税人处报销票据;(17)直接参与经商或利用职务之便帮助亲友经商;(18)参与纳税人举办的高消费娱乐活动;(19)在纳税人处兼职同时取酬;(20)违反规定乱收费;(21)其他违反政纪的行为。

在追究行为违法性的法律责任时,法学界存在是否需要根据实体违法来确定程序违法的法律责任的争论,这实质上反映了程序与实体之间的问题。从保证程序自身的独立性,促使征税主体依法履行程序义务出发,认为应当确认只要征税主体"违反法定程序",无论其是否对实体的征税行为产生影响,都应当承担法律责任。

(二)行为人的过错

行为人主观上是否具有故意或者过失也是承担行政责任的必要条件,过错的形式不同,对违法者的惩罚程度也不同。实践中,违反《环境保护税法》的行为大多表现为故意的心理状态,当然也存在过失。故意是明知不能为而为之,过失常常由于疏忽大意或是过于自信而导致,在判断过失上有一定的难度,在环境税过失行为的认定上更是难上加难。在判断过失的标准上有三种不同的意见:一是主观标准,即行为人具备了能够预见损害发生的特定的知识水平和经验,而疏忽没有预见导致危害后果的发生,则为过失;二是客观标准,即根据不同行业来确定一个标准,从而使该行业中等水平(即平均水平)的人都能预见的范围作为判断过失的客观标准,如果行为人没有预见,则为过失;三是主客观标准,即将主观标准和客观标准结合起来,以客观标准为主,并根据每一个案件具体问题具体分析,来确定行为人是否存在过失。我国一般实行过错推定的方法。[①] 在现实中,过于自信的过失与间接故意两者都对危害后果有一定程度的预见,并都不希望危害后果的发生,因此容易混淆,区分的关键在于结果的发生是否违背行为人的意愿。间接故意是指已经预见到自己的行为会导致某种结果但放任这种结果的发生,危害结果的发生并不违背行为人的意志;而过于自信的过失是指行为人已经预见到自己的行为可能会导致某种结果的发生,但轻信自己能够避免,危害结果的发生并非是行为人的意愿。

关于环境税的行政违法行为是否需要以主观过错为要件,在理论和实践上是有分歧的。我国台湾地区以前在实务上曾规定行政罚不以故意或过失为责任要件,但 1980 年的"司法解释"改采过失责任主义,认为:"人民违反法律上之义务而应受行政罚之行为,法律无特别规定时,虽不以出于故意为必要,仍需以过失为其责任要件。但应受行政罚之行为,仅须违反禁止规定或作为义务,而不以发生损害或危险为其要件者,推定为有过失,于行为人不能举证证明自己无过失时,即应受处罚。"而在我国行政法上通说的观点主张行政违法行为适用客观违法原则作为归责的原则,只要行为人客观上违反了行政法律规范,不需要再过问行为人主观上是否具有过错,即认为是行政违法。

（三）行为的危害后果

行为的危害后果是指行为人的违法行为造成了金融秩序紊乱、国家财产损失等后果。但基于环境税征收的特殊性而言,该税的征收重要的是为了通过对某些违法行为的征税,起到对违法行为的约束、禁止等作用,而非增加国家财政收入,因此,我国《环境保护税法》中行为的法律后果不是环境税行政责任构成的必备要件,也就是说行为人的某些行为违反环境税相关法律规范,即使没有带来社会危害后果,仍要承担法律责任。

（四）违法行为与危害后果有因果关系

因果关系是指违法行为与危害后果之间不是表面、偶然的联系,而是存在内在的必然联系。环境税收的特殊性决定了环境税违法行为和危害后果之间的关系比较复杂。要注意的是,在环境税的行政法律责任中违法行为与危害后果的因果关系必须是直接、必然的联系,而不能适用民事责任的因果关系推定原则。因环境税行为的危害后果是构成环境税的行政法律责任的选择要件,且违法行为与危害后果之间有因果关系只有在法律明文规定的场合才能

---

① 沈宗灵:《法理学》,北京大学出版社 2001 年版,第 36 页。

成为行为人承担行政责任的必要条件,因此,它也不是必备条件。

三、环境税的行政法律责任的形式

环境税的行政法律责任主要是指行为人违反环境税的相关法律规范的规定应当受到的行政制裁。环境税的行政法律责任的形式主要可以分为行政处分和行政处罚两大类。两者在适用对象、制裁方式、实施主体、适用程序、救济措施等方面存在较大差异。

(一)环境税行政处分

1.行政处分的概念

行政处分是指国家行政机关、企事业单位,按照行政隶属关系,对进行环境税收征税管理过程中犯有违法失职和违纪行为的下属人员给予的一种行政制裁。具体而言,实施行政处分的单位必须是具有隶属关系和行政处分权的国家行政机关或者企业、事业单位。实施行政处分的依据是《环境保护税法》相关方面的法律、法规以及 2005 年 4 月 27 日全国人民代表大会常务委员会颁布的《公务员法》、2007 年 4 月 22 日国务院颁布的《行政机关公务员处分条例》等。实施行政处分的对象是有税收征管违法违纪行为的国家行政机关及其工作人员中的直接责任人员,主要指税务机关和税务人员。其违法违纪行为表现为:(1)利用职务上的便利,收受或者索取纳税主体财物或谋取其他不正当利益的;(2)与纳税主体勾结或唆使、协助纳税主体实施违法违纪行为的;(3)进行环境税征管过程中玩忽职守、滥用职权、徇私舞弊不征或少征应征税款但尚未构成犯罪行为的;(4)对控告、检举税收违法违纪行为的检举人进行打击报复的;(5)违反法律、行政法规的规定,故意高估或者低估农业税计税产量,致使多征或少征税款,侵犯农民合法权益或者损害国家利益但尚不构成犯罪的;(6)违反法律、行政法规的规定提前征收、延缓征收或者摊派税款的;(7)违反法律、行政法规的规定,擅自做出税收的开征、停征或者减税、免税、退税、补税以及其他同税收法律、行政法规相抵触的决定的;(8)在征收税款或者查处税收违法案件时,未按法律规定进行回避的;(9)未按法律规定为纳税主体和检举人保密的。

2.行政处分的种类

根据《税务人员违法违纪行政处分暂行规定》规定,税务工作人员行政处分包括六种,即警告、记过、记大过、降级、撤职、开除。

(1)警告。主要适用于违法违纪行为较为轻微的人员,对违法违纪的主体提出告诫,使之注意并得以改正错误,是行政处分中最轻的一种处分方式。

(2)记过。是较警告而言较重的处分方式,一般是将行为记载入档案,以示惩戒。这种处分也是适用于违法违纪行为较为轻微的人员。

(3)记大过。是比记过更为严厉的处分形式,与记过一样将过错的行为记入档案,不过过错的级别较为严重,适用于违法违纪较为严重,给国家和人民造成一定损失的人员。

(4)降级。指降低其工资等级,这种处分是从减少其经济收入方面来进行惩罚,但仍然可以担任原职务。

(5)撤职。指撤销违法违纪人员现任职务的行为,这种处分是对负有领导职务但已不适宜担任现任职务人员的处分形式。

(6)开除。是受处分者最为严厉的处分形式,意味着取消受到处分的人的公职,将其从原行政机关中除名。

关于行政处分的期限,警告的处分期间为 6 个月,记过的处分期间为 12 个月,记大过的处分期间为 18 个月,降级、撤职的处分期间为 24 个月。

3.行政处分的程序

公务员违纪的行政处分的程序主要为:在做出行政处分之前,首先,经任免机关负责人同意对涉嫌违法违纪的公务员进行调查核实,如需进一步查证的,报任免机关负责人批准后立案;其次,对该公务员违法违纪的事实做进一步调查,收集证据;再次,还应当经过任免机关领导成员集体的会议讨论,讨论时允许当事人进行陈述和申辩,并对其所提出的事实、理由和证据进行复核,记录在案;最后,处分决定应当以书面形式通知受处分的公务员本人,并在一定范围内宣布,处分决定、解除处分决定自做出之日起生效。任免机关应当按照管理权限,及时将处分决定或者解除处分决定报公务员主管部门备案。

受处分人不服处分决定的可以依据《公务员法》和 2018 年 3 月 20 日全国人民代表大会通过的《中华人民共和国监察法》的有关规定复审或者复核。复审、复核期间不停止处分的执行。在《监察法》颁布前,则依据 1997 年 5 月 9 日全国人大常委会通过的《中华人民共和国行政监察法》申请申诉、复核。

(二)环境税的行政处罚

1.环境税的行政处罚的概念及特征

行政处罚是国家特定行政机关依法惩戒违反行政管理秩序的个人、组织的一种行政行为,属于行政制裁范畴。[1] 环境税的行政处罚是指行使环境税

---

[1] 罗豪才:《行政法学》,中国政法大学出版社 1999 年版,第 2 页。

行政管理职权的机关对违反环境税的相关法律规范但尚未构成犯罪的相对人给予行政制裁的具体行政行为。环境税的行政处罚属于行政处罚的一部分，因此必须遵守行政处罚的一般规定，例如处罚的管辖、处罚的适用以及程序等等。当然，环境税的行政处罚有其自身的特殊性。特点如下：

（1）行政处罚的主体必须国家特定的是行政机关和法律、法规委托、授权的组织。特定的行政机关是指在环境税收领域依法享受行政处罚权的机关，而不是任何国家行政机关，享有环境税收领域行政处罚权的行政机关也只能在法律规定的范围内实施处罚，否则无效。根据 1996 年 3 月 17 日全国人民代表大会颁布的《行政处罚法》的规定，实施环境税收征管的机关可以依据法律、法规或者规章的规定，授权给具有管理公共事务职能的组织，或者委托给符合法定条件的组织实施行政处罚权，被授权或受委托的组织必须在法定范围内实施行政处罚，否则属于违法。

（2）被处罚人即行政处罚的对象必须是违反环境税的相关法律规范规定的一切单位和个人，是相对人中的违法者，但不包括正在履行环境税收征管的国家机关、企事业单位中的工作人员。因为这些人员违法违纪情节较重的，承担的是行政处分的责任形式。

（3）行政处罚的性质是行政制裁。虽然行政处分和行政处罚都是属于行政制裁的性质，但两者存在明显的区别。

第一，做出制裁的主体不同。行政处分是由受处分人从属的机关、企业、组织或者其上级的主管机关做出，存在着行政上的隶属关系；而行政处罚是由法定具有行政处罚权的机关实施的，不存在隶属关系。

第二，制裁的对象不同。行政处分的对象适用于实施环境税收征管行为过程中违法违纪的失职者，且只适用于自然人；而行政处罚是针对违反环境税的相关法律规范规定的单位或者个人所作的制裁，既可以适用于单位也可以适用于自然人。

第三，制裁的方式不同。行政处罚和行政处分这两种责任形式除了警告一种形式相同外，其余均不同。行政处罚以行为罚和财产罚为主，而行政处分主要以精神和名誉方面的制裁为主。

第四，救济的途径不同。对行政处分不服者，只能寻求行政救济，向原处分机关或上级机关提出行政申诉，不能向法院起诉；而对行政处罚不服的，既可以申请行政复议也可以向法院提起行政诉讼。

（4）行政处罚具有时效性。环境税收领域的行政处罚时效，是指环境税收征管部门对承担行政责任者给予行政处罚的有效期限。超过此期限，则不得给予行政处罚。《行政处罚法》中规定的时效为 2 年,此处适用我国《税收征收管理法》第 86 条的规定:"违反税收法律、行政法规应当给予行政处罚的行为,在五年内未被发现的,不再给予行政处罚。"法律关于行政处罚时效的设置,体现了行政执法的严肃性,要求行政机关严格行使税收征管权利。

(5)行政处罚具有单方强制性。行政处罚是环境税收征管机关对于承担行政责任者给予惩罚的单方行动,不以相对人的意志为转移。倘若承担行政处罚的主体不履行行政处罚的决定,既不申请复议也不向人民法院提起诉讼,环境税收征管机关可以在时效期间内申请法院强制执行。

2.环境税的行政处罚的种类

环境税的行政处罚的种类是针对违反环境税的相关法律规范的责任主体实施行政处罚的形式与方式。根据责任的承担方式不同,可以将环境税的行政处罚分为申诫罚、财产罚和行为罚三类。

(1)申诫罚。申诫罚是指环境税的有关行政机关对违法违纪的行为人做出谴责和告诫的行为,对其精神、荣誉、信誉上的利益造成一定的损害,以此对行为人的心理形成压力,有利于纠正其违法行为。申诫罚的主要形式是警告,主要适用于尚未造成严重后果的违法行为,既可以适用于自然人也可以适用于法人和其他组织。如《税收征收管理法》第 37 条规定,对未按照规定办理税务登记的从事生产、经营的纳税人以及临时从事经营的纳税人,由税务机关核定其应纳税额,责令缴纳。第 38 条规定,税务机关有根据认为从事生产、经营的纳税人有逃避纳税义务行为的,可以在规定的纳税期之前,责令限期缴纳应纳税款。《税收征收管理法实施细则》第 73 条规定,从事生产、经营的纳税人、扣缴义务人未按照规定的期限缴纳或者解缴税款的,纳税担保人未按照规定的期限缴纳所担保的税款的,由税务机关发出限期缴纳税款通知书,责令缴纳或者解缴税款的最长期限不得超过 15 日。第 76 条规定,县级以上各级税务机关应当将纳税人的欠税情况,在办税场所或者广播、电视、报纸、期刊、网络等新闻媒体上定期公告。这些条款中,行为人的违法情节较轻微,未对社会造成严重的危害,法律对这些违反税法规定的纳税人进行告诫、提醒,以书面的形式对违法行为人的行为进行谴责,进而影响违法行为人的声誉。

(2)行为罚。也称为能力罚,指行政主体对违法行为人采取限制或者剥夺其特定行为能力或资格的一种处罚方式。主要表现为责令停产停业、暂扣或者吊销许可证、执照等两种形式。责令停产停业在环境税违法行为的处罚中算是非常严厉的处罚形式,应适用于严重的环境税违法行为。例如纳税人以欺骗的手段获准减缴、免缴环境税的;纳税人未按照规定缴纳环境税,先后两次经主管税务机关限期缴纳,逾期仍拒不缴纳的或者欠缴的环境税额占应纳环境税额的50%以上的。暂扣许可证、执照是税务管理行政机关暂时或一定期限内收缴、扣留违法行为人的证照,限制其权利的行使;吊销许可证、执照是剥夺违法行为人获得的许可权利,终止其继续行使该证照许可的权利或资格。如《税收征收管理法》第60条规定,纳税人不办理税务登记的,由税务机关责令限期改正;逾期不改正的,经税务机关提请,由工商行政管理机关吊销其营业执照。

(3)财产罚。财产罚是指税务管理机关依法剥夺被处罚人财产权利的行政处罚。这种处罚只是对违法行为人的金钱或其他财物造成损失,并不限制其人身自由和活动的权利,主要适用于有经济收入的自然人或是有固定资产的法人和组织的违法行为以及在从事以营利为目的的经营活动中实施的违法行为。财产罚主要有三种形式,分别是罚款、没收违法所得、没收非法财产。

罚款是指使违法行为人受到货币上的损失,既不影响人的活动自由又可以起到一定的制裁作用,是使用最为普遍的一种行政处罚。《税收征收管理法》第60条至第74条中,针对违法情节的轻重,对罚款的数额和幅度进行了详细的界定。纳税人、扣缴义务人在规定期限内不缴或者少缴应纳或者应解缴的税款,经税务机关责令限期解缴,逾期仍未缴纳的,税务机关可以依法采取从其存款中扣缴税款,扣押、查封、拍卖或者变卖的强制执行措施,还可以处以不缴或者少缴的税款的50%以上5倍以下的罚款。《税收征收管理法》第32条规定,纳税人未按规定期限缴纳税款的,扣缴义务人未按照规定期限解缴税款的,税务机关除责令限期缴纳外,从滞纳税款之日起,按日加收滞纳税款万分之五的滞纳金。滞纳金和罚款有和不同呢?其中罚款和缴纳滞纳金均是强令违法行为人向国家缴纳一定数额的金钱,但二者有着原则性的区别。第一,性质不同。滞纳金是税务机关对不按纳税期限缴纳税款或者不按时缴纳应缴税款的义务人,按滞纳的天数和滞纳款的比例加收金钱,迫使义务人履行其应当履行的义务,是一种行政强制措施,属于执行罚。罚款是对纳税人违法行为的一种经济制裁,是行政处罚。第二,范围不同。滞纳金只能针对未按期缴纳税款的行为人,而罚款的范围包括《税收征收管理法》规定的各种能够罚款的违法行为,比如未按规定申报纳税的行为。第三,适用原则不同。滞纳金不同于罚款,可以按日累计,多次重复课处,而罚款作为行政处罚须遵循"一事不再罚"的原则。

没收违法所得是环境税务管理机关运用强制措施依法将违法行为取得的违法所得的财物予以强制性剥夺的处罚方式。没收非法财产是环境税务管理机关将违法行为人非法占有的违禁品和其他财物无偿收缴的一种处罚形式。没收违法所得、没收非法财产是用法律的手段来剥夺违法获利,使违法者无利可图,从而起到遏制违法行为的作用。如《税收征收管理法》第71条规定,非法印制发票的,由税务机关销毁非法印制的发票,没收违法所得和作案工具,并处1万元以上5万元以下的罚款。再如,《税收征收管理法实施细则》第93条规定,为纳税人、扣缴义务人非法提供银行账户、发票、证明或者其他方便,导致未缴、少缴税款或者骗取国家出口退税款的,税务机关除没收其违法所得外,可以处未缴、少缴或者骗取的税款1倍以下的罚款。

3.环境税的行政处罚的实施原则

环境税的行政处罚的实施原则贯穿于环境税的行政处罚的整个过程,是环境税的行政处罚主体在实施行政处罚时所必须遵循的指导思想。环境税的行政处罚的实施必须遵循以下几个原则:

(1)处罚法定原则。这是环境税务行政处罚应当遵循的最基本的原则,也是"法无明文规定不得处罚"的法治原则在行政制裁制度上的具体体现。《行政处罚法》第3条规定了该原则:"公民、法人或者其他组织违反行政管理秩序的行为,应当给予行政处罚的,依照本法由法律、法规或者规章规定,并由行政机关依照本法规定的程序实施。没有法定依据或者不遵守法定程序的,行政处罚无效。"该原则主要包含三方面的内容:第一,行政处罚的依据是法定的,即实施环境税的行政处罚的机关必须是依法享有行政处罚的权力,针对违法行为人的处罚是依照《税收征收管理法》的规定,而不是其他的法律给予制裁。例如《税收征收管理法》规定税务人员滥用职权,故意刁难纳税人、扣缴义务人的,调离税收工作岗位,并依法给予行政处分,而不是行政处罚。第二,必须严格按照《税收征收管理法》规定的形式和幅度给予行政处罚,譬如按照法律规定本该处以罚款的行政处罚不得对违法行为人进行其他形式的制裁。第三,必须按照法定的程序进行行政处罚。《行政处罚法》规定了简易程序和一般处罚程序,并规定了管辖、立案、回避、听证等具体制度和程序,环境税的行政处罚机关须按照法定的程序进行行政处罚。

(2)一事不再罚原则。《行政处罚法》第24条规定:"对当事人的同一个违法行为,不得给予两次以上罚款的行政处罚。"一事不再罚的原则具有三层含义:一是对同一违法行为,一个机关已经给予罚款处罚了,其他机关不得再次对其进行罚款处罚;二是针对同一违法行为,一个机关已经对其进行处罚了,另一个机关不应再次给以相同的处罚,否则违反处罚过当的原则。三是至于是否可以给以其他种类的行政处罚,要根据具体情况具体对待。一般而言,同一违法行为是指行为人违反了法律法规的一个规定的一次性行为,这意味着同一事实如果违反多项法律规定,且一个机关给予的处罚不足以纠正违法行为时,是可以进行多次处罚的。环境税的行政处罚机关也要遵循这项原则,对违法行为人的同一个违法行为不得给以两次以上的同类处罚。要注意这项规定将一事不再罚的原则限定于罚款。

(3)公正、公开原则。环境税的行政处罚应当遵循公正、公开的原则,以保证处罚的合理性和透明性。公正原则包括实体公正和程序公正。实体公正表现在行政机关做出的行政处罚前后应一致,做出的行政处罚决定应与违法行为人所要承担的行政责任大小相当等。程序公正表现在行政机关在进行行政处罚时,在程序上必须平等地对待各方当事人,排除一切可能造成不平等的因素。该原则的具体要求:一是作为环境税的行政处罚所依据的法律、法规和规章必须对社会公布,未经公布的,不得作为处罚的依据。二是在做出行政处罚之前必须告知相对人依法享有的如陈述、申辩、听证、申请回避、申请复议或提起诉讼等的权利。三是案件的调查人和行政处罚决定作出者应当分离,否则容易导致行政处罚公正性的丧失。

(4)处罚与教育相结合的原则。《行政处罚法》第 5 条对此原则进行了规定,体现了我国行政处罚的特色。环境税的行政处罚不是为了处罚而处罚,而是一种手段,通过处罚来对违法行为人进行教育,从而预防和制止违法行为。环境税征收的最终目的不是增加国家的财政收入,它作为调节污染防治和纳税人生产之间关系的重要经济杠杆,是遏制环境污染和筹集环境保护资金的重要手段。环境税的行政处罚,应当坚持处罚与教育相结合的原则,通过行政处罚的措施来纠正违法行为,使环境税纳税主体自主加强经营管理,节约资源,减少污染的排放。环境税的行政处罚是教育的手段和保证,两者相辅相成,缺一不可。

4.环境税的行政处罚的程序

我国《行政处罚法》对行政处罚的程序作了详细的规定,环境税的行政处罚的程序也应适用《行政处罚法》的规定。

(1)调查取证。在实施行政处罚前,必须对行为人的行政违法行为进行全面、客观的调查,收集证据。

(2)告知权利。在对当事人做出行政处罚决定之前,应当告知当事人处罚事实、理由、依据和有关权利等,同时当事人有陈述和申辩的权利。

(3)做出行政处罚决定。调查结束后,根据不同的情况做出不同的行政处罚决定。

(4)做出行政处罚决定书。决定给予行政处罚的,应当制作行政处罚的决定书,载明当事人违法事实、处罚理由、依据、决定和申请复议、提起诉讼的途径等事项。

(5)组织听证。行政机关做出如责令停产停业、吊销许可证或者执照、较大数额罚款等行政处罚决定之前,应当告知当事人有要求举行听证的权利。当事人要求听证的,行政机关应当组织听证。除涉及国家秘密、商业秘密和个人隐私外,听证应当公开进行。

(6)当事人对行政处罚不服的,可以依法申请行政复议或者提起行政诉讼,但行政处罚不停止执行。

四、环境税行政法律责任的法律规定

(一)纳税人的法律人责任

1.纳税人违反税收管理行为的法律责任

根据《税收征收管理法》第60条的规定,纳税人有下列行为之一的,由税务机关责令限期改正,可以处2000元以下的罚款;情节严重的,处2000元以上1万元以下的罚款:(1)未按照规定的期限申报办理税务登记、变更或者注销登记的;(2)未按照规定设置、保管账簿或者保管记账凭证和有关资料的;(3)未按照规定将财务、会计制度或者财务、会计处理办法和会计核算软件报送税务机关备查的;(4)未按照规定将其全部银行账号向税务机关报告的;(5)未按照规定安装、使用税控装置,或者损毁或者擅自改动税控装置的。

纳税人不办理税务登记的,由税务机关责令限期改正;逾期不改正的,经税务机关提请,由工商行政管理机关吊销其营业执照。

纳税人未按照规定使用税务登记证件,或者转借、涂改、损毁、买卖、伪造税务登记证件的,处2000元以上1万元以下的罚款;情节严重的,处1万元以上5万元以下的罚款。

2.纳税人违反纳税申报规定的法律责任

根据《税收征收管理法》第62条的规定,纳税人未按照规定的期限办理纳税申报和报送纳税资料的,或者扣缴义务人未按照规定的期限向税务机关报送代扣代缴、代收代缴税款报告表和有关资料的,由税务机关责令限期改正,可以处2000元以下的罚款;情节严重的,可以处2000元以上1万元以下的罚款。

3.纳税人偷税行为的法律责任

偷税也称为逃税,是指纳税人故意违反税收法律规范,以欺骗、隐瞒等方

式逃避纳税的违法行为。按照《税收征收管理法》第 63 条的规定,偷税的主要手段有:

(1)伪造、变造记账凭证和账簿。所谓伪造,是指纳税人按照真实账簿与凭证的样式制作虚假的账簿、记账凭证,达到以假乱真的效果。所谓变造,是指用涂改、挖补的手段来改变账簿和记账凭证的真实内容,歪曲事实真相的行为。

(2)隐匿和擅自销毁账簿、记账凭证。隐匿指有意转移、隐藏销货发票或是记载真实经营情况的凭证和账簿。销毁是指将依法应当保存的账簿、凭证予以毁灭、损毁的行为,目的是隐瞒收入,少缴或不缴税款,逃避税务机关的追查。

(3)在账簿上多列支出或者不列、少列收入。即纳税人在账簿上虚增成本、乱摊费用或收入不入账等来达到冲抵或减少实际收入的目的。

(4)虚假申报和不按照规定办理纳税申报。即在纳税申报过程中制造虚假情况,以及纳税人不按照规定办理纳税申报,经税务机关通知申报仍然拒不申报。

构成偷税主要有 4 个要件:一是客观要件,纳税人违反国家的税收法规,主要表现为以上所述的偷税手段;二是主体要件,构成偷税行为的主体应是包括负有纳税义务的个人以及国有、集体、私有企事业单位以及外资企业、中外合资企业等法人或单位;三是主观要件,偷税人在主观方面是出于直接故意,并且具有逃避缴纳应缴纳税款义务而非法获利的目的;四是法定结果,纳税人必须达到不缴或少缴的法定结果。

对于偷税行为的行政处罚规定:纳税人偷税的行为尚未构成犯罪的,由税务机关追缴其不缴或者少缴的税款、滞纳金,并处不缴或者少缴的税款 50% 以上 5 倍以下的罚款。纳税人、扣缴义务人编造虚假计税依据的,由税务机关责令限期改正,并处 5 万元以下的罚款。纳税人不进行纳税申报,不缴或者少缴应纳税款的,由税务机关追缴其不缴或者少缴的税款、滞纳金,并处不缴或者少缴的税款 50% 以上 5 倍以下的罚款。

4.纳税人欠税行为的法律责任

欠税是指纳税人、扣缴义务人超过征收法律法规规定或税务机关依照税收法律、法规规定的纳税期限,未缴或少缴税款的行为。根据现行《税收征收管理法》,对于欠税行为,税务机关可以采取以下追缴方式:

(1)加收滞纳金。根据《税收征收管理法》第 32 条规定,纳税人未按照规定期限缴纳税款的,扣缴义务人未按照规定期限解缴税款的,税务机关除责令限期缴纳外,从滞纳税款之日起,按日加收滞纳税款万分之五的滞纳金。

（2）强制征收。根据《税收征收管理法》第40条规定,从事生产、经营的纳税人、扣缴义务人未按照规定的期限缴纳或者解缴税款,纳税担保人未按照规定的期限缴纳所担保的税款,由税务机关责令限期缴纳,逾期仍未缴纳的,经县以上税务局（分局）局长批准,税务机关可以采取下列强制执行措施:①书面通知其开户银行或者其他金融机构从其存款中扣缴税款;②扣押、查封、依法拍卖或者变卖其价值相当于应纳税款的商品、货物或者其他财产,以拍卖或者变卖所得抵缴税款。税务机关采取强制执行措施时,对前款所列纳税人、扣缴义务人、纳税担保人未缴纳的滞纳金同时强制执行。个人及其所扶养家属维持生活必需的住房和用品,不在强制执行措施的范围之内。

（3）限制出境。根据《税收征收管理法》第44条规定,欠缴税款的纳税人或者他的法定代表人需要出境的,应当在出境前向税务机关结清应纳税款、滞纳金或者提供担保。未结清税款、滞纳金,又不提供担保的,税务机关可以通知出境管理机关阻止其出境。

对于欠税的法律责任,《税收征收管理法》第65条规定:"纳税人欠缴应纳税款,采取转移或者隐匿财产的手段,妨碍税务机关追缴欠缴的税款的,由税务机关追缴欠缴的税款、滞纳金,并处欠缴税款50%以上5倍以下的罚款;构成犯罪的,依法追究刑事责任。"

5.纳税人骗税行为的法律责任

骗税是指纳税人用假报出口等虚构事实或隐瞒真相的方法,经过公开的合法的程序,利用国家税收优惠政策,骗取减免税或者出口退税的行为。骗税与偷税比较,具有明显的公开欺骗性,它以公开欺骗的手段,骗得税务机关信任,非法占有国家税款,并在表面上具有合法性。骗税主要有两种表现形式:一是骗取减免税。主要指纳税人虚构符合减免税政策的条件或者隐瞒减免税项目的真实情况,达到不缴或少缴税款的目的。二是骗取出口退税。指个人或企事业单位故意违反税收法规,采取假报出口等欺骗手段,骗取国家出口退税款的行为。

对于骗税的法律责任,《税收征收管理法》第66条规定:"以假报出口或者其他欺骗手段,骗取国家出口退税款的,由税务机关追缴其骗取的退税款,并处骗取税款一倍以上五倍以下的罚款;构成犯罪的,依法追究刑事责任。对骗取国家出口退税款的,税务机关可以在规定期间内停止为其办理出口退税。"

6.纳税人抗税行为的法律责任

抗税是指以暴力、威胁方法拒不缴纳税款的行为,拒绝接受税务机关检查,威胁、围攻、殴打税务人员等行为,也属于抗税。

对于抗税的行为,《税收征收管理法》规定:"除由税务机关追缴其拒缴的税款、滞纳金外,依法追究刑事责任。情节轻微,未构成犯罪的,由税务机关追缴其拒缴的税款、滞纳金,并处拒缴税款一倍以上五倍以下的罚款。"

纳税人、扣缴义务人在规定期限内不缴或者少缴应纳或者应解缴的税款,经税务机关责令限期缴纳,逾期仍未缴纳的,税务机关除依采取强制执行措施追缴其不缴或者少缴的税款外,可以处不缴或者少缴的税款 50% 以上 5 倍以下的罚款。

7.纳税人违反纳税检查规定的法律责任

纳税人、扣缴义务人有下列情形之一的,由税务机关责令改正,可以处 1 万元以下的罚款,情节严重的,处 1 万元以上 5 万元以下的罚款:(1)提供虚假资料,不如实反映情况,或者拒绝提供有关资料的;(2)拒绝或者阻止税务机关记录、录音、录像、照相和复制与案件有关的情况和资料的;(3)在检查期间,纳税人、扣缴义务人转移、隐匿、销毁有关资料的;(4)有不依法接受税务检查的其他情形的。

8.纳税人其他违反税款征收行为的法律责任

对于纳税人非法印制发票的,由税务机关销毁非法印制的发票,没收违法所得和作案工具,并处 1 万元以上 5 万元以下的罚款;构成犯罪的,依法追究刑事责任。

从事生产、经营的纳税人、扣缴义务人有《税收征收管理法》规定的税收违法行为,拒不接受税务机关处理的,税务机关可以收缴其发票或者停止向其发售发票。

9.扣缴义务人的法律责任

扣缴义务人违反其法定义务同样需要承担相应的法律责任,主要包括:

(1)未按规定设置、保管扣缴税款的账簿、凭证的行为及其法律责任

扣缴义务人未按规定设置、保管代扣代缴、代收代缴税款账簿或者保管代扣代缴、代收代缴税款计账凭证及有关资料的,由税务机关责令限期改正,可处以 2000 元以下的罚款;情节严重的,处以 2000 元以上 5000 元以下的罚款。

(2)未按规定期限报送扣、收缴款报告表的行为及法律责任

扣缴义务人未按规定的期限向税务机关报送代扣代缴、代收代缴税款报告表和有关资料的,由税务机关责令限期改正,可以处以 2000 元以下的罚款;情节严重的,可以处以 2000 元以上 1 万元以下的罚款。

（3）不缴或少缴已扣已收税款的行为及法律责任

扣缴义务人伪造、变造、隐匿、擅自销毁账簿、记账凭证，或者在账簿上多列支出或者不列、少列收入，不缴或者少缴已扣、已收税款，由税务机关追缴其不缴或者少缴的税款、滞纳金，并处不缴或者少缴的税款 50% 以上 5 倍以下的罚款；构成犯罪的，依法追究刑事责任。

（4）在规定期限内不缴或少缴应解税款的行为及法律责任

扣缴义务人在规定期限内不缴或者少缴应解税款，经税务机关责令限期缴纳，逾期仍未缴纳的，税务机关除依照《税收征收管理法》第 40 条的规定采取强制执行措施追缴其不缴或者少缴的税款外，可以处不缴或者少缴的税款 50% 以上 5 倍以下的罚款。

（5）未履行代扣、代收税款义务的行为及法律责任

扣缴义务人应扣未扣、应收而不收税款的，由税务机关向纳税人追缴税款，对扣缴义务人处应扣未扣、应收未收税款 50% 以上 3 倍以下的罚款。

（6）不配合税务机关依法检查的行为及法律责任

扣缴义务人逃避、拒绝或者以其他方式阻挠税务机关检查的，由税务机关责令改正，可以处 1 万以下的罚款；情节严重的，处 1 万以上 5 万以下的罚款。

10. 税务机关及其工作人员的法律责任

税务机关及其工作人员的权利与义务体现为职权和职责。国家法律赋予税务机关的征税权既是国家行政权力的组成部分，具有强制力，也是每个税务人员都必须履行的法定义务，是维护国家的税收利益和纳税人合法权益的有效手段。在税收征管的工作中，税务机关所具有的征税权必须依法行使，且这种权力不能由行使机关自由地放弃或是转让，否则不仅会使国家的利益受损，同时还会严重损害税务机关在社会上的形象，造成不良的影响。为了规范税务人员的行为，《税收征收管理法》第 9 条还规定："税务机关应当加强队伍建设，提高税务人员的政治业务素质。税务机关、税务人员必须秉公执法，忠于职守，清正廉洁，礼貌待人，文明服务，尊重和保护纳税人、扣缴义务人的权利，依法接受监督。税务人员不得索贿受贿、徇私舞弊、玩忽职守、不征或者少征应征税款；不得滥用职权多征税款或者故意刁难纳税人和扣缴义务人。"对于税务机关和税务人员的违法行为必须严惩，为了确保有法必依，《税收征收管理法》还专门规定了税务机关及其工作人员的相关法律责任，具体承担责任如下：

（1）擅自改变税务管理范围的法律责任

税务机关违反规定擅自改变税收征收管理范围和税款入库预算级次的，

责令限期改正,对直接负责的主管人员和其他直接责任人员依法给予降级或者撤职的行政处分。

（2）不向司法机关移送涉税案件的行为及法律责任

纳税人、扣缴义务人有本法第63条、第65条、第66条、第67条、第71条规定的行为涉嫌犯罪的,税务机关应当依法移交司法机关追究刑事责任。

税务人员徇私舞弊,对依法应当移交司法机关追究刑事责任的不移交,情节严重的,依法追究刑事责任。

（3）查封、扣押纳税人及其所扶养家属住房和日用品行为的法律责任

税务机关、税务人员查封、扣押纳税人个人及其所扶养家属维持生活必需的住房和用品的,责令退还,依法给予行政处分;构成犯罪的,依法追究刑事责任。

（4）税务机关与纳税人、扣缴义务人共同犯罪的行为及法律责任

税务人员与纳税人、扣缴义务人勾结,唆使或者协助纳税人、扣缴义务人有本法第63条、第65条、第66条规定的行为,构成犯罪的,依法追究刑事责任;尚不构成犯罪的,依法给予行政处分。

（5）受贿行为的法律责任

税务人员利用职务上的便利,收受或者索取纳税人、扣缴义务人财物或者谋取其他不正当利益,构成犯罪的,依法追究刑事责任;尚不构成犯罪的,依法给予行政处分。

（6）贪污行为的法律责任

税务人员私分扣押、查封的商品、货物或者其他财产,情节严重,构成犯罪的,依法追究刑事责任;尚不构成犯罪的,依法给予行政处分。

（7）渎职行为及法律责任

税务人员徇私舞弊或者玩忽职守,不征或者少征应征税款,致使国家税收遭受重大损失,构成犯罪的,依法追究刑事责任;尚不构成犯罪的,依法给予行政处分。

税务人员滥用职权,故意刁难纳税人、扣缴义务人的,调离税收工作岗位,并依法给予行政处分。

税务人员对控告、检举税收违法违纪行为的纳税人、扣缴义务人以及其他检举人进行打击报复的,依法给予行政处分;构成犯罪的,依法追究刑事责任。

（8）违反规定征收税款的行为及法律责任

税务人员违反法律、行政法规的规定,故意高估或者低估农业税计税产量,致使多征或者少征税款,侵犯农民合法权益或者损害国家利益,构成犯罪

的,依法追究刑事责任;尚不构成犯罪的,依法给予行政处分。

违反法律、行政法规的规定提前征收、延缓征收或者摊派税款的,由其上级机关或者行政监察机关责令改正,对直接负责的主管人员和其他直接责任人员依法给予行政处分。

违反法律、行政法规的规定,擅自作出税收的开征、停征或者减税、免税、退税、补税以及其他同税收法律、行政法规相抵触的决定的,除依照本法规定撤销其擅自作出的决定外,补征应征未征税款,退还不应征收而征收的税款,并由上级机关追究直接负责的主管人员和其他直接责任人员的行政责任;构成犯罪的,依法追究刑事责任。

(9)未按规定进行回避的行为及法律责任

税务人员在征收税款或者查处税收违法案件时,未按照本法规定进行回避的,对直接负责的主管人员和其他直接责任人员,依法给予行政处分。

(10)违反保密规定行为的法律责任

未按照《税收征收管理法》规定为纳税人、扣缴义务人、检举人保密的,对直接负责的主管人员和其他直接责任人员,由所在单位或者有关单位依法给予行政处分。

(11)行政违法行为追究行政责任的时效

违反税收法律、行政法规应当给予行政处罚的行为,在五年内未被发现的,不再给予行政处罚。

第四节　环境税的刑事法律责任

一、环境税刑事法律责任的概念

刑事责任是指行为人因违反了国家刑事法律所禁止的规定实施犯罪行为,依法应当向国家担负刑事后果的义务。[①] 所谓环境税刑事责任就是行为了违反了环境税相关的法律规范,情节严重,构成犯罪的,由国家司法机关对其进行刑罚。根据《中华人民共和国刑法》第三章第六节"危害税收征管罪"关

---

① 张文等:《刑事责任要义》,北京大学出版社1997年版,第40页。

于税收刑事法律责任的规定,狭义上的税收刑事责任主要是指纳税主体违反税收法律法规所应承担的刑事法律责任,而广义上的税收刑事责任则还包括了征税主体在进行税收管理过程中因职务犯罪而应承担的刑事法律责任。环境税刑事责任是对环境税违法行为的最为严厉的制裁,是国家运用刑事手段调整有关环境税所保护的法律关系的具体表现形式。从上述定义可知,确定某种行为是否应承担刑事责任,必须根据《刑法》和环境税的相关法律规范规定。

二、环境税刑事法律责任的构成要件

具备犯罪构成要件是行为人承担刑事责任的依据。环境税刑事责任的犯罪构成要件同一般的犯罪构成没有实质层面上的区别,但有其自身的一些特点。

(一)犯罪主体

环境税的犯罪主体包括违反环境税的相关法律规定的单位和个人,打破了"个人刑罚观",即只处罚自然人的界限。根据《刑法》第 30 条的规定,其中"单位"主要包括公司、企业、事业单位、机关和社会团体。"个人"是指达到法定年龄并具有责任能力的我国公民。单位犯罪的,处以罚金,并对其直接责任人依法进行处罚。

(二)犯罪客体

犯罪的客体是指受到我国《刑法》保护,为犯罪行为所侵犯的利益与价值。确定了犯罪的客体,很大程度上就可以确定行为人触犯的是什么罪以及危害的程度。环境税的犯罪客体是为我国环境税相关法律规范所保护的税收秩序,主要表现为环境税收的犯罪侵害了国家有关的税收管理、税款征收、税收检查等税收征管制度以及征税人员的人身权利。

(三)犯罪的主观方面

环境税犯罪的主观方面指犯罪主体在实施犯罪行为时所具备的心理状态,包括故意和过失,这也是犯罪的主观方面的构成要件。一般来说,环境税犯罪的主观方面表现为故意,且多为直接故意,以逃避缴纳税款或者谋取非法利益作为目的,过失的情况只有法律特别规定的情况下才成立。

有关故意的认定不论是从理论上还是实践上都是比较复杂的问题,例如下列情况可以推定为故意,包括制作不实的账簿,改变凭证、账簿或会计记录,隐匿资产或掩饰所得来源,回避制作交易记录等行为。由于环境税收的特殊性,在认定过错时应以涉案行为人的个别注意能力为准。日本学者北野弘久也主张偷税罪中的故意是指概括性故意,并以个别性认识为标准。

(四)犯罪的客观方面

犯罪的客观方面是《刑法》规定的,是指行为人成立犯罪所应当具备的客观事实,是行为人主观犯罪心理活动的客观化。其行为具有危害社会的后果,主要包括危害行为、危害结果、刑法因果关系等。犯罪的客观方面是区分罪与非罪的重要依据,如果不具备犯罪的客观方面的要件,就失去了构成犯罪的客观基础。对任何犯罪来说,仅有思想而没有将思想事实化自然不成立犯罪,危害行为的有无是犯罪成立与否的标志,无行为则无犯罪。同时,犯罪的客观方面是量刑的重要依据,就环境税的犯罪而言,不同的犯罪其客观方面的要件不同,从而对社会的危害性程度也不同。环境税犯罪的客观方面就是行为人触犯了刑法,实施了违反国家环境税的相关法律规范规定的行为的客观事实。一般情况,犯罪行为包括作为与不作为两种,环境税的犯罪都是积极的作为犯。危害发票管理的犯罪是行为犯,不以实际发生逃避缴纳税款为结果要件;而危害环境税款征收的犯罪则是结果犯,其必须发生实际的危害后果才能构成犯罪既遂。例如逃税罪就是以已逃税为条件的结果犯,其既遂是从法定申报期经过时起成立,即便在法定申报期限前已实施了带有违纪行为的过少申报,但未过时点则不能成立逃税罪。

三、环境税刑事法律责任的相关罪名及其处罚

《刑法》分则第三章"破坏社会主体市场经济秩序罪"中专门设立了"危害税收征管罪"一节,结合《刑法修正案(九)》的规定,违法环境税的具体罪名主要如下:

(一)逃税罪

逃税罪是指环境税的纳税人、扣缴义务人故意违反《税收征收管理法》的规定,采取欺骗、隐瞒的手段进行虚假纳税申报或不申报,不缴或者少缴已扣已收税款,数额较大且情节严重的行为。逃税罪的主体是特殊主体,既包括负有纳税义务和扣缴义务的个人,还包括国有、集体、私有企事业等单位,既可以是中国公民也可以是外国公民,没有纳税义务的公民与纳税人、扣缴义务人勾结,以逃税罪共犯论处。本罪的主观方面是出于直接的故意,即行为人如果没有主观的故意和非法获利的目的,如过失行为,就不构成逃税罪。

根据《刑法》第 201 规定,纳税人逃避缴纳税款或扣缴义务人不缴或者少缴已扣已收税款,数额较大且占应纳税额 10% 以上的,处 3 年以下有期徒刑或者拘役,并处罚金;数额巨大并且占应纳税额 30% 以上的,处 3 年以上 7 年

以下有期徒刑,并处罚金。对多次实施前两款行为,未经处理的,按照累计数额计算。有逃避缴纳税款行为的,经税务机关依法下达追缴通知后,补缴应纳税款,缴纳滞纳金,已受行政处罚的,不予追究刑事责任;但是,5年内因逃避缴纳税款受过刑事处罚或者被税务机关给予2次以上行政处罚的除外。

根据《刑法》第211条的规定,单位犯本罪的,对单位判处罚金,并对其直接负责的主管人员和其他直接责任人员,依照本罪的规定处罚。

(二)抗税罪

抗税罪是指环境税的负有纳税义务或者代扣代缴、代收代缴义务的个人以暴力、威胁的方法拒不缴纳应缴税款的行为,是故意违反环境税的相关法律法规。抗税罪的主体为负有纳税义务和扣缴税款义务的个人,企业事业单位不能成为抗税罪的主体,单位犯本罪的,应由其直接责任人或是直接负责的主管人员承担刑事责任。其犯罪客体是复杂客体,不仅侵犯了国家环境税相关的法律规范,还侵犯了执行征税职务活动的税务人员的人身权利。主观方面表现为直接的故意或者是非法的获利目的,客观方面是以暴力、威胁等手段拒不缴纳税款的行为。

抗税罪与逃税罪不同,主要表现在三个方面:第一,犯罪主体的构成要件不同。抗税罪的主体只能由个人或是单位的直接责任人员构成,而逃税罪的主体既可以是单位也可以是个人,也包括单位的直接主管人员和其他负责人。第二,客观方面不同。抗税罪表现的是税务人员进行依法征税时,义务人对其使用暴力或威胁的手段拒不缴纳税款;而逃税罪则表现为采取虚假的手段,如伪造、变造、隐匿、擅自销毁账簿等手段,欺骗税务机关,进而不缴或少缴应缴税款。第三,犯罪的标准不同。抗税罪中只要行为人实施了暴力、威胁的手段拒不缴纳税款即可构成犯罪,而逃税罪中行为人的偷税行为必须达到情节严重才能构成犯罪。

对于抗税罪的处罚,根据《刑法》第202条的规定,针对情节轻重有不同的处理。对于情节轻的,处3年以下有期徒刑或者拘役,并处拒缴税款1倍以上5倍以下的罚金。对于情节严重,有下列行为的,处3年以上7年以下有期徒刑,并处拒缴税款1倍以上5倍以下罚金:一是聚众抗税的首要分子;二是抗税数额在10万元以上的;三是多次抗税的;四是故意伤害致人轻伤的;五是具有其他严重情节的。实施抗税行为致人重伤、死亡的,构成犯罪的,按照故意伤害罪、故意杀人罪定罪处罚。

根据《刑法》第211条的规定,单位犯本罪的,对单位判处罚金,并对其直接负责的主管人员和其他直接责任人员,依照本罪的规定处罚。

(三)逃避追缴欠税罪

关于逃避追缴欠税罪的犯罪构成,本罪的主体是欠税人,主观方面是故意的,并以逃避追缴欠税为目的。客观方面可以总结为四点:首先,构成本罪的前提是必须要有欠税的事实。如果行为人不欠税,就谈不上追缴。其次,行为人必须要有实际的逃避行为,如提走存款、转移开户行、运走商品、隐匿存货等,如果只是行为人逃走藏匿起来,而没有对财产进行转移、隐匿,则不构成逃避追缴欠税罪。再次,行为人达成最终目的,致使税务机关无法追缴其欠缴的税款。最后,行为人逃避追缴的税额应达到法定量刑的标准,即1万元以上。

根据《刑法》第203条的规定,逃避追缴欠税款使税务机关无法追缴欠缴的税款,税款数额在1万元以上不满10万元的,处3年以下有期徒刑或者拘役,并处或者单处欠缴1倍以上5倍以下罚金;数额在10万元以上的,处3年以上7年以下有期徒刑,并处欠缴税款1倍以上5倍以下的罚金。单位犯逃避欠税罪的,对单位判处罚金,并对其直接负责的主管人员和其他直接责任人员依照上述规定进行处罚。被判处罚金,没收财产的,在执行前,应当先由税务机关追缴税款。

(四)骗取出口退税罪

骗取出口退税罪是指故意违反环境税收法律规范,以假报出口或者其他欺骗的手段,骗取国家出口退税款,数额较大的行为。

根据《刑法》第204条的规定,本罪有三个量刑档次:(1)以假报出口或者其他欺骗手段、骗取国家出口退税款,数额较大的,处5年以下有期徒刑或者拘役,并处骗取税款1倍以上5倍以下罚金;(2)数额巨大或者有其他严重情节的,处5年以上10年以下有期徒刑,并处骗取税款1倍以上5倍以下罚金;(3)数额特别巨大或者有其他特别严重情节的,处10年以上有期徒刑或者无期徒刑,并处骗取税款1倍以上5倍以下罚金或者没收财产。

纳税人缴纳税款后,采取上述欺骗的方法,骗取所缴纳的税款的,依逃税罪处罚;骗取税款超过所缴纳的税款部分,依照本罪的规定处罚。

根据《刑法》第211条的规定,单位犯骗取出口退税罪的,对单位判处罚金,并对其直接负责的主管人员和其他直接责任人员依照上述的规定进行处罚。被判处罚金、没收财产的,在执行前,应当先由税务机关追缴行为人所骗取的出口退税款。

(五)虚开增值税专用发票、用于骗取出口退税、抵扣税款发票罪

虚开增值税专用发票、用于骗取出口退税、抵扣税款发票罪是作为一种典型的经济犯罪,是指虚开增值税专用发票或者虚开用于骗取出口退税、抵扣税

款的其他发票的行为。有为他人虚开、为自己虚开、让他人为自己虚开、介绍他人虚开行为之一的都构成本罪。

虚开增值税专用发票或者虚开用于骗取出口退税、抵扣税款的其他发票的,处 3 年以下有期徒刑或者拘役,并处 2 万元以上 20 万元以下罚金;虚开的税款数额较大或者有其他严重情节的,处 3 年以上 10 年以下有期徒刑,并处 5 万元以上 50 万元以下罚金;虚开的税款数额巨大或者有其他特别严重情节的,处 10 年以上有期徒刑或者无期徒刑,并处 5 万元以上 50 万元以下罚金或者没收财产。单位犯本罪的,对单位判处罚金,并对其直接负责的主管人员和其他直接责任人员,处 3 年以下有期徒刑或者拘役;虚开的税款数额较大或者有其他严重情节的,处 3 年以上 10 年以下有期徒刑;虚开的税款数额巨大或者有其他特别严重情节的,处 10 年以上有期徒刑或者无期徒刑。

(六)虚开其他发票罪

虚开其他发票罪是指虚开除了增值税专用发票、用于骗取出口退税、抵扣税款发票外的其他发票,情节严重的行为。

关于虚开其他发票罪的处罚,情节严重的,处 2 年以下有期徒刑、拘役或者管制,并处罚金;情节特别严重的,处 2 年以上 7 年以下有期徒刑,并处罚金。单位犯本罪的,对单位判处罚金,并对其直接负责的主管人员和其他直接责任人员,依照上述的规定处罚。

(七)伪造、出售伪造的增值税专用发票罪

伪造、出售伪造的增值税专用发票罪是指行为人明知无权制造或销售伪造的增值税专用发票而有意非法印制、复制或者使用其他方法伪造增值税专用发票或者非法销售、倒卖伪造的增值税发票的行为。

伪造或者出售伪造的增值税专用发票的,处 3 年以下有期徒刑、拘役或者管制,并处 2 万元以上 20 万元以下罚金;数量较大或者有其他严重情节的,处 3 年以上 10 年以下有期徒刑,并处 5 万元以上 50 万元以下罚金;数量巨大或者有其他特别严重情节的,处 10 年以上有期徒刑或者无期徒刑,并处 5 万元以上 50 万元以下罚金或者没收财产。单位犯本罪的,对单位判处罚金,并对其直接负责的主管人员和其他直接责任人员,处 3 年以下有期徒刑、拘役或者管制;数量较大或者有其他严重情节的,处 3 年以上 10 年以下有期徒刑;数量巨大或者有其他特别严重情节的,处 10 年以上有期徒刑或者无期徒刑。

(八)非法出售增值税专用发票罪

非法出售增值税专用发票罪是指行为人违反国家有关发票管理法规,故意非法出售增值税专用发票,牟取非法利益的目的的行为。

非法出售增值税专用发票的,处 3 年以下有期徒刑、拘役或者管制,并处 2 万元以上 20 万元以下罚金;数量较大的,处 3 年以上 10 年以下有期徒刑,并处 5 万元以上 50 万元以下罚金;数量巨大的,处 10 年以上有期徒刑或者无期徒刑,并处 5 万元以上 50 万元以下罚金或者没收财产。

根据《刑法》第 211 条的规定,单位犯有本罪的,对单位判处罚金,并对其直接负责的主管人员和其他直接责任人员按上述规定处罚。

(九)非法购买增值税专用发票、购买伪造的增值税专用发票罪

非法购买增值税专用发票、购买伪造的增值税专用发票罪是指行为人违反国家发票管理法规,非法购买增值税专用发票,或者购买伪造的增值税专用发票的行为。

非法购买增值税专用发票或者购买伪造的增值税专用发票的,处 5 年以下有期徒刑或者拘役,并处或者单处 2 万元以上 20 万元以下罚金。

根据《刑法》第 211 条的规定,单位犯有本罪的,对单位判处罚金,并对其直接负责的主管人员和其他直接责任人员按上述规定处罚。非法购买增值税专用发票或者购买伪造的增值税专用发票又虚开或者出售的,分别依虚开增值税专用发票、用于骗取出口退税、抵扣税款发票罪,伪造、出售伪造的增值税专用发票罪,非法出售增值税专用发票罪的规定定罪处罚。

(十)非法制造、出售非法制造的用于骗取出口退税、抵扣税款发票罪

非法制造、出售非法制造的用于骗取出口退税、抵扣税款发票罪,是指行为人违反发票管理法规,伪造、擅自制造或者出售伪造、擅自制造的可以用于骗取国家税款的非专用发票的行为。

根据《刑法》第 209 条的规定,本罪有三个量刑档次:(1)伪造、擅自制造或者出售伪造、擅自制造的可以用于骗取出口退税、抵扣税款的其他发票的,处 3 年以下有期徒刑、拘役或者管制,并处 2 万元以上 20 万元以下罚金;(2)数量巨大的,处 3 年以上 7 年以下有期徒刑,并处 5 万元以上 50 万元以下罚金;(3)数量特别巨大的,处 7 年以上有期徒刑,并处 5 万元以上 50 万元以下罚金或者没收财产。

根据《刑法》第 211 条的规定,单位犯有本罪的,对单位判处罚金,并对其直接负责的主管人员和其他直接责任人员按上述规定处罚。

(十一)非法制造、出售非法制造的发票罪

非法制造、出售非法制造的发票罪是指违反发票管理法规,伪造、擅自制造不能用于出口退税、抵扣税款的发票,以及出售伪造、擅自制造的不能用于出口退税、抵扣税款的发票的行为。

伪造、擅自制造或者出售伪造、擅自制造的前款规定以外的其他发票的，处 2 年以下有期徒刑、拘役或者管制，并处或者单处 1 万元以上 5 万元以下罚金；情节严重的，处 2 年以上 7 年以下有期徒刑，并处 5 万元以上 50 万元以下罚金。

(十二)非法出售用于骗取出口退税、抵扣税款发票罪

非法出售用于骗取出口退税、抵扣税款发票罪是指违反国家税收管理法规，非法出售可以用于骗取出口退税、抵扣税款的发票的行为。

非法出售可以用于骗取出口退税、抵扣税款的其他发票的，处 3 年以下有期徒刑、拘役或者管制，并处 2 万元以上 20 万元以下罚金；数量巨大的，处 3 年以上 7 年以下有期徒刑，并处 5 万元以上 50 万元以下罚金；数量特别巨大的，处 7 年以上有期徒刑，并处 5 万元以上 50 万元以下罚金或者没收财产。单位犯有本罪的，对单位判处罚金，并对其直接负责的主管人员和其他直接责任人员按上述规定处罚。

(十三)持有伪造的发票罪

持有伪造的发票罪是指明知是伪造的发票而持有，并且数量较大的行为。

明知是伪造的发票而持有，数量较大的，处 2 年以下有期徒刑、拘役或者管制，并处罚金；数量巨大的，处 2 年以上 7 年以下有期徒刑，并处罚金。单位犯本罪的，对单位判处罚金，并对其直接负责的主管人员和其他直接责任人员，依照上述的规定处罚。

思考题：

1.环境税法律责任的构成要件有哪些？请具体阐述。

2.环境税的主体因违反其法律义务而应当依法承担的具有强制性否定性法律后果，按其性质可以分为哪几类？

3.环境税的行政违法行为是否需要以主观过错为要件？请简要阐明理由。

第六章　环境税法律体系

第一节　概述

　　环境税法律制度在历史上的发展可分为三个阶段:第一阶段为20世纪50年代至20世纪80年代,此期间内主要以"零敲碎打"式即以应对新环境问题的环境税制度取代或补充以往的规章制度进行构建。[①] 1972年经合组织环境委员会提出的"污染者付费原则"(Polluter Pays Principle),对污染物或污染行为征税。例如,瑞典于1957年征收能源税,丹麦于1978年针对电、重燃油进行征税。为应对1973年石油危机,1977年丹麦政府以石油产品、电和天然气为征税对象征收普通能源消费税,同时顾及国家经济竞争力和当地人员就业率,除汽车燃油外,所有注册缴纳增值税的企业免除能源税等。第二阶段为20世纪80年代至20世纪90年代,该时期环境税的内涵更加丰富,征收范围也不断扩大,包括排污税、产品税、能源税、二氧化硫税、绿色环保税等多项特指税种。具体表现为:美国于1971年提出有关全国范围内对向环境排放硫化物征税议案,并于1978年建议对一氧化硫和一氧化氮排放征税;德国于1985年引入二氧化硫税等。第三阶段为20世纪90年代至今,环境税制改革继续进行,以北欧国家为代表的发达国家采用囊括方法不断深化和完善有关环境税法律制度,具有相当成熟的规范。各国因具体经济情况、技术发展水平、面临环境问题等方面有所不同,环境税设置与构建呈现综合多样化态势。例如,美国形成以损害臭氧层化学品消费税、汽油税、开采税、环境收入税等一系列环境税制度,比利时1993年颁布《生态税法》。

---

　　① 李传轩:《中国环境税法律制度之构建研究》,法律出版社2011年版,第131页。

环境税法律体系,是指构成环境税法全部内容的各种规范的有机体。从法律渊源来看,可以按横向即根据调整对象不同和纵向即效力层级不同来划分。以横向角度划分,环境税法可分为环境税实体法和环境税程序法。环境税实体法是指具体制定环境税种的法律制度,环境税程序法则是指调整国家和纳税人及其他当事人之间税务登记、纳税申报、税款征收、税务检查等征纳程序的法律制度。以纵向角度划分,环境税法律体系是由含有与环境税相关的法律、行政法规、行政规章、地方性法规构成的综合体。

本章节选择纵向划分角度,从宪法中关于环境税之规定、基本法律、行政法规、部门规章、地方性法规,对比他国相应做法,阐述并介绍环境税法律体系。

第二节　宪法中环境税的相关规定

一、环境费用相关的税收宪法规定

《中华人民共和国环境保护税法》(2016 年 12 月 25 日第十二届全国人民代表大会常务委员会第二十五次会议通过)的制定与颁布,离不开根本大法宪法所奠定的基础。环境保护税作为一种新型税种,不可能凭空开设,因此要从宪法上追溯其征收的渊源,即挖掘在宪法中与环境费用相关的税收规定。《中华人民共和国宪法》(2018 年 3 月 11 日第十三届全国人民代表大会第一次会议通过《中华人民共和国宪法修正案》修正)是我国的根本大法。宪法规定着一个国家的性质、国家的根本任务、国家机构设置、基本制度等有关该国家社会关系中最基本最根本的内容,具有宏观性、根本性、全面性。在税收问题上,我国宪法第 13 条规定:"公民的合法的私有财产不受侵犯。国家依照法律规定保护公民的私有财产权和继承权。"但却在 56 条中明确规定"公民有依照法律纳税的义务"。这其实是"税收法定主义"的重要体现。税收法定主义具体包括课税要素法定性、课税要素明确性和课税程序合法性。税是对公民财产权的严重限制,如果没有法律明确规定,是不可以侵犯公民的合法私有财产,国家征税必须要有法律依据。在税收法定主义之下,环境税法定主义不仅包括环境税的设立和征收管理,还包括环境税收的使用。

在其他国家的宪法中也有着与税收相关的条文。《美利坚合众国宪法》第

1条采用列举的方式规定美国国会的征税权,并确定国会为征收税金、关税、捐税和消费税的有权制定者。而1913年颁布的宪法第16条修正案扩大了联邦议会课税范围,不再限制于与宪法规定的人口调查或统计相关的人口税和其他直接税,有权征收各项来源的所得税且无须各个州平均分派,这对后期开辟环境税新税种提供了宪法上的支持。德国基本法在第十章"财政"中对于税收进行详尽的规定。第105条规定确认地方性消费税与交易税的立法权属于各邦,赋税收入全部或部分归于联邦或有第72条第2项情形,即"在联邦领域内建立等值之生活关系,或者是在整体国家利益下为维护法律与经济之统一,而认为以联邦法律规范为必要者",各邦享有共同立法权,剩余税收全部或一部分归于各邦的联邦法律需要经过参议院批准同意。结合第106条,德国联邦则具有在关税及财政专卖上的专属立法地位,专卖收入及多项税收应归联邦,但在一定的税收范围内各邦也具有支配权。该条文进一步划分联邦财政机关和各邦财政机关之间的财政管理权和财政机关人员组织上的权力,在保障联邦财政税收稳定的前提下,增加各邦征税与税收管理的灵活度。日本宪法在财政税收方面确立了以国会决议为准的财政处理基本原则。在第84条规定:"新课租税,或变更现行租税,必须有法律或法律规定之条件作依据。"明确开征新型税种环境税需要法律或与之相关的依据。环境税征收的范围与各地方所暴露的环境问题息息相关,不同地区对环境税的起征额度也会因环境问题的严重程度不同而有所差异。第94条规定:"地方公共团体有管理财产、处理事务以及执行行政的权能,得在法律范围内制定条例。"日本宪法赋予地方公共团体制定条例的灵活空间。

但我国宪法中并未有像德国基本法那样的对于财政税收具体详尽的规定,也未有像日本国宪法那样的对地方财政管理的要求。环境税的设立征收管理程序和中央与地方税收使用分配在宪法层面上还是空白,宪法主要凸显公民依法纳税的义务。

二、环境费用相关的环境保护宪法规定

《环境保护税法》第1条明确规定:"为了保护和改善环境,减少污染物排放,推进生态文明建设,制定本法。"由此可见,增设环境保护税种的目的在于保护和改善环境,促进生态文明。保护和改善环境的目标并不是从《环境保护税法》中才开始设定,早在宪法中就有与之相关的内容。也正是母法层面给予"环境保护"相当充分的肯定,才有了契合"环境保护"目标的环境保护税的开征。我国宪法第9条规定:"矿藏、水流、森林、山岭、草原、荒地、滩涂等自然资

源,都属于国家所有,即全民所有;由法律规定属于集体所有的森林和山岭、草原、荒地、滩涂除外。国家保障自然资源的合理利用,保护珍贵的动物和植物。禁止任何组织或者个人用任何手段侵占或者破坏自然资源。"

在域外视野下,各国也有与环境费用相关的环境保护方面的规定。美国宪法于 1787 年制定,当时的社会历史条件下尚未爆发严重的环境问题,所以在宪法中并未制定与环境相关的权利义务内容,并且此后 27 次的宪法修正案也均未涉及。在州宪法层面上,有关环境与自然资源保护的内容不再隐晦,很多州都直接规定与环境保护息息相关的内容,例如提高环境质量、维护公民环境权、保护和有效利用自然资源等。《纽约州宪法》第 14 条规定:"本州的政策应当是维持和保护自然资源与优美的景观,以及鼓励农用地的发展和改善……立法在执行这项政策的时候,应当通过适当的条款来减轻空气和水污染以及过量的和不必要的噪音……"。《蒙大拿州宪法》第 2 条规定:"所有人生而自由,享有某些不可剥夺的权利,包括清洁、健康的环境权;追求基本生活条件的权利;享有和保护自身生命和自由不受侵犯的权利;获取、占有和保护财产;通过一些合法途径寻求安全、健康和幸福。在享受这些权利的同时,所有人也负有相应的义务"。《宾夕法尼亚州宪法》第 1 条规定:"人们有权享受清洁的空气、纯净的水,以及保护环境自然的、景观的、历史的和美学的价值。宾夕法尼亚州的公共自然资源是全体人民包括未来世代人的公有财产。作为这些资源的受托人,州政府应当为所有人的利益维持和保护这些资源。"这些州宪法直接阐明每个公民都享有在良好环境之中生活的合理利用自然资源的权利即环境权,各州都有维护自然资源的义务,为后期环境税征收打下宪法基石。德国基本法第 20 条规定:"……第二十条之一,国家为将来之世世代代,负有责任以立法,及根据法律与法之规定经由行政与司法,于合宪秩序范围内保障自然之生活环境",较为明确、直接地指出宪法制定的目的要充分考虑到关乎人类生存的自然环境的改善,保证代际公平,保障子孙后代享有良好生存环境的权利。世界十大公害事件中有四件发生在日本,分别是四日市哮喘病事件(1961 年)、水俣病事件(1953—1956 年)、富山痛痛病事件(1955—1972年)、爱知米糠油事件(1968 年)。伴随着这一系列公害问题的爆发,日本宪法在对基本人权的保护的基础上也增加了环境保护的规定。第 11 条规定:"国民享有的一切基本人权不能受到妨碍。本宪法所保障的国民的基本人权,作为不可侵犯的永久权利,现在及将来均赋予国民。"这里的"不可侵犯"包括对享有良好生存环境的权利的不可侵犯。在第 13 条中"追求幸福权"也包括追求健康舒适的环境,保证人类予以生存和发展的社会物质基础条件。第 25 条不仅从公民角度强调公民拥有的生存权,更从国家义务角度强调国家须对改善社会环境、保护生态环境而有所作为。环境税作为一项基于环境保护目的而征收的税收或采取的相关措施,需要国家"挺身而出"才能有效推行,才能发挥环境税促进社会可持续发展的实际作用。

与美国、德国、日本宪法规定不同,我国宪法直接将"国家"作为代表全民享有自然资源所有权的主体,有责任保障自然资源合理使用。任何个人和组织有污染、破坏环境的行为都将侵犯到国家的权利即全民的权利,污染、破坏者必须承担污染破坏的相应责任。宪法第 14 条规定:"国家合理安排积累和消费,兼顾国家、集体和个人的利益,在发展生产的基础上,逐步改善人民的物质生活和文化生活",第 26 条规定:"国家保护和改善生活环境和生态环境,防治污染和其他公害。"这点同前述三个国家的宪法规定相似,都是从国家义务的角度表明国家必须采取一系列手段措施解决污染问题、提升生活环境质量,优化生态环境。《蒙大拿州宪法》《夏威夷州宪法》等宪法都将"环境权"作为一项公民基本权利确定下来,但与上述宪法相比,学界一般认为根据我国宪法第 9 条、第 10 条、第 22 条和第 26 条的规定难以得出宪法中含有公民环境权的结论,在这一点上我们国家宪法需要改进,不能仅仅是宣示性质的环境权,而应将环境权内容放入"权利与义务"章节中,让环境权具有诉讼上的意义。环境权的确认,对于重新审视环境税的理念、结构和具体内容,构建环境税法律制度具有重要意义。

第三节　基本法律中环境税的相关规定

一、有关环境保护的基本法律

(一)环境保护法

为了实现社会经济和环境保护的协调发展,促进可持续发展并建设生态文明,2014 年修订出台的《中华人民共和国环境保护法》(2014 年 4 月 24 日第十二届全国人民代表大会常务委员会第八次会议修订),自 2015 年 1 月 1 日起施行。该法由总则、监管管理、保护和改善环境、防治污染和其他公害、信息公开和公众参与、法律责任以及附则共 7 章组成。在我国环保法中,确认保护环境的基本国策,采用排污许可管理制度、排污费缴纳制度,并明确环境保护的基本原则,即保护优先、预防为主、综合治理、公众参与、污染者担责。对于排污费的用途,环境保护法也有着明确严格的规定,在第 43 条规定排污费的缴纳主体、用途以及其与环境税的关系。第 21 条以及第 22 条都明确国家有权采用税收、财政、价格等一系列手段,鼓励支持环保技术和环保产业的发展,对符合污染物排放要求并进一步减少污染的企事业单位、其他生产经营者予以相关优惠,从而有效引导社会资源合理综合利用,达到保护环境的最终目的。环境保护也依赖于地方政府职能的发挥,各级地方人民政府是本行政区内环境质量的责任主体。第 8 条规定在财政投入方面,应在保护改善环境、防治污染和其他公害上倾斜,同时提高财政资金投入产出比。这些规定在法律上确认地方政府在环境保护上的责任和义务。地方政府是环境管理和保护、环境税征收的直接责任主体,相应地,环境税收入也应纳入地方政府财政范围,既符合法律规定也更有效率。

(二)环境影响评价法

环境影响评价制度是指在某项人为活动开始实施的前期,分析、预测、评估该活动可能造成的环境影响,并提出相应的预防或者减轻不良环境影响解决的措施和问题的对策,这一法律制度最先由美国《国家环境政策法》制定。《中华人民共和国环境影响评价法》于 2016 年 7 月 2 日重新修订,这正是贯彻可持续发展战略的重大体现。通过预防实施规划和建设项目在环境方面产生的负面影响,从而保证经济、社会和环境相协调。此外,在环境影响评价制度上也提出更高的要求。首先是完善基础数据库和构建评价指标体系,其次是加强对环境影响评价方法、技术规定方面的科学研究,最后是构建完备的环境影响评价信息共享制度,从而提高并保证环境影响评价的科学性。

环境税作为实现环境保护目的而开设的特定税种,怎么征税、从哪征税、征多少税都需要相关基础信息的汇总和分析,而环境影响评价的基础数据库和评价指标体系能够满足上述的要求。

(三)水污染防治法

2008 年 6 月 1 日起开始实施的新《中华人民共和国水污染防治法》(2017年 6 月 27 日第十二届全国人民代表大会常务委员会第二十八次会议修正)从水污染防治、保障饮用水安全这个角度进行规定,以实现经济社会全面协调可持续发展。该法确立了水环境质量标准和水污染物排放标准,并针对防治水污染规定国家实行排污许可制度。关于水污染排污费缴纳主体,确定为直接向水体排放污染物的企事业单位以及个体工商户。排污费的缴纳数额依据排放水污染物的种类、数量和排污费征收标准确定。排污费应当用于污染的防治,不得挪作他用。县级以上人民政府环境保护主管部门有权责令排放水污染超出国家或者地方水污染排放标准、超出重点水污染物排放总量控制标准的企事业单位和个体工商户限期治理,并处应纳排污费数额 2 倍以上 5 倍以下的罚款。在德国,污水排污费制度由《水管理法》和《污水排污费法》构成,《水管理法》规定发放污水排放许可证的要求,而利用公共水面排污的经营者都应取得许可证。《污水排污费法》则规定排污费的课税标准按照污染单位数计算,而污染单位数是按照排污许可证上记载的推算值。

(四)大气污染防治法

大气污染防治法是指有关防治大气污染的法律规范表现形式的总称。我国于 2015 年 8 月 29 日修订《中华人民共和国大气污染防治法》修订通过。该法强化政府责任,在第 3 条明确县级以上人民政府应当在国民经济和社会发展规划中充分考虑大气污染防治工作,在财政投入方面提高对大气污染防治的占比。此外,各级人民政府是本行政区域内大气环境质量的责任主体。为改善和保持大气环境质量,应制定相应规划,采取有效措施控制或者逐步削减大气污染物的排放量。在国家层面实施重点大气污染物排放的总量控制。环境保护部应在征求国务院有关部门和各级地方人民政府意见的基础上,会同国务院经济综合主管部门报国务院批准并下达实施重点大气污染物排放总量控制目标。各级地方人民政府应在实际中依据国务院下达的总量控制目标,控制或者削减本行政区域的重点大气污染物排放总量。总量控制目标和分解总量控制指标的具体办法由环境保护部会同国务院有关部门共同确定。在大气污染物排放的总量控制方面也赋予各级地方人民政府相应的自主决定权,可以依据本行政区域大气污染的实际情况以及本行政区的需要,在国家确定的重点大气污染物范围之外确定其他大气污染物排放的总量控制。在全国范围内逐渐推行重点大气污染物排污权交易制度。细化处罚措施,增加处罚额度,对于受到罚款处罚的,行政机关有权对被责令改正而拒不改正的企业事业单位和其他生产经营者,自责令改正之日的次日起按原处罚数额按日连续处罚。但是在税收优惠方面,缺少针对有效应对大气污染的主体采取税收优惠的规定。例如,在法国《空气污染税法》中规定"如果一个纳税人的总应纳税额在 153 欧元以内,那么不需要缴纳任何税收"。

(五)固体废物污染环境防治法

《中华人民共和国固体废物污染环境防治法》(2004 年 12 月 29 日第十届全国人民代表大会常务委员会第十三次会议修订通过)为响应维护生态安全、促进经济社会可持续发展的号召,旨在通过防治固体废物污染环境与保障人体健康。该法第88条明确了固体废物、工业固体废物、生活垃圾以及危险废物的相关概念,也确定了环境税的征收范围。该法在第56条中规定,危险废物排污费的使用用途只限于防治环境污染,有关征收具体办法由国务院规定。若是以不符合环境保护部(2018年3月机构改革后为生态环境部)规定的方式填埋处理危险废物,就必须承担危险废物排污费。但是对于其他固体废物和生活垃圾没有排污费相关规定,仅有相应的管理要求和对造成污染行为的处罚规定。

(六)环境噪声污染防治法

在工业生产、建筑施工、交通运输以及社会生活这四方面中产生的干扰周围生活环境的声音就是环境噪声。环境噪声污染则是在环境噪声定义的基础上进一步明确其内涵,即产生超过国家规定的环境噪声排放标准的环境噪声,干扰他人正常生活、工作和学习的现象。

《中华人民共和国环境噪声污染防治法》(1996年10月29日第八届全国人民代表大会常务委员会第二十次会议通过)第16条规定了环境噪声污染排污费缴纳主体,确定为产生环境噪声污染的单位。排污费用途明确为仅用于防治污染。

(七)海洋环境保护法

关于海洋环境污染损害的定义,《中华人民共和国海洋环境保护法》(1999年12月25日第九届全国人民代表大会常务委员会第十三次会议修订通过)有着明确的规定。即:通过直接或间接方式将物质或能量引入海洋环境,而这种行为会对海洋生物资源、人体健康、渔业和海上其他合法活动、海水使用素质和环境质量等造成负面甚至有害的影响。在对海洋环境的污染损害上,《海洋环境保护法》从防治陆源污染物、海洋工程建设项目倾倒废弃物、海岸工程建设项目、船舶及有关作业活动这四个角度进行具体明确的规定。该法第11条规定了排污费缴纳主体,确定为直接向海洋排放污染物的单位和个人。排污费的具体办法由国务院规定。对于排污费、倾倒费的使用用途明确仅为整治海洋环境污染。

(八)森林法

森林资源属于国家所有,由法律规定属于集体所有的除外。依据《中华人民共和国森林法》(1984年9月20日第六届全国人民代表大会常务委员会第七次会议通过)第8条的规定,我国实施用于造林育林的育林费征收以及保障防护林和特种用途林种植的森林生态效益补偿基金制度。此外,煤炭、造纸等部门应按照有关产品的产量提取一定数额的资金,专门用于营造坑木、造纸等用材林。

(九)水法以及水土保持法

根据《中华人民共和国水法》(2016 年 7 月 2 日第十二届全国人民代表大会常务委员会第二十一次会议修订通过),我国实行取水许可制度和有偿使用制度。在国家层面上由水行政主管部门负责具体组织实施。水土流失是我国环境治理所面临的严峻问题之一。为能够有效解决水土流失问题,在建设和生产过程中各个企事业单位和组织都应采取相应措施从而实现水土保持的目的,也应承担治理水土流失的责任。若有关企事业单位和组织欠缺治理条件和能力,由水行政主管部门代替其治理,造成水土流失的企业事业单位负担起治理过程中产生的费用。建设过程中、生产过程中发生的水土流失防治费用,分别由基本建设投资、生产费用支出。

(十)矿产资源法

《中华人民共和国矿产资源法》(1986 年 3 月 19 日第六届全国人民代表大会常务委员会第十五次会议修订通过)第 5 条规定,国家实行探矿权、采矿权有偿取得的制度。对于上述费用的具体办法和实施步骤,国务院拥有制定减缴、免缴规定的空间,从而使制度能够与实际情况有机统一、相互适应。此外,开采矿产资源,必须按照国家有关规定缴纳资源税和资源补偿费。

二、有关税费的基本法律

(一)税收征收管理法

《中华人民共和国税收征收管理法》(2001 年 4 月 28 日第九届全国人民代表大会常务委员会第二十一次会议修订通过)明确环境税的税收征管主体,第 14 条规定上述主体是指各级税务局、税务分局、税务所和按照国务院规定设立的并向社会公告的税务机构;明确银行及其他金融机构等协管部门的法律义务和与税务机关间的关系,要求其配合税务机关查询从事生产、经营的纳税人开立账户的情况。完善税收核定规定,第 35 条规定"纳税人有下列情形之一的,税务机关有权核定其应纳税额:(一)依照法律、行政法规的规定可以不设置账簿的;(二)依照法律、行政法规的规定应当设置账簿但未设置的;(三)擅自销毁账簿或者拒不提供纳税资料的;(四)虽设置账簿,但账目混乱或者成本资料、收入凭证、费用凭证残缺不全,难以查账的;(五)发生纳税义务,未按照规定的期限办理纳税申报,经税务机关责令限期申报,逾期仍不申报的;(六)纳税人申报的计税依据明显偏低,又无正当理由的。税务机关核定应纳税额的具体程序和方法由国务院税务主管部门规定。"在环境税监管中,对于未按照法律要求设置环境监测设备的纳税人,税务机关可以援用该条款核定环境税应纳税额。增加税收强制执行的措施内容,税务机关可以责令未按期缴纳税款的纳税人、扣缴义务人限期缴纳。对于仍然不履行缴纳义务的,经县以上税务局局长批准,可以采取书面通知其开户银行或者金融机构从其存款中扣缴税款,查封扣押、依法拍卖、变卖其价值相当于应纳税款的商品、货物或者其他财产从而抵缴税款的强制执行措施。

(二)个人所得税法

个人所得税是以个人所得为征税对象,由获得所得的个人缴纳的一种所得税。《中华人民共和国个人所得税法》(1980年9月10日第五届全国人民代表大会第三次会议通过)中也有涉及环境保护的条款。该法第4条规定,省级人民政府、国务院部委和中国人民解放军军以上单位,以及外国组织、国际组织颁发的科学、教育、技术、文化、卫生、体育、环境保护等方面的奖金可免纳个人所得税。国家税务总局曾对第二届"中华环境奖"获得者的奖金收入免征个人所得税,但事实上涉及环境保护方面的奖金并不多,在个人所得税方面可以考虑进一步拓宽对环境保护税收优惠的范围。例如立陶宛《污染税法》第5条第1款规定:"自然人和法人实行目的为减少从固定污染物源排放到空气中的废物的环境措施,比设定的最大允许污染水平减少5%,如果他们根据政府设定的程序减少5%的数量,应对这些污染物数量进行免税。"

(三)企业所得税法

企业所得税是以企业为纳税人,以企业一定期间的生产经营所得和其他所得而征收的一种税。我国企业所得税法在环境保护方面发挥了相应的作用。在企业所得税中的减免税政策和投资抵免政策就充分考虑了环境保护和资源综合利用的需要。第一,减免税政策。针对从事有利于环境保护、节能节水项目的企业,因上述所得而产生的企业所得税可予以免征、减征。第二,投资抵免政策。为达到环境保护、节能节水、安全生产等有利于改善生态环境、防治环境污染的目的,企业在购置专用设备上的投资额,可按一定比例实行税额抵免,从而促进企业加大环境保护方面的投入,激励企业自主进行环保技术更新创造。在《加拿大联邦税法》中,有关于对节约能源、减少空气污染和水污染的设备采用加速折旧法减少企业所纳税额的规定,从而鼓励纳税人投资采用有利于环境保护的机械设备。

(四)车船税法

车船税是以车船为征税对象,按照规定的计税依据和年税额标准计算征收的一种财产税。纳税人为中国境内的车辆和船舶的所有人或者管理者。在

《中华人民共和国车船税法》(2011 年 2 月 25 日第十一届全国人民代表大会常务委员会第十九次会议通过)中有一些关于环境保护的规定。例如,该法第 4 条规定:"对节约能源、使用新能源的车船可以减征或者免征车船税;对受严重自然灾害影响纳税困难以及有其他特殊原因确需减税、免税的,可以减征或者免征车船税。具体办法由国务院规定,并报全国人民代表大会常务委员会备案。"但这一规定属于授权性规定,需要进一步明确细化。

三、环境保护税法及其征求意见稿

2016 年 12 月 25 日,《环境保护税法》由第十二届全国人民代表大会常务委员会第二十五次会议通过。这是我国第一部专门体现"绿色税制"、推进生态文明建设的单行税法,自 2018 年 1 月 1 日起施行。在《环境保护税法》公布之前,国务院法制办 2015 年 6 月公布了《环境保护税法(征求意见稿)》。本小节将介绍《环境保护税(征求意见稿)》和《环境保护法》这两个版本,通过比较对环境税进行相应的阐述。

《环境保护税法》体现环境税制度的以下特点:

(一)环境保护税法是污染税法

在广义上环境税的概念中,环境税是指一切基于环境保护目的而征收的税收或采取的有关税收措施,包括污染税、自然资源税、生态保护税以及环境税收优惠制度。而污染税是指针对环境污染问题开征的税收。《环境保护税法》第 2 条规定:"在中华人民共和国领域和中华人民共和国管辖的其他海域,直接向环境排放应税污染物的企业事业单位和其他生产经营者为环境保护税的纳税人,应当依照本法规定缴纳环境保护税。"该法制定目的在于保护和改善环境,减少污染物排放,更确切的名称应为"环境污染税法"。

(二)环保税法的征税范围仅限于应税污染物

在《环境保护税法》第 3 条中,明确规定应税污染物是指大气污染物、水污染物、固体废物和噪声,与现行排污费制度的征收对象相衔接。

(三)环保税法允许地方有调整的空间

省级政府可以在《环境保护税税目税额表》规定的税额标准基础上,充分考虑本行政区域内实际情况,上浮应税污染物的适用税额,从而能够将经济社会生态发展的目标要求与环境承载能力、污染物排放的现状进行有机统一。省级政府上调应税污染物适用税额应遵循法律规定的有关程序,须报同级人民代表大会常务委员会决定,并报全国人民代表大会常务委员会和国务院备案。同时,为满足本行政区域内污染物减排的特殊需要,更加有效地治理、解决污染物排放问题,省级政府可以增加同一排放口征收环境保护税的应税污染物项目数。上述变更同样须报同级人民代表大会常务委员会决定,并报全国人民代表大会常务委员会和国务院备案。

(四)环保税法建立环境保护税征管协作机制

结合《环境保护税法》第 14 条和第 15 条的规定,环保税征收管理的责任主体是税务机关,而污染物监测管理的责任主体是环境保护主管部门,二者应当建立涉税信息共享平台和机制。为加强环境保护税征收管理,保障税款及时足额入库,县级以上地方人民政府应当统筹协调各个主管部门的工作,尤其是拓宽税务机关、环境保护主管部门和其他相关单位分工协作的沟通渠道并搭建相应的工作机制。

同时税务机关与环境保护主管部门应保持紧密合作和联系交流。前者应将环境保护税涉税信息(例如相应纳税人的纳税申报、减免税额、欠缴税款、税款入库以及风险疑点等)定期交送后者;后者则将环境保护相关信息(例如排污单位的排污许可、污染物排放数据、环境违法和受行政处罚情况等)定期交送前者。

而后出台的《环境保护税法》,全文 5 章、28 条,分别为总则、计税依据和应纳税额、税收减免、征收管理、附则。《环境保护税法》在原有的《环境保护税法(征求意见稿)》基础上在下述几个方面进行了调整和修改:

1. 明确征收范围

将环保税的征收范围明确规定为"大气污染物、水污染物、固体废物和噪声"四大类应税污染物,删除了国务院版中的"其他污染物",同时不再将噪声区分为"建筑施工噪声"和"工业噪声"。而从附表的税率表看,《环境保护税法》实际是取消了"建筑施工噪声",仅对工业噪声征税。对污水、垃圾集中处理,固体废物依规处置不纳入环保税的征收范围但增加限制条件,即要以"缴纳处理费用"、不"超过国家或者地方规定的排放标准"和"符合国家或者地方环境保护标准"为前提,否则要征税。

2. 规范下放权限

明确省级政府和人大对环保税"上浮税率"和"增加同一排放口的应税污染税项目类数"的立法权限:由省级政府提出方案,报同级人大常委会决定,并报全国人大常委会和国务院备案。

3. 调整计税方法

与征收范围取消"建筑施工噪声"相一致,在计税方法和税率设置时,取消建筑施工噪声按面积征税的计税方法,取消"建筑施工噪声"二级税目及税额标准,工业噪声统一按分贝的标准征收。

4.明确确定税基的方法和顺序

即确定应税污染物的四种方法及优先顺序,先后为:纳税人安装自动监控仪器的"自动监控数据计算"、监测机构的"监测数据计算"、环境保护主管部门规定的"排污系数、物料衡算方法计算"和环境保护主管部门规定的"抽样测算的方法核定计算"。

5.调整、简化"税目税额表"

除已提及的取消"建筑施工噪声"二级税目及税额标准以外,还有两项调整:一是"固体废物"税目中,取消"冶炼渣、粉煤灰、炉渣"二级税目,同时增加"危险废物"二级税目,征税标准为1000元/吨;二是简化工业噪声税额累进档次,由原来的按每分贝累进改为按每3分贝累进,且各档适用税额依原税额标准从低确定。

此外,《环境保护税法》取消超标排污加倍征收环保税的制度安排,增加固体废物综合利用优惠,调整和明确税务部门和环保部门的征管职责。上述变化主要体现在:第一,明确环保部门对污染物的监测职责,取消其"审核确认"与"协同征管"的文字表述。第二,在强调两部门要相互"定期交送"环保信息和涉税信息的基础上,明确要求两部门"应当建立涉税信息共享平台和机制"。第三,取消纳税人的"重点监控"与"非重点监控"的分类和管理,取消环保部门对"重点监控纳税人"纳税申报资料的"审核"程序和职责;原"非重点监控纳税人"由两部门"联合核定"改为"核定计算污染物排放量的"纳税人"由税务机关会同环境保护主管部门核定污染物排放种类、数量和应纳税额",相应删除"重点监控纳税人"的解释和给省级下放"调整重点污染行业"权限的条款。第四,强调税务机关"将纳税人的纳税申报数据资料与环境保护主管部门交送的相关数据资料"进行"比对"的责任。第五,环境保护税由"按月、按季或者按年计征",改为"按月计算,按季申报缴纳"。

第四节　行政法规、部门规章中
环境税的相关规定

作为党的十八届三中全会提出"落实税收法定原则"要求后,全国人大常委会审议通过的第一部单行税法,《环境保护税法》不仅在依法治国层面意义重大,对生态文明建设也有重大的推进作用。在环境保护税开征之前,我国主要是通过排污收费制度促使排污者加强经营管理,节约和综合利用资源,从而实现治理污染、改善环境的目标。自 1990 年开始,针对排污企业,环保部门会征收排污费。从 2003 年至 2015 年,全国累计征收排污费 2000 多亿元,缴纳排污费的企事业单位和个体工商户累计 500 多万户。排污费制度对于防治环境污染发挥了重要作用,但与税收制度相比,存在执法刚性不足、地方政府和部门干预等问题,因此有必要进行环境保护费改税。

加大环保力度,税收是不可或缺的政策工具,所以推动环境保护税的立法,对贯彻绿色发展理念具有重要意义。环境保护的财政政策一直延续清费立税的基本思路,这次就是排污费改成环境保护税。2016 年 12 月 25 日全国人大常委会表决通过的《环境保护税法》,遵循将排污费制度向环保税制度平稳转移原则,即"税费平移"原则,将现行排污费改为环保税。主要表现为:将排污费的缴纳人作为环保税的纳税人;根据现行排污收费项目、计费办法和收费标准,设置环保税的税目、计税依据和税额标准。结合中国现在发展的具体阶段情况和经济发展现状充分考虑,通过"税负平移"原则,不仅实现了费改税,也为下一步环境税的完善奠定了制度框架。尽管排污费已经完成了自身的使命,退出了历史的舞台,但了解运行 30 多年的制度有助于我们更加充分认识环境税这个新税种。

一、与污染税相关的规定

污染税指主要以造成环境污染和公害行为的单位和个人为纳税主体,以对特定环境造成的危害行为为征税对象的一种税。污染税是一个包括多项税种的税收体系,主要由排污税和污染产品税组成。我国长期以来对于排污行为采取的征收排污费制度,即依据污染者付费的原则制定,具体包括排污费征收、管理、使用及监督方面的法律规范。[1] 本小节将主要介绍环保税前身——排污费有关的行政法规和部门规章。

(一)征收使用

为了加强对排污费征收、使用的管理,2003 年 1 月 2 日国务院颁布了《排污费征收使用管理条例》,在该法中明确了排污费的缴费主体为直接向环境排放污染物的单位和个体工商户。除此之外,对于征收范围的确定,依据大气污

---

[1]　肖绪湖:《中国环境税改革研究》,中国财政经济出版社 2012 年版,第 102 页。

染防治法、海洋环境保护法、水污染防治法、固体废物污染环境防治法、环境噪声污染防治法的规定为向环境中排放的各种污染物,包括废气、废水、固体污染物和噪声等。关于具体征收工作由环境保护行政主管部门制定实施。排污者应当缴纳的排污费数额根据其征收标准、污染物种类、数量三个角度进行确定。《排污费征收使用管理条例》中也对排污费资金的管理和使用作出规定,收取的排污费应当按照规定的比例分别解缴中央国库和地方国库,必须纳入财政预算,列入环境保护专项资金进行管理。同时要求环境保护专项资金重点投入于防治工程,主要包括污染源、区域性污染防治,新技术、新工艺的开发、示范和应用以及国务院规定的其他污染防治项目。对环境保护专项资金使用的管理和监督也是必不可少的,具体工作由地方各级人民政府的财政部门和环保部门负责。在环境保护专项资金具体使用方面,各个单位和个人不得挪作他用,必须按照批准的用途使用。审计机关应当加强对环境保护专项资金使用和管理的审计监督。

(二)征收标准

2003年2月28日,国家发展计划委员会、财政部、国家环境保护总局、国家经济贸易委员会共同颁布《排污费征收标准管理办法》,衔接、配合《排污费征收使用管理条例》实施。该管理办法对于污水排污费、废气排污费的征收标准及计算方法,固体废物及危险废物排污费、噪声超标排污费的征收标准作出细致的规定,并在第4条规定,市(地)级以上环境保护部门享有一定的制定自由。除《排污费征收使用管理条例》规定的污染物排放种类、数量核定方法,在餐饮、娱乐等服务行业的小型排污方面,可以充分结合本行政区域内的实际情况,采用抽样测算方法核算排污量。但是上述核算办法应当向社会公开,并严格按照本办法的有关规定征收排污费,杜绝行政垄断现象。申领、变更收费许可证应由县级以上地方环境保护部门到指定价格主管部门完成,同时使用省一级财政部门统一印制的收费票据。此外,为彻底遏制乱收费现象,规定排污费征收行为的监督检查由各级价格主管部门、财政部门行使,严格依照法律法规查处违反上述规定的行为。

(三)资金收缴使用

2003年3月20日,财政部和国家环境保护总局联合发布《排污费资金收缴使用管理办法》,目的在于结合环境保护工作实际,加强和规范排污费资金的收缴、使用和管理,提高排污费资金使用效益,促进污染防治,改善环境质量。具体包括以下四个方面:第一,环境保护收缴管理方面,排污费按月或者按季属地化收缴。第二,专项资金的支出范围方面,在原有《排污费征收使用管理条例》的基础上进一步强调该资金不得挪作与改善环境、防治污染等无关项目的他用。第三,专项资金使用的管理方面,编制每一年度环境保护专项资金申请指南的具体工作由财政部与环保部协同完成。编制申请指南应当同国家环境保护宏观政策和污染防治工作重点相适应、相协调。此外,为保证该制度在地方实施的灵活性,地方各级财政部门与环保部门可以根据国家层面的具体要求,制定所管辖地区内的环境保护专项资金申请指南。第四,违规处理方面,针对未按照规定期限缴足排污费的排污者采取执行罚。执行罚的具体措施为从滞纳之日起加收 2‰的滞纳金。同时,对于拒不按期缴纳的排污者,将依据《排污费征收使用管理条例》进行相应处罚。关于排污费收缴工作,国家的有关法律法规也有着严格缜密的规定。环境保护部门在实际操作中也应遵守法定程序,若是违法违规收缴、使用排污费资金也将受到相应的处罚。

二、与自然资源税相关规定

(一)资源税

资源税是指对在我国境内开发、利用自然资源的单位和个人,就其开发、利用资源的数量或价值征收的一种税。在《中华人民共和国资源税暂行条例》及其实施细则下,有关资源税的特点体现在以下三个方面:(1)资源税税目涉及紧缺型资源。(2)资源税应税产品有着明确具体的适用税率。依据实施细则第 4 条的规定,执行资源税应依据本细则所附的《资源税税目税率明细表》。对于矿产品等级和资源等级等应税产品的具体划分工作,应分别依据细则所附的《几个主要品种的矿山资源等级表》与《几个主要品种的矿山资源等级表》实行。尚未明确列举的适用税率,应该参照《资源税税目税率明细表》和《几个主要品种的矿山资源等级表》中确定的邻近矿山或者资源状况、开采条件相近矿山的税率标准,由省一级人民政府根据纳税人的资源情况确定,同时报财政部和国家税务总局备案。在确定税率方面,虽然赋予各级地方制定有关制度的自由裁量权,但同时也有明确的限制,即仅仅允许在浮动 30%的幅度内核定。(3)资源税采用从价定率或者从量定额的办法计征。具体可见《资源税税目税率明细表》。而且资源税的税目、税额幅度是否调整由国务院决定,资源税纳税人具体适用税额税率也只能在规定幅度内确定。

(二)土地税

土地税是以土地为征税对象,由对土地进行占有、使用、收益的主体缴纳的一类税收的总称。我国现行的土地税制度主要包括三个税种,即耕地占用税、城镇土地使用税和土地增值税。

1.耕地占用税

我国重新修订的《中华人民共和国耕地占用税暂行条例》,自 2008 年 1 月 1 日起施行。该法的颁布旨在保护现有的耕地,通过促进土地资源合理有效利用和增强土地管理两方面相互配合实现。暂行条例第 3 条明确规定耕地占用税的缴纳主体是占用耕地建房或者从事非农业建设的单位或者个人。结合实施细则,耕地占用税的有关环境保护的政策内容如下:第一,针对占用基本农田的现象。所应适用的税额应当在本条例规定的当地适用税额的基础上提高二分之一。第二,针对纳税人改变原占地用途的现象。因为该现象不符合有关减征、免征耕地占用税条件,所以必须依据当地适用税额补缴相应的耕地占用税款。第三,针对纳税人临时占用耕地的现象。临时占用耕地并不会免除纳税人缴纳耕地占用税的相应义务。如果在批准临时占用耕地的期限内将所占用耕地恢复原状,可以全额退还已缴纳税款。第四,针对占用林地、牧草地、农田水利用地、养殖水面以及渔业水域滩涂等其他农用地建房或者从事非农业建设的现象。第五,为农业生产服务目的而占用上述用地以外的,参照耕地占用税进行征收。

2.城镇土地使用税

依据《中华人民共和国城镇土地使用税暂行条例》,设置城镇土地使用税的目的在于合理利用城镇土地,调节土地级差收入,提高土地使用效益,加强土地管理。在暂行条例中以下内容具有环境税特征:第一,城镇土地使用税的征收因不同地区和经济发展水平而有所区别,实行等级幅度税额。第二,对于市政街道、广场、绿化地带等公共用地可以免予缴纳土地使用税。第三,经批准开山填海整治的土地和改造的废弃土地,从使用的月份起免缴土地使用税 5 年至 10 年。通过上述规定,整合有限土地资源,最大化发挥土地效用,间接促进环境保护。

3.土地增值税

土地增值税是一种财产税,《中华人民共和国土地增值税暂行条例》第 1 条规定,开征土地增值税目的在于规范房地产交易秩序,抑制房地产投机行为,但缺少对于合理配置土地资源方面的相关规定。

三、与生态保护税相关的规定

生态保护税是以生态安全、生态系统平衡为主要内容,对破坏生态系统、危害生态安全的生产消费行为征收的环境税。生态保护税作为包含多个税种的税收体系,主要由生态补偿税、二氧化碳税和环境收入税三大税种组成。其中二氧化碳税的设置则是为应对全球气候变暖,对二氧化碳气体的排放行为而征收的环境税。

（一）矿产资源补偿费

1994 年 3 月 26 日施行的《中华人民共和国矿产资源法实施细则》规定,采矿人应当依法履行缴纳资源税和矿产资源补偿费的法律义务。矿山企业在关闭矿山报告获得批准后,还需要依据法律法规开展水土保持、土地复垦以及环境保护的具体工作。若是不能按照要求完成上述具体工作,企业可以通过缴清相关替代费用从而实现土地复垦和环境保护。由此看来,矿产资源补偿费在一定程度上发挥着生态补偿税的作用。生态补偿税是指为保存和恢复生态系统功能,重新实现生态价值,针对特定的生态环境服务功能进行补偿而征收的税种。[①]《矿产资源补偿费征收管理规定》对矿产资源补偿费的征收和使用作了进一步规范。采矿权人负责缴纳按照矿产品销售收入的一定比例计征的矿产资源补偿费。若是在矿产资源补偿费申报过程中存在违法违规现象,应依法承担法律责任并接受惩罚。矿产资源补偿费主要用于矿产资源勘查。我国对该补偿费实行专项管理,同时将其纳入国家预算范围。

（二）土地复垦费以及相关激励措施

《土地复垦条例》规定土地复垦人不复垦,或者复垦验收中经整改仍不合格的,应当缴纳土地复垦费。此外,若是在生产建设活动中造成毁损,还需要向遭受损失的单位或个人承担支付损失补偿费的责任。土地复垦费同样实行专项管理,仅仅用于土地复垦。一切行政机关、组织团体以及个人不得将其挪作他用、截留和挤占。激励措施方面,若在规定期限内土地复垦人恢复农用地原状,依法退还已缴纳的耕地占用税。县级人民政府鼓励、支持和补贴土地使用权人主动将毁损的历史遗留和自然灾害的土地恢复为耕地。土地复垦费具有生态补偿税的性质。

（三）水土流失防治费

企业事业单位在建设和生产过程中负有治理水土流失的责任。因技术等原因无力自行治理的,可以交纳水土流失污染防治费,由水行政主管部门组织治理水土流失。省级以上人民政府财政部门、主管物价的部门会同水行政主管部门共同制定防治费的收取标准和使用管理办法。水土流失防治费能够积

---

① 韩广、杨兴、陈维春:《中国环境保护法的基本制度研究》,中国法制出版社 2007 年版,第 217 页。

极推动企事业单位履行保持水土的义务,保护生态环境。

(四)城市维护建设税

城市维护建设税是在现行税收体制下开辟的为建设与维护城市环境基础设施提供主要资金来源的新途径,一定程度发挥着环境收入税的功能。环境收入税是指为筹集环境保护资金而开征的一种基于收入的税种。《中华人民共和国城市维护建设税暂行条例》第 6 条规定:"城市维护建设税应当保证用于城市的公用事业和公共设施的维护建设,具体安排由地方人民政府确定。"第 7 条规定:"按照本条例第四条第三项规定缴纳的税款,应当专用于乡镇的维护和建设。"这些都体现着环境收入税的特征。实行环境收入税的典型就是美国,1986 年国会通过的《超级基金修正案》,现已成为环境税的一个重要组成部分。其中最重要的是对石油化工产品征收原料税,并具体规定"凡收益超过 200 万美元以上的法人均应按 0.12% 税率缴纳原料税"。

第五节 地方性法规、政府规章关于环境税的相关规定

一、环境税

依据《环境保护税法》第 6 条的规定,应税大气污染物和水污染物的具体适用税额的确定和调整,由省、自治区、直辖市人民政府统筹考虑本地区环境承载能力、污染物排放现状和经济社会生态发展目标要求,在本法所附《环境保护税税目税额表》规定的税额幅度内提出,报同级人民代表大会常务委员会决定,并报全国人民代表大会常务委员会和国务院备案。《环境保护税法》所附的《环境保护税税目税额表》中明确规定,大气污染物适用税额为每单位污染当量 1.2 元至 12 元,水污染物适用税额为每单位污染当量 1.4 元至 14 元。可见在应税大气污染物和水污染物的具体适用税额方面,《环境保护税法》赋予省级地方政府一定的自由裁量空间。本小节将介绍主要的几个省市针对环境保护税的有关制度。

(一)北京市

按照中央环境保护税改革部署和《环境保护税法》授权,统筹考虑北京市环境承载能力、污染物排放现状和经济社会生态发展目标要求,北京市第十四

届人大常委会第四十二次会议决定,本市应税大气污染物适用税额标准为 12 元/污染当量,应税水污染物适用税额标准为 14 元/污染当量,统一按法定幅度的上限执行。

(二)河北省

河北省第十二届人大常委会第三十三次会议决定,将环保税主要污染物税额标准按地域分为三档。暂未增加同一排放口征收环保税的应税污染物项目数。

执行一档税额标准的区域:与北京相邻的 13 个县(市、区)。税额标准为:大气主要污染物执行每单位污染当量 9.6 元,水主要污染物执行每单位污染当量 11.2 元;大气和水中的其他污染物分别执行每单位污染当量 4.8 元和 5.6 元。执行二档税额标准的区域:石家庄、保定、廊坊、定州、辛集市(不含执行一档税额的区域)。税额标准为:大气主要污染物执行每单位污染当量 6 元,水主要污染物执行每单位污染当量 7 元,大气和水中的其他污染物分别执行每单位污染当量 4.8 元和 5.6 元。执行三档税额标准的区域:唐山、秦皇岛、沧州、张家口、承德、衡水、邢台、邯郸市(不含执行一档、二档税额的区域)。税额标准为:大气主要污染物和其他污染物均执行每单位污染当量 4.8 元,水主要污染物和其他污染物均执行每单位污染当量 5.6 元。

(三)上海市

上海市在应税大气污染物适用税额标准方面规定,自 2018 年 1 月 1 日起,二氧化硫、氮氧化物的税额标准分别为 6.65 元/污染当量、7.6 元/污染当量;其他大气污染物的税额标准为 1.2 元/污染当量;2019 年 1 月 1 日起,二氧化硫、氮氧化物的税额标准分别调整为 7.6 元/污染当量、8.55 元/污染当量。在应税水污染物适用税额标准方面,自 2018 年 1 月 1 日起,化学需氧量税额标准为 5 元/污染当量,氨氮税额标准为 4.8 元/污染当量,第一类水污染物税额标准为 1.4 元/污染当量;其他类水污染物税额标准为 1.4 元/污染当量。

(四)福建省

遵循"税费平移"原则,福建省将大气污染物每单位污染当量规定为 1.2 元;水污染物中,五项重金属、化学需氧量和氨氮每单位污染当量 1.5 元,其他水污染物每单位污染当量 1.4 元。

除了上述提及的行政区域外,浙江省、贵州省、江苏省、江西省、广东省、云南省、湖南省、山东省、海南省等其他省市也基本遵循"税负平移"原则,制定建立有关环境税的相关制度。贵州:大气污染物每单位污染当量 2.4 元;水污染物每单位污染当量 2.8 元,为贵州现行排污费征收标准的两倍。

但是对于环境税的开征以及"税负平移"的原则,官方、专家和学者都有不同的解读和见解。2016 年 12 月 25 日,财政部税政司司长王建凡在全国人大常委会办公厅举行的新闻发布会上说,环境保护税是将环境污染排放外部性损害内部化。我国 1979 年确立排污收费制度,选择对大气、水、固体、噪声等四类污染物征收排污费,对防治环境污染起到了重要作用。但在实际执行中也存在一些问题,如执法刚性不足、地方政府和部门干预等,影响了该制度功能的有效发挥。针对这种情况,有必要实行环境保护费改税,进一步强化环境保护制度建设。同时,环境税和排污费这两种制度的一大不同点在于,环保税法增加了纳税人减排的税收减免档次,即纳税人排放应税大气污染物或者水污染物的浓度值低于规定标准 30％的,减按 75％征收环保税。作为一个重要税种,环保税的征税目的主要是降低污染对环境的破坏,增加污染企业的税收负担,提高其生产成本,迫使企业创新技术,加大环保投入,用法律明确"污染者付费"。财政部时任部长楼继伟作草案说明时表示,草案的立法原则是"税负平移",从排污费"平移"到环保税,征收对象等都与现行排污费规定保持一致,征收对象为大气污染物、水污染物、固体废物、噪声。中国人民大学环境学院院长马忠则认为:"排污费改成环保税,这是一件很重大的事情。如果只是平移,就太可惜了。"国务院发展研究中心环境政策研究室副主任陈建鹏表示:"一直以来,排污费征收的费率比较低,费改税以后,由税务部门收税,可能会做一些变化。"他强调,环保税法出台是今年除中央环保督察组、环保部设立"三司"之外,中国环境治理一个值得注意的重点。著名经济学家宋清辉表示,由"排污费"变为"环保税",是与国际接轨迈出的重要一步。他表示,所有世界范围内的环保税都有一个双重红利在里面,第一个是用经济手段来遏制环境污染排放,第二个是通过遏制污染物排放得到的资金来保护环境。

二、资源税

作为中央地方共享税种的资源税,是地方财政收入的重要来源,除海洋、石油企业缴纳的部分归中央政府,其余部分归地方政府。2005 年,国家开始重点关注对资源有效利用的政策。2005 年 7 月 1 日起在全国范围内首次调高石油、天然气的资源税税额标准,2006 年 1 月 1 日起,湖南、湖北、内蒙古和广东分别将煤炭资源税调高至每吨 2.5 元、3 元、3.2 元和 4 元。① 内蒙古是我国能源和矿产等资源的储量大省,有关统计数据显示,内蒙古煤炭资源储量占全国陆上储量的 24%,有色金属、非金属矿产(包括铜、铅、锌、硫、铁矿等)占比为 40%,铜矿等储量均居全国前列。② 但是能源和矿产在开采和运输中极易破坏地表结构和地下水资源,引发环境危机。内蒙古在原《资源税暂行条例》的资源税税目基础上,针对自治区境内开采矿产资源的单位和个人,规定也要按照《内蒙古自治区资源税部分税目税额表》缴纳资源税。

在资源税课税数量上,纳税人开采或者生产应税产品的销售,以销售量为课税数量;收购应税产品,以收购数量为课税数量;纳税开采或者生产应税产品自用的,以自用数量为课税数量。如果纳税人不能准确提供应税产品销售数量或移送使用数量,则以应税产品的产量或主管税务机关确定的折算比换算成的数量为课税数量。在资源税减免除上,因意外事故、自然灾害等不可抗拒的原因遭受重大损失,需予以减税、免税照顾的,依据《资源税暂行条例》中"省、自治区、直辖市人民政府酌情决定"转为"纳税人提出申请,主管税务机关审查,各地、市、州地方税务局报省地方税务局转报省政府审批"。

三、城市维护建设税

《中华人民共和国城市维护建设税暂行条例》自 1985 年 2 月 8 日发布后,于 2011 年修正。北京、上海、重庆、河北、贵州、安徽、甘肃、青岛、陕西、福建、广西、宁夏、吉林、广东、贵阳、南京、天津都制定了城市维护建设税的地方实施细则,云南、广西、河南在 2011 年《暂行条例》修正后都对地方性实施细则进行修正,其中河南省在 2011 年后进行了两次修正。

在城市维护建设税税率设置上,河南省区分出市区与郊区、县城与城郊以及工矿区,上述划分由市人民政府确定并报省备案。在城市郊区、县城城郊的国营企业,其城镇维护建设税税率分别为 7% 和 5%。工矿区内的企业,税率为 5%。广西壮族自治区明确"市"是指国务院批准建制的城市,"县城"是指县政府所在地的镇,"建制镇"是指经过自治区人民政府批准建立的镇。市区、县城、建制镇人民政府所在地的范围,由市、县人民政府根据当具体情况确定。云南省对于缴纳城市维护建设税的城市市区、县城城区和镇的区域范围,规定

---

① 肖绪湖、张雪松、王保兰、阮家福:《中国环境税改革研究》,中国财政经济出版社 2012 年版,第 90 页。

② 李俊英:《内蒙古煤炭资源税改革研究》,《北方经济》2014 年第 6 期。

由市、县人民政府根据市镇建设规划确定。省辖市的县按一般县的规定办理。

在城市维护建设税的代收机关设置上,《广西壮族自治区城市维护建设税实施细则》规定税务机关委托可委托代征单位代征城市维护建设税,但海关既不代征也不退还按规定已缴纳的城市维护建设税。城市维护建设税要保证用于各级地方行政区域内的城市、乡镇公用事业和公共设施的维护建设。有关城市维护建设税的具体安排由城建主管部门作计划报市、县人民政府审定,并报自治区人民政府主管部门备案。实施细则的有关解释,河南省和云南省都授权省税务局办理。

第六节　其他规范性文件关于环境税的相关规定

一、消费税相关规定

我国在污染产品和资源产品领域中主要征收消费税。消费税,指在生产和消费环节中,将特定消费品的流转额作为计税依据而征收的商品税。消费税中出于环境保护考虑而设置的税目、税率,有利于保障稳定的国家财政收入、调节消费结构和收入分配、引导消费方向等,呼吁全社会关注保护环境和资源保护,契合环境税开征的税制环境要求。目前,消费税总共有 14 个税目,其征税范围包括 5 大类、14 种消费品。在上述消费税范围中,酒及酒精制品、烟、一次性木质筷、鞭炮、焰火、汽油、柴油、汽车轮胎、摩托车和小汽车都是会对环境造成污染的消费品,通过消费税征收,以消费税杠杆调整上述产品的生产和消费,能够有效控制污染源头,降低对环境的破坏程度。在有关消费税规范性文件的实施历史上,具有环境意义的代表性的消费税措施有以下:

第一,2001 年 8 月 21 日原国家经贸委、财政部、国家税务总局和国家环保总局联合发布通知,对生产、销售达到低污染排放限值的小轿车、越野车和小客车减征 30% 的消费税,这是国家税收政策首次关注污染因素。[①]

第二,2003 年 12 月 31 日,财政部与国家税务总局联合发布《关于低污染

---

① 陈少英:《公司涉税法论》,北京大学出版社 2005 年版,第 252 页。

排放小汽车减征消费税问题的通知》,决定对企业生产销售达到相当于欧洲Ⅲ号排放标准的小汽车减征30％的消费税。

第三,2006年3月,财政部和国家税务总局联合发布《关于调整和完善消费税政策的通知》(财税〔2006〕33号),适应客观发展形势,调整消费税税制。与环境相关的政策有:(一)增设木制一次性筷子和实木地板,税率均为5％。(二)取消汽油、柴油税目,增列成品油税目。汽油、柴油改为成品油税目下的子目,税率保持不变。另外新增石脑油、溶剂油、润滑油,单位税额均为每升0.2元,燃料油、航空煤油,单位税额均为每升0.1元。(三)调整小汽车、摩托车、汽车轮胎税目税率,乘用车按气缸容量征收,增加级差,气缸容量在4.0升以上的,税率为20％。

第四,2008年12月18日,国务院发布《实施成品油价格和税费改革的通知》,明确了"提高现行成品油消费税单位税额,不再新设立燃油税"的改革方向。

第五,2014年11月25日,财政部、国家税务总局联合发布《关于进一步提高成品油消费税的通知》,汽油、石脑油、溶剂油和润滑油的消费税单位税额由每升1.12元提高到每升1.4元,柴油、航空煤油和燃料油的消费税单位税额由每升0.94元提高到每升1.1元,进一步强化了消费税保护环境的功能。

二、增值税中的优惠措施

税收优惠是基于减轻纳税人负担考虑而设置的。环境保护事业需要税收优惠政策的支持。环境税收优惠,则是指传统税种中与环境保护、实现可持续发展目的契合的税收优惠政策,属于环境税法律制度与传统税制的交叉区域。环境税收优惠虽然处于环境税的边缘地带,但在构建环境税法体系中发挥的作用不容小觑,更是为建设资源节约型、环境友好型社会提供了政策支持。

增值税是以销售货物或者提供加工、修理修配劳务以及进口货物的增值额征收的一种流转税,是我国现有税种中税基最宽、收入规模最大的一个税种。在增值税中也有不少基于环境保护考虑的环境税政策安排。

2001年6月19日,财政部、国家税务总局发布《关于污水处理费有关增值税政策的通知》规定,为了切实加强和改进城市供水、节水和水污染防治工作,促进社会经济的可持续发展,加快城市污水处理设施的建设步伐,根据《国务院关于加强城市供水节水和水污染防治工作的通知》,对各级政府及主管部门委托自来水厂(公司)随水费收取的污水处理费,免征增值税。

为加快推进煤层气资源的抽采利用,鼓励清洁生产、节约生产和安全生产,2007 年 2 月 7 日财政部与国家税务总局发布《关于加快煤层气抽采有关税收政策问题的通知》,规定了有关鼓励煤层气开采的优惠措施。

2008 年 12 月 9 日,财政部、国家税务总局联合发布《关于资源综合利用及其他产品增值税政策的通知》,主要由免征增值税政策、增值税即征即退政策、增值税实行即征即退 50％的政策以及对销售自产的综合利用生物柴油实行增值税先征后退政策这四部分构成。

2010 年 12 月 31 日,财政部和国家税务总局出台《关于促进节能服务产业发展增值税、营业税和企业所得税政策问题的通知》,其中规定,节能服务公司实施符合条件的合同能源管理项目,将项目中的增值税应税货物转让给用能企业的,暂免征收增值税。

三、营业税中的优惠措施

营业税,是指以应税商品或者劳务的销售收入额为计税依据而征收的一种商品税,也被称作销售税。营业税中也有基于环境考虑的政策,对环境保护事业发挥了一定的作用。其中,具有代表性的政策通知有以下三项:

第一,1998 年 1 月 15 日,国家环境保护总局下发《关于对排污费和污染源治理贷款基金免征营业税问题的通知》,根据《关于调整行政事业性收费(基金)营业税政策的通知》和《关于下达不征收营业税的收费(基金)项目名单(第二批)的通知》,对于经中央批准并纳入财政预算管理或财政专户管理的行政事业性收费、基金,分批下达了不征收营业税的收费(基金)项目名单。环保部门征收的排污费和污染源治理贷款基金已分别列入不征收营业税名单(第一批第 1 项和第二批第 87、88 项)。鼓励有关排污费和污染源治理措施的积极开展。

第二,1995 年 8 月 15 日,国家环保局监管管理司发布《关于排污费征收、解缴中应否缴纳营业税问题的通知》,明确了根据《环境保护法》和《征收排污费暂行办法》,各级环保部门是排污费征收主体,同时按期解缴国库,全额纳入预算内,并且作为环境保护补助资金、按专项资金管理。上述资金主要用于补助重点排污单位治理污染源。环保部门依法征收的排污费是各级财政的预算内收入,按照国家有关规定,不应缴纳营业税及其他税金。地方税务部门不可对排污费重复征收营业税。对于已经重复征收营业税的,地方各级环境保护部门应主动向同级财政、税务部门说明情况,办理退税。

第三,2010 年 12 月 31 日颁布的《关于促进节能服务产业发展增值税、营业税和企业所得税政策问题的通知》规定了免征收营业税的条件,即是符合条件的节能服务公司实施合同能源管理项目。该政策的出台有助于企业树立起主动运用合同能源管理机制的观念,从而在实际中重点关注并完成节能减排技术改造工作。

四、车辆购置税中的优惠措施

车辆购置税是对在我国境内购置规定车辆的单位和个人征收的一种税,与之相关并涉及促进节能减排、保护环境的税收优惠政策也逐渐增多。2010年1月4日,财政部和商务部联合出台《关于允许汽车以旧换新补贴与车辆购置税减征政策同时享受的通知》,在其中有关于以旧换新、车辆购置税减征政策的规定。但也有学者认为,以旧换新的税收优惠具有合理性,而小排量车辆的税收优惠政策有待商榷。[①] 小排量汽车并不等同于清洁的低污染汽车,需在今后的政策中明确环保型车辆概念,鼓励发展低污染、低油耗、高质量的小排量汽车,给予利于环保事业的车辆更多税收优惠,真正达到环境保护目的。

五、关税中的税收优惠

我国关税中亦有与环境保护相关的税收优惠政策。2010年6月22日,财政部和国家税务总局联合下发的《关于取消部分商品出口退税的通知》就有体现环境关税的规定。该通知明确从7月15日开始,取消包括部分钢材、有色金属建材等在内的406个税号的产品出口退税。2010年9月30日,财政部、工业和信息化部、海关总署、国家税务总局联合印发《关于调整大型环保及资源综合利用设备等重大技术装备进口税收政策的通知》,自2010年6月1日起,为生产国家支持发展的大型环保和资源综合利用设备、应急柴油发电机组、机场行李自动分拣系统、重型模锻液压机,对符合规定条件的国内企业因确有必要进口部分关键零部件、原材料,免征关税和进口环节增值税。也有学者呼吁中国应在出口环节和进口环节大力发展环境关税。在进口环节上,主要对具有一定环境破坏性或可能对环境造成破坏的产品和技术征收环境关税,防止其他国家的污染转嫁。在出口环节上,对消耗国内资源较大的产品征税,控制高污染、高耗能、资源型产品出口。同时,在进口环节,对于国内目前不能生产的污染治理设备、环境监测和研究仪器、与环境保护相关技术等减免进口关税;在出口环节,对于出口的环境保护设施和材料等降低出口税,提高

---

① 邓保生:《环境税开征立法问题研究》,中国税务出版社2014年版,第167页。

环保类产品在国际市场的竞争力,鼓励环保产品和技术的开发。

思考题:

1.分别简述环境税法律制度在历史上经历过的阶段。

2.简述《环境保护税法》具备的特点。

3.请你谈谈对生态保护税的理解。

第七章　环境税法基本制度

　　从环境保护总体形势出发,我国目前需对税收制度进行完善以加大对环境的保护力度,从环境治理角度出发,当前的税收法律制度,无法满足可持续发展和生态文明建设的需要,因而亟需在现有基础上进行全面改革,以顺应全球在环境保护方面立法的发展,不断完善现有环境税收制度。自全球环境立法日趋发展以来,我国一直致力于利用环境税来保护环境,并且从理论和实践两个层面进行探索和尝试。但就环境税法的立法现状而言,其法律制度的构建还不足以达到环境保护的目的,尤其是对环境税法应包括的内容和组成部分仍不明确。毫无疑问,环境税中课税对象、征税范围、计税依据及税率、征管方式和税收优惠政策等构成了环境税法基本制度,是《环境保护税法》必不可少的基础性组成部分。

第一节　污染税法律制度

一、概述

　　经济发展总是伴随着各种问题,其中环境污染首当其冲。大气污染物排放造成的污染问题,被使用过多的塑料袋、电池等引发的固体污染,工业化进程加快导致的工业废水及硫化物的排放,这些都时刻威胁着人类的生存环境及生态系统的平衡。在全球环境问题日益受到重视的背景下,我国的环境污染问题亦不容小觑。在控制污染物排放问题方面,通过开征环境污染税的方式来控制和治理环境污染,已经成为社会各界的共识。

(一)污染税定义

　　污染税,是国家以各种污染行为或污染物为征税对象的一类税。为规制各种污染行为和污染物排放,以污染行为或污染物为征税对象,其目的十分明确，是为防止环境污染，属于环境保护税范畴。

污染税是指对将污染物排放到环境中的行为进行征税的财政措施，一般是以排放物本身和数量来计算。通常其征税客体是排放到环境中的污染物。然而在实践中有些污染物的排放是无法或者很难进行有效监测的，从而导致相应的征税无法进行。这时必须改变征税方式。这与我国最新出台的《环境保护税法》的观点相同。可见对污染物排放行为征税的初衷都是相同的，即保护和改善环境。这意味着在环境税法基本制度中，任何制度设计的背景和目的必然是基于环境保护。

(二)污染治理的形式

从其他国家经验来看，政府主要通过三种形式来治理污染，即排污费、污染税和排污权交易。这三种形式的理论基础是相同的，即庇古理论，通过企业社会责任，提高其污染成本，生产成本有所提高，企业不得不将注意力部分转移到转变生产方式以及采取环保措施。

就制度制定成本而言，其中排污费也许是三种污染治理形式中最划算的，同时也是我国早期选择的、发展时期较长用于治理污染的主要手段。但这种制度也存在不足，虽然制度制定成本低，但实践中执行的成本较高，不利于廉政。同时，超标排污费用是其收取对象，且费用标准较低，对企业生产成本不会产生质的影响，企业缴纳排污费的同时往往仍然继续排污而不选择环保的排污设施，并未达到治理污染的效果。

第二种是形式污染税，相较排污费，污染税将更多的征税对象纳入征税范围，法制性更强，加强了廉政力度，也就降低了实施过程中的执行成本。但较为便利的执法意味着对制度的完善程度要求更高，污染税的制定要考虑地域差异、层级制度以及不断变化的污染源和新出现的环境问题，这些都给税收制度的制定造成阻碍，加大了制度设计的难度，因此制定成本会偏高。通常成本高会伴随着投入的高风险，污染税亦是如此，其执行力度、治理效果及效率都有不确定性。

最后一种是排污权交易，这在国际性环境保护活动中运用较多。排污权交易将排污权视作商品，在满足要求的前提下，将污染物排放权合法化，允许进行买卖，在这种协调交易下达到控制污染物排放的目的。美国在排污权交易方面较早开始实践，首先运用于大气污染及河流污染的治理，之后陆续有西方国家效仿之进行实践。目前，美国在排污权交易制定方面经验较为丰富，制度也较成熟。实践表明，排污权交易在对控制二氧化硫排放还是具有一定效用的。与上述另外两种方式有显著不同的是，排污权交易的理论还来自于科斯定理,即产权明晰时外部性可以通过市场解决。就成本而言,排污权交易比污染税更高,而且还需要较为完善的市场。但风险成本的降低可能意味着治理效果会较为显著。我国也有此方面的实践,例如在部分地区进行排污权交易试点,但毕竟在探索初期,有效果,也有问题和阻碍。

二、排污收费的"费改税"

(一)排污费在我国的实施概况及存在的问题

排污费制度在我国发展有一段时间,排污税费制度直接表现为国家通过向排污者征收排污费用,获得污染防治的金钱保障,同时排污者也要为自身利益考虑,根据排污政策的更新,调整其生产行为。排污费制度对环境污染的治理、污染物排放管控起到了一定作用。我国的排污费征收范围较为广泛,包括污水、废渣、废气、噪音、放射等五大类污染环境的行为。既然用向环境排放污染物换取经济效益,企业就应对此行为付出等额代价,最直接的方式就是缴纳一定费用,而这些收缴上来的费用,则用于环境污染治理。我国的排污费制度可追溯到 20 世纪 70 年代,政府出于发展环保事业的需要,结合国情,借鉴域外经验,开始建立排污费制度的探索研究。我国排污费征收较早,上个世纪70 年代末,依据当时的理论"谁污染,谁治理"原则,在一些城市率先开始排污费征收。这是我国环境保护中发展时间最久并普遍推行的制度之一。但基于"谁污染,谁治理"原则意味着现行制度选择的是先污染后治理的方式,此种制度仍是建立在环境污染的基础上,因此对防止污染的作用较弱。2003 年国务院颁布施行《排污费征收管理条例》,这是符合我国环保事业发展趋势的,相较上世纪 70 年代的制度有了一定的进步。但此条例仍是不完善的,《排污费征收管理条例》的施行依旧未解决经济发展与环境问题间的冲突。我国环境保护立法中实践常常先于理论,因此制度本身存在问题,应从根源入手加以解决排污费制度存在的以下问题。

首先是收费标准问题。排污费征收标准较低,许多企业宁愿选择被罚也不愿将资金用于更新环保设备。这是因为制定于较为落后的计划经济时代的收费标准,难以适应当今环保需求。而适应我国当前经济水平的政策尚未实行。当时的资源配置和定价都是在严格统一的计划下,而并未考虑到市场经济中可能的现象和背景,没有遵循市场经济客观规律。如继续按已经不适应现代社会发展的制度实行,显然解决不了污染问题,也有悖于排污费制度设计的初衷和意义。例如,1982 年 2 月 5 日国务院颁布的《征收排污费暂行办法》中,煤的排污费征收标准和现在不同,结合当时的市价分析,每吨煤的费用较低,烟尘排污费是当时煤炭价格的百分之八,但现在我国煤的价格已经上涨到当时的十倍左右,换算下来,烟尘排污费仅约等于煤价的百分之一。照此情形,想用低于正常水平的成本,治理原本需要较高价格才能解决的污染,几乎是完不成的任务。因此,排污者对于超额费用和更新设备费用之间的选择就能说通。而2003年施行的《排污费征收使用管理条例》,没有针对该问题,提出有效的解决办法,即未制定统一的标准。

众所周知,税收是国家行为的一种,有强制力作为保障,同时有赖于法律法规,具有其自身特征。税收的这些特征,就使其区别于排污费,可以起到减少"寻租"行为,以及一些行政机关的地方保护措施的作用,从而在一定程度上缓解因缺乏权威、过于柔性而出现的任意、恶意拖欠费用的现象。同时,还可以避免对作为预算外的排污费乱用、滥用的现象,使得该项费用也如其他税收一样,统一化、规范化、标准化。

(二)排污费的"费改税"合理性

我国《环境保护税法》施行前实施的排污收费制度由于收费偏低、执法不严等问题不能起到很好的节能减排效果,将"费"改为"税",开征污染税,提高税率,扩大征税范围,才能有效促进企业节能减排。

污染税高效且公平,这也是税收的优势之一。污染税很好地体现了效率原则。在新生经济体系中,效率原则也有了新的解读,已不再局限于"税收中性",更重要的是能够据不同情况,发挥其资源配置效力,间接地对市场经济活动进行适度干预、控制和诱导,平衡供求关系,促进市场发挥自身的调节能力和自主发展。其他国家较我国更早地注意到,污染税在偌大的税收体系中将起到举足轻重的作用。这不仅在于其财政作用,更重要的是,对于改善"市场失灵"它能起到一定作用。另外,有些其他税种会变相给环境带来破坏,作为环境税的一种,又能保护生态环境,污染税则可作为此间的平衡因素,减轻其他税种带来的环境压力。而政府通过污染税的实施,一方面,使污染者承担不可推卸的责任,迫使其付出相应代价;另一方面,该税也会对市场竞争力产生影响,从而推动企业之间良性竞争,通过提高防治污染技术形成竞争力,造福企业,亦提高社会福利,这也是哲学意义上的功利主义所追求的利益最大化。此外,开征污染税是针对生产行为而非单独的企业或者个人,只要有规定行为,产生污染便征税,公平公正,没有征收歧视。

三、纳税主体

一般而言,税种的构成中最关键最基本的就是纳税人、税基、税率三大要素,显然,纳税人是排放污染物的企业及事业单位和其他生产经营者,即纳税主体。

改革向来不是一蹴而就,因而在环境税方面,采取的也是渐进式的步骤,这有利于目标的最终实现。我国对此领域还是较为陌生,环境税对于许多企业和个人来说都是新生事物,因此如何对其征收进行保障就成为重点。任何事物发展初期都不可操之过急,环境税开征初期,对于纳税主体范围的划定,不应过于广泛,在此环节,企业单位首当其冲。这类似于源头治理,因为企业生产行为是污染的主要来源。待到污染税发展一段时间,趋于稳定后,再面向其他纳税主体进行征收。

四、征税范围

课税对象的确定是环境税制度完善的重要环节,通过上述分析已知污染税的课征对象针对的是行为,即污染物排放行为,由此可得,污染税的税基应为污染物的排放量。这也有利于企业在生产时考虑,如何在维持企业效益的同时,又不增排污染物,既不影响经济发展,又能有效减少排污量。《环境保护税法》环境税征税范围主要包括以下几个类别:

一是大气污染物。国际标准化组织对于大气污染的定义是"指由于人类或自然过程引起的某种物质进入大气中,呈现出足够的浓度,达到了足够的时间,并因此而危害了人体的舒适、健康和福利或环境"。[①] 针对大气污染物的税种主要是二氧化硫税。瑞典于上个世纪 90 年代开始征收二氧化硫税,主要是对油、煤炭和泥炭进行征收,美国主要是通过汽油税来控制硫碳气体的排放量。此外,世界上对二氧化硫征税的还有德国、日本、挪威、荷兰等国家。

二是水污染物。大多数人对于水污染物并不陌生,它也并非新型的污染。水污染税一般就是指对水资源以及水净化厂直接或间接排放废弃物、污染物和有毒物质的单位和个人征收的税。在水污染税方面较为成熟的是荷兰和德国。在荷兰,就是按照数量和质量进行征收,并且该国还依据不同地域实行不同的保护程度,可谓因地制宜。

三是固体废物。垃圾税通常被理解为由基层政府用于为收集和处理家庭丢弃的垃圾而筹集资金的一种税。一般根据家庭产生垃圾的数量来征收,垃圾的数量可通过特定尺寸的垃圾箱来衡量。

---

① 姜成春:《大气污染控制技术》,中国环境科学出版社 2009 年版,第 2 页。

四是噪声。与废气、废水、废渣等污染物不同,噪音污染是一种无形污染,在一定范围内,居民对其的损害感知未必明显。噪音税是对噪音排放征收的一种环境保护税,可根据分贝的不同划分区间。

五、计税依据

环境保护税的课征对象是造成环境污染的废物排放行为,因此,污染税的计税依据应以污染物的排放量为准。在环境税制中环境保护税的确定应该根据不同的污染排放项目而灵活安排。[①]《环境保护税法》第7条对计税依据有简明扼要的规定。

从第7条中可以看出,立法者选用的税基都是对社会资源配置影响相对较小的,而且不同污染物治理成本不一,需要考虑对其进行技术监测的可行性等操作问题。对于气体污染物,如一氧化碳、二氧化碳、二氧化硫等,可以借鉴当前发展较早的国家的经验,采用对能源(如石油、煤炭等)的使用多寡与其含碳、含硫量来综合确定;而液体污染物,如排放的污水,一般采用排放量来定,具体可以通过企业的实际用水量减去蒸发损耗的方式测定,但也不能采取一刀切的方式,对较为特殊的水污染物还需适用不同的差别税率,以此促进企业内部的生产模式优化;对于固体污染物,如工业废渣,可以通过实际重量来确定税基;对无形污染,包括噪音、辐射等特殊项目,如飞机、信号发射装置等,为了减少对企业正常决策的不良影响,可以采用按月或按年定额的方式进行征收,不同的项目依照污染程度不同而采用不同的定额标准,并在上一年度的基础上根据实际情况来调整。

六、税率及应纳税额计算

《环境保护税法》的第11条,就是关于环境保护税应纳税额的规定,列明环境保护税应纳税额按照规定方法计算。通过关于《环境保护税法》的起草说明,可知在制定税率时应注意这样几个问题:

税率不宜超过一定标准。征税的目的显然是对企业排污行为进行控制,通过控制排污行为来调节污染物排放量,使其不要超出自然净化的额度。若税率过高,则会适得其反,用过高的代价得来较小的效果。因此如何根据实际发展情况确定这个度,就是立法者需要着重考虑的。

---

① 舒基元:《试论开征污染税治理环境污染》,《环境经济》1994年第4期。

其次税率不能太过统一。各区域企业的发展、自身环境基础、当地经济水平以及未来发展需求,都会造成在税率确定方面的不同。既要有区别又要能适应变化的社会环境,可以采取弹性税率。税率的设计需从长计议,不能只看眼前,随着防治污染技术的更新换代,环境整治的边际成本也将随之变化,因此污染税也要顺应需求而变。但由于立法的稳定性,又不能朝令夕改,弹性税率可根据当时的背景将成本最低化。

适中的税率水平有利于环境税的发展,但也应根据具体情况适用差别税率。如上所述,过高的税率得不偿失,但税率过低,也起不到应有作用。想在合理成本内有效减排,需在高低之间找到最适合我国经济水平的税率。何谓"适中"成了重点,其实就是通过科学的计算,例如可根据环境税的税负和企业整体污染费的负担水平进行换算。当然,得出适中的税率后,也不能据此就对任何的纳税主体都采取同样税率,合理的差别对待能起到更好的作用。例如对环境破坏程度较为严重的污染种类,就采取较高的税率,对破坏程度相对较小的污染类目,适用较低的税率。

七、环境保护税法律关系

(一)环境保护税法律关系主体

1. 环境保护税的征管部门

根据 2016 年 12 月 25 日全国人大常委会审议通过的《中华人民共和国环境保护税法》的规定,环境保护税的征管主要涉及税务部门、环境保护主管部门,其中税务机关负责税务征收,环境保护主管部门负责对污染物的技术测定等辅助性工作。那么在环境保护税征收中该职权分配的正当性合理性何在?

(1)税务机关征收环境税的正当性分析

环境保护税是一种新型税种,其既有传统税种的普遍性,又有其自身的特征。因此环境保护税征管部门的确定既要考虑我国现有的税收征管部门的设置情况,又要重视环境保护税的一些特殊情况。从我国现行税法规定看,我国税收征管部门主要有税务机关、海关和财政机关,财政机关主要负责耕地占有税的征管,海关机关主要负责关税、船舶吨税和进口环节的增值税、消费税的征管,税务机关则负责其他税种的征管。我国税收征管主体主要根据税种选择确定,环境保护税征管部门也可借鉴传统方法根据税种来确定。

对于海关是否征收环境保护税的问题,由于环境保护税不涉及进出口环节,显然不是海关负责的税种,故海关不可能成为环境保护税征管部门。对于财政机关是否征收环境保护税的问题,应该是出于如下几个方面考虑:一是财政机关主要负责耕地占有税的征收,而环境保护税的设置目的主要是出于保护环境及保障生态资源的合理利用,显然与耕地占有税的设置目的不一致,不适合由财政机关进行征收;二是财政机关设置为税收征收机关本身就是出于我国特殊国情的考虑,是区别于发达国家的一种特殊设置,且我国很多地区已经学习西方发达国家慢慢地把财政机关征收职能转移给税务机关;三是随着我国经济发展与城镇一体化进程的推进,耕地占有税将不再是一种独立的税种,此时财政机关也不存在征税行使权的必要。显然,财政机关不可能成为环境保护税征管部门。综上,环境保护税征管部门应是税务机关。

(2)环境保护主管部门在环境保护税征管中的角色定位

确定环境保护税征管部门的另一个关键问题是环境保护主管部门在环境保护税征管中起到何种作用及其与税务机关之间存在何种关系。环境保护税与其他普通税种不同,环境保护税的征管需要对污染物物种、排放量、污染指数等技术含量较高的指标进行测量。而税务机关无相应技术,相反,环境保护主管部门在环境知识、检测技术、机器设备、专业人士等方面均享有很大优势,因此环境保护税中专业性较强的技术鉴定应由环境保护主管部门来负责。环境检测工作技术性极强,需要耗费大量的人力、财力、物力,若在税务机关重复设置相应的技术鉴定部门,无疑是对财政资源的浪费。且即使排污费改为环境保护税后,环境保护主管部门在日常的环境保护行政管理工作中也需要专业的机器设备与技术人员,将这部分设备及人员转移到税务机关也是不合理的。税务机关与环境保护主管部门在环境保护税征管中各有优势,协调好两者关系可更有利于环境保护税征收的有序进行。

税务机关与环境保护主管部门在环境保护税征管中各有优势,那么如何定位环境保护主管部门在环境保护税征管中的地位及如何协调好其与税务机关的关系?目前税务理论界有三种不同的环境保护税征管模式:一是税务机关直接征收管理的模式;二是税务机关审核,环境保护主管部门代为征收的模式;三是环境保护主管部门审核,税务机关征收的模式。下面对这三种模式进行相应的分析与对比。

税务机关直接征收管理的模式,即从排污量的检测到税款计征的全过程均由税务机关负责。显而易见,这种模式中税务机关负责环境保护税征收符合我国现有的税收征管部门的设置情况,但在实践中税务机关难以承担起排污量检测等技术性工作。环境保护税的征收需以排污量为计税依据,但税务机关对排污量等技术性较强的工作缺乏必要的技术设备及专业人士,从而大大地加大了税务机关的工作难度。如果税务机关为了排污量检测等工作重新建立一支专业技术队伍，又增加了税收征管成本，不符合我国行政高效原则。该模式成本高，效率低，明显不可取。

税务机关审核，环境保护主管部门代为征收的模式，是指排污量的确定、税款计算和征收交由环境保护主管部门负责，税务机关仅负责审核。在这种模式中，环境保护税的主体是税务机关，税务机关拥有税收征管权，环境保护主管部门是征税受托主体，但排污量的确定、税款计算和征收均由环境保护主管部门行使，这种模式与征收排污费的模式殊途同归，无实质进展。众所周知，征税与收费有本质区别，征税在专业性、程序性方面要求很高，环境保护主管部门在征税的配套各方面不足，难以承担起征税的重任，在实践征税过程中容易出现执法不严和违反程序等问题。因此，这一模式也不适合。此外，从行政角度看，该模式也存在着重大问题。该模式中，税务机关是委托主体，环境保护主管部门是受托主体。根据行政诉讼法，行政委托关系中，在委托的权限范围内，受托行政机关的行为后果归于委托方。且环境保护税的争议基本大多数均是是否征税或者征多少税的问题，根据税收征管法，此类争议必先经过复议前置程序才可起诉。在这种模式中，虽然和纳税人发生直接争议的是环境保护主管部门，但因行政诉讼法规定其法律后果归于作为委托人的税务机关，所以应当以税务机关为被申请人，向税务机关的上一级税务机关申请复议。起诉时则以上一级税务机关或税务机关为被告。无论复议还是起诉，最终均是委托机关税务机关承担，这大大增加了税务机关的风险。由于环境保护主管部门本身难以克服的技术困难，即使通过建立部门间监督协调制约机制也难以有效解决问题，这点在排污费已有明显的体现。让税务机关为环境保护主管部门的错误买单，显然是不合情理。该模式执法风险大，法律责任不清，也不合理。

环境保护主管部门核定，税务机关征收的模式，即由环境保护主管部门对排污源进行监测，为税务机关提供计税资料，然后由税务机关计税征税。该模式既有效利用了环境保护主管部门在环境监测等技术上的优势，也充分发挥了税务机关在税务征收及管理的特长，两者分工负责、互相配合、共同征管，充分利用了两者的优势。湖北省2007年10月就已经采取了该模式，也取得不错的实践效果。该模式征收成本低，管理简便，稳定性强，是比较理想的模式。

综上，环境保护主管部门核定，税务机关征收的模式是最佳选择。在该模式下，环境保护主管部门的法律地位是：协助税务机关的第三人。环境保护主管部门主要从以下方面协助税务机关征收环境保护税：税务机关和纳税人才是税收法律关系的双方当事人，环境保护主管部门仅仅是行政主管机关，不是税收法律关系的主体。在环境保护税征管过程中,环境保护主管部门只起到辅助性作用,不介入具体的税款征收,征税主体固有的权利如税款征收权、税务的强制执行权、违法处罚权仍然属于税务机关。相关法律法规赋予环境保护主管部门的职能主要是监控企业的污染行为,搜集企业有关污染和其他经营活动的信息并将相关信息提供给税务机关。具体核定污染物排放种类、数量等,协助税务机关加强环境保护税的征收管理。

(3)环境保护主管部门与税务机关的涉税信息共享平台和工作配合机制

在环境保护税的征收过程中,环境保护主管部门与税务机关均起着重要作用,环境保护税的征收离不开两者之间的分工合作与相互配合。税务机关按照相关法律法规对环境保护税进行征收管理,环境保护主管部门负责对污染物的监测管理。具体而言,县级以上地方人民政府应当建立税务机关、环境保护主管部门和其他相关单位分工协作工作机制,实现环境保护税征收管理最优化。但在实践操作中,由于立场的不同,税务机关更倾向于税收收入的稳定性与成长性,而环境保护主管部门更倾向于环境质量的改善,从而导致在环境保护税征管过程中的不同利益诉求。为了提高两者间的协调性,更好地提高环境保护税的征收效率,在环境保护主管部门与税务机关间建立涉税信息共享平台和工作配合机制势在必得。

涉税信息共享平台和工作配合机制的建立可更好地共享税务机关与环境保护主管部门的信息,有利于发挥环境保护主管部门在环境保护税征收中的协助作用。在涉税信息共享机制中,税务机关与环境保护主管部门的职能如下:环境保护主管部门定期将排污单位的排污许可、污染物排放数据、环境违法和受行政处罚情况等环境保护相关信息交送税务机关,税务机关定期将纳税人的纳税申报、税款入库、减免税款、欠缴税款以及风险疑点等环境保护税涉税信息交送环境保护主管部门。通过涉税信息共享机制,环境保护主管部门及税务机关分工负责、互相配合,共同做好环境保护税的征管工作。

2.环境保护税的纳税人

纳税主体是税收法律关系的要素之一,纳税主体又称纳税人,纳税人是法律规定的直接负有纳税义务的单位与个人。根据税收法定原则,要认定某一种主体是否为纳税人必须有法律的明确规定。那么作为环境保护税,纳税人的资格又该如何确定?

(1)环境保护税纳税主体的理论基础

什么是纳税主体?学界主要有两种观点:一是纳税主体即纳税义务人;二是纳税主体是在税收法律关系中承担税收义务并享有税收权利的人。无论哪种观点,其精髓主要在于突出纳税主体对纳税义务的承担及法律对纳税人身份的确认。要更好地界定环境保护税纳税人,关键还是得从环境保护税纳税主体的资格认定入手。

法律关系主体的资格是法律赋予的,要成为法律关系的主体必须具备一定的条件。但由于环境保护税纳税主体不是民事法律关系的主体,故民事法律规范关于自然人、合伙、法人权利能力和行为能力的规定不能作为确立纳税主体的标准。现代税法已经接受基于"实质课税"原则来把握特定主体的税收负担能力,以符合量能课税原则观点,因此纳税主体在税法上的权利能力的认定与民法上的权利能力的认定不一定要完全一致,可不必拘泥于法律形式。况且不同的税法有不同的规范目的,不同的税种甚至税目有自己范围内的关于权利能力的规定。一般来说,除税法对纳税资格有特定要求外,自然人对于各个税种、税目都有权利能力;而对于法人和非法人来说,是否具有权利能力则要根据不同税种的课税目的来判断。具体而言,环境保护税是一种行为税,其主要目的是控制污染排放保护生态环境而不在于财政收入,显然难以用这种理论来确定环境保护税的纳税人。因此环境保护税纳税主体应有其自身界定标准。

(2)环境保护税纳税主体的立法原则

如前文所述,作为对污染和生态破坏等行为课征的独立税种,环境保护税是行为税。其功能定位不在于筹集财政收入,而是以税收手段来调控环境污染行为。环境保护税的主体的确定需考虑环境保护税的政策目的。因此,确定纳税义务人的设税理念不应是"受益者付费"而应是"污染者付费"原则。

"污染者付费"原则是环境伦理学的基本原则之一,其含义是"污染者对由他们所造成的污染负有义务,即必须承担防治或减少污染的费用"。"污染者付费"原则是市场经济发展的必然结果。随着工业化进程的加快,环境污染和环境破坏的加剧,人们开始质疑国家出资治理的传统环境治理方式,并于1972年首次提出"污染者付费"原则。该原则依托于经济学的"外部理论"得到国际的积极响应。该原则认为,在环境污染现象里,污染者为了追逐自身利益将大量的污染物排入环境中,使环境质量下降,从而影响到社会其他主体的生活,污染者必须承担起治理环境的费用(外部成本内部化)。自此,"污染者付费"原则成为很多国家环境保护立法的基本原则。

随着工业化进程的加快,消费型环境问题逐渐引起人们的重视。人们发现,一件产品的生命周期无论是生产环节还是销售和使用等环节都存在对资源的浪费和环境的污染,但没有被计入环境成本。基于此背景,"受益者付费"

的概念应运而生,即要求从资源环境获得实际利益者,都应为自然资源价值的减少与环境的污染付出相应的代价,而不再局限于资源的直接开发者和环境的直接污染者[①]"受益者付费"原则从"污染者付费"原则发展而来,其不仅继承了后者对社会公平和环境正义的坚持,而且有效地解决了一些后者尚未覆盖到的环境成本负外部性问题。

由上文可知,"污染者付费"原则与"受益者付费"原则均是环境保护立法中不可缺少的原则,在理论价值上无所谓优劣之分。选择"污染者付费"原则还是"受益者付费"原则不可草率决定,而应理论联系实际,实事求是,结合我国国情及税收实践做出最优选择。

对于环境保护税纳税人的选择,"污染者付费"原则是国际通用的原则。从理论基础上看,"污染者付费"原则强调的是对已经发生的环境污染采取事后补偿的方法,有利于更好地引导企业进入环保市场,符合法的公平的精神。从实践经验来看,"污染者付费"原则在我国有很深的实践基础。在我国的相关环保立法与政策中明显地体现了"污染者付费"原则。1989年《环境保护法》全面地体现了"污染者付费"原则的内涵,如第41条规定,造成环境污染危害的,有责任排除危害,并对直接受到损害的单位或个人赔偿损失。此外,我国一些环境保护制度也体现了"污染者付费"的思想,如要求污染者的污染治理设施与主体工程同时设计、同时施工、同时使用的"三同时"制度等。除了相关立法之外,"污染者付费"原则也体现在我国的环保政策中。如2005年《国务院关于落实科学发展观加强环境保护的决定》针对我国环境保护领域中的突出问题,要求大力发展循环经济,在生产环节实行清洁生产并依法强制审核,在废物产生环节,要强化污染预防和全过程控制,实行生产者责任延伸,合理延长产业链,强化对各类废物的循环利用;在消费环节,要大力倡导环境友好的消费方式;充分运用市场机制来推进污染治理,全面实施城市污水、生活垃圾处理收费制度,收费标准要达到保本微利水平,凡收费不到位的地方,当地财政要对运营成本给予补助等,使得污染者付费原则得到进一步体现。[②]无论理论还是实践,"污染者付费"原则均有其独特的优势,根据"污染者付费"原则来确定纳税义务人合情合理。

---

① 张旭辉、高胜达:《正确理解"受益者"中国环境修复产业联盟》,《中国环境报》2014第2期。

② 王利:《论我国环境法治中的污染者付费原则——以紫金矿业水污染事件为视角》,《大连理工大学学报(社会科学版)》2012年第12期。

（3）环境保护税纳税主体的详细规定

"污染者付费"原则是关于环境保护税纳税主体的立法原则,环境保护税纳税主体的立法理念应围绕"污染者付费"原则展开,即"污染者对由他们所造成的污染负有义务,即必须承担防治或减少污染的费用"。此处的难题就是如何认定环境保护税中的"污染者"。污染者,即已经对环境造成污染或者破坏的主体。与产品的生命周期相对应,环境保护税"污染者"具体包括会对环境造成一定污染的产品的直接制造者和提供这种污染型产品生产的原料、能源的提供者,以及对此种产品的消费者等。然而现实生活中的污染者是否就是"污染者付费"原则中的"污染者",是否就是环境保护税纳税主体? 在我国税收理论界存在两种观点。

一种观点将直接向环境排放污染物的企业认定为环境保护税纳税人,除此之外的其他单位或者个人的排污行为仍然缴纳排污费,实行税、费并存,其中由税务机关负责征收环境保护税,环境保护主管部门征收排污费。持此观点的人认为,实行税、费并存模式好处多多,既可以节约征管成本,而且可以提高征管效率。但从实践角度考虑,该模式弊大于利,环境保护税与排污费并存可能导致征收过程中出现同一税种交叉或者某些税目遗漏等问题。该模式下可能易把很多中小型企业和个体工商户排除在外,这将从根本上降低了环境保护税的调控力度。且该模式下,排污费依旧存在,整个社会的征收成本也不会必然减少。税、费并存模式无疑是一种无为的中庸之道,显然不符合当前环境费改税的改革宗旨。

另一种观点主张将所有的单位和个人都认定为环境保护税的纳税主体,即将与污染直接或间接相关的主体,包括资源开发者、加工生产者、直接消费者等作为纳税人。主张该观点的学者认为,将所有环境的污染者都认定为环境保护税纳税主体的做法符合"污染者付费"原则。他们主张,在税制设计中,可结合税种自身的特点和征管方法等,将环境保护税的纳税人区分为居民纳税人和企业纳税人。从而根据纳税人性质的不同,确定不同的税率,有针对性、有重点地约束环境污染者的行为。但该观点看似合理,实则问题重重。其一,该观点强调不同污染者根据其污染状况进行纳税有其合理性,但一股脑地将所有污染者纳入环境保护税纳税主体范围,不考虑污染者的经济负担能力,显然与量能原则相违背。其二,环境质量作为一种公共产品,在我国属于国家所有,不属于任何一个个体或单位,又因为环境自净能力的存在,对于污染环境进行课税应具体情况具体分析,需考虑不同主体所享环境利益的多少,但该观点强调有污染就必须付费,简单地按照排放量的多少收税,明显与受益原则不符。从细节上看，也有多处是站不住脚的，如将居民个人作为环境保护税的纳税人显然不符合我国当前国情。如是否对个体工商户进行征税，更多地反应的是税务机关的征管能力，过分地苛求税务机关对个体工商户面面俱到的征税也是不合理的。因此该观点的实践性也不强，有待考虑。

综上，考虑到我国环境污染的严峻形势，为了全面控制污染，应根据"税负平移"原则，将排污费的缴纳人作为环境保护税的纳税人。考虑到我国目前贫富差距的社会现实问题，为了不直接加重个人的税收负担，暂时不宜将个人作为环境保护税的纳税人。考虑到社会公益性，也不宜将不具有生产经营行为的机关、团体、军队等单位作为纳税人。为保证顺利开征，应遵循渐进式的步骤，按照先企业后个人的顺序进行征税。事实上，消费税中与环境直接相关的税目已经通过消费过程将税负转嫁给消费者，如果再对其征收环境保护税，相当于让消费者承担了两次环境成本，显然也是不合理的。同时考虑到征收成本及征收效率的问题，在实践中可将环境保护税的纳税人划分为一般纳税人和小规模纳税人，一般纳税人按照一般的标准和程序进行征收，小规模纳税人按照特殊方式征税。对于小规模纳税人，可在税制中设立最低征收标准，对于最低标准以下的排污行为，全部按照最低标准征收环境保护税，以提高征管效率。

（二）环境保护税法律关系客体

1.环境保护税的征税对象

征税对象也叫课税客体，指的是税收法律关系中权利义务对应的对象，也就是对什么征税。征税对象可以是所得、资源，也可以是财产、行为等。征税对象是税法最基本的要素，是区别不同税种的主要标志。我国应从国情出发，根据自身客观经济状况选择适合的征税对象。

（1）环境保护税征收对象的理论基础与实践选择

从经济法理论来看，环境保护税的实质就是通过调节税收，让污染环境的行为，从负外部性向内部化转变，进而实现保护环境的效果。根据庇古税理论，在环境保护领域中，存在大量的外部性问题。例如轿车使用者在使用汽车时，需购买汽车和汽油，才能享有汽车带来的出行便利，然而汽车使用过程中排放的尾气却污染了空气，对大众身体健康造成危害，具有外部负效应。外部性问题的存在极大影响了市场主体对经济行为的选择，同时也影响市场机制对资源配置的效率。如前例中，汽车消费的成本并不是都由消费主体来承担，但所有的收益却由其完全享有，这会产生一种变相鼓励，从而使市场的资源配置机制陷入低效率甚至无效。很显然，负外部性问题是造成各类环境问题的症结所在。要有效治理环境污染,政府应充分利用环境保护税来减少相应的负外部性,推动资源理合理利用,促进资源有效配置,达到环境保护的目的。

为了充分发挥环境保护税的矫正功能,应当合理地界定环境保护税的征税对象,使污染行为的负外部性内部化。从理论上看,环境保护税应对所有的资源开采和所有的排污行为征收,包括对生产者在生产产品时产生相应污染物的征税、销售者在流通商品时产生的污染物的征税、消费者在购买时产生的污染物的征税。

但现实生活是复杂多变的,由于经济、政治、文化、行政管理等方面的原因,实践中环境保护税的征税对象难以与理论完全一致。从经济学的理论看,税收制度绿化和国家经济竞争力是存在冲突的。众所周知,环境问题是没有国界之分的,环境保护是全球人民不可推卸的责任。但是若部分国家未考虑国际趋势,扩大环境保护税征收范围,环境保护税增加会使得商品价格提高,从而使相应商品的竞争力在同类商品中下降,国家经济竞争力水平在世界范围内将随之下降。从政治学角度来看,政府作用与市场机制存在冲突。政府为保护环境,习惯性地采用命令及控制性的手段。虽然这种"命令—控制"手段有利于政府执行与监督,但由于环境保护税的内容涉及的经济成本问题更容易被市场主体感知,这种"命令—控制"手段更容易引发市场主体的不满与反抗,从而导致更多社会问题,得不偿失。从行政管理的角度来看,要对所有的资源开采和所有的排污行为征收环境税,更需要考虑征收技术上的可行性。在实践中,征收技术上仍然存在诸多困难:一方面,在现实生活中,仅仅对重点污染源的主要污染物进行监测,监测系统存在盲区,没有完善的资源环境监测系统为全覆盖环境保护税的实施提供条件;另一方面,我国执法人员的总体执法业务水平不高,难以迅速实施环境税的全覆盖战略。综上,无论在经济、政治上,还是在行政管理上,全覆盖环境保护税的实施均不具有可行性。

因此,将所有的资源开采和所有的排污行为均纳入环境保护税征税对象仅仅是理论上的理想状态,而实际上采用环境保护税调节环境污染,应当是符合客观事实且具有较强操作性的"次优选择"。

(2)西方环境保护税征收对象的经验借鉴

20世纪90年代,西方国家政府逐渐减少对环境问题的直接干预,而采用环境保护税这一间接干预手段。西方环境保护税税种的分布与社会再生产环节密切相关。在原材料供应环节征收投入品税,在生产或消费环节根据商品所含的污染成分征收污染产品税,对生产或消费过程中排放的污染物征收排放税,对废弃物征收填埋税。西方的环境税种类繁多,但开征的环境保护税税种可分为四大类,包括能源税、废弃物处置税、交通税和水污染税。由于经济发展水平、环境状况以及税收征管能力的差异,不同国家在环境保护税征税对象的选择上也存在很多差异。

瑞典是世界上最早开征环境保护税的国家,其主要对能源及对其他与环境有关的物品的征税。一类是与能源相关的税,包括:①对燃料征收的一般能源税,该税对石油、煤炭和天然气征税;②对能源征收的增值税;③二氧化碳税;④硫税;⑤汽油和甲醇税、里程税、机动车税等。另一类是与环境有关的税收,包括对化肥、农药和电池的征税。

荷兰的环境保护税征税对象主要有以下几类:①燃料税;②垃圾税;③超级粪便税,即对产生粪便的农场征收的一种税,其主要目的是降低由于粪便排放而带到环境中的矿物质含量;④机动车特别税;⑤水污染税;⑥地下水税,即由省级政府对抽取地下水的单位或个人征收的一种税,其资金用于地下水管理的研究和成本补偿;⑦噪音税,即对民用飞机的使用者(主要是航空公司)在特定地区产生噪音的行为征收的一种税。综上,荷兰环境税征税对象主要是能源税、废弃物处置税、交通税、水污染税和噪音税。

美国环境保护税征税对象主要有以下几种:开采税(资源税)、对固体废物处理的税收、损害臭氧的化学品征收的消费税、汽油税及其与汽车使用相关的其他税种、其他联邦消费税。

从西方环境保护税税制建设的经验看,西方各国环境保护税的征税对象并不是盲目地全覆盖,而是有针对性地从重点污染源入手,待取得经验后再扩大征税范围。征税对象的选择性和递进性是西方环境保护税的主要特征之一,也是其征收取得成功的关键。我国在开征环境保护税之初,应根据我国污染防治单行立法的实际现状并参照国际做法,结合环境要素和污染源及其环境因子来确定征税对象,不宜盲目定得过宽。

(3)我国环境保护税征收对象的界定

从国际经验看,采用全覆盖原则征收环境保护税均是不可取的。西方国家在刚刚开始征收环境保护税时均是采取循序渐进的方法,先从重点污染源入手,待取得经验后再扩大征税范围。因此,在现实条件下,我国环境保护税的征税对象选择,一方面要考虑理论上环境保护税征税对象应覆盖的范围,另一方面要客观、冷静分析我国目前面临的突出的环境问题,权衡经济社会发展与环境保护税税制建设之间的关系,兼顾保护环境和促进经济增长两方面的需要,按照易接受、可操作、便执行的原则确定环境保护税的征税对象。[①]

在此情况下,首先,应考虑将那些对我国的环境污染最为严重,既有国际经验可借鉴,又有排污收费经验作基础的排污行为作为征税对象。因为,此类行为对我国环境的污染最严重。而且,对此类行为课税,我国既有征收排污费的经验作为基础,也有大量的国外经验可供借鉴。其次,应把那些难以分解和再回收利用的材料制造、在使用中会对环境造成严重污染的各种包装物纳入征收范围,此类物品对环境污染比较严重且不易消除,而且对其课税在操作上也比较简便。根据这一思路,我国此前排污费的征收对象就自然成为环境保护税征税对象的首选方案。在《排污费征收标准管理办法》中,对征收的排污费用按照"大气污染物、水污染物、固体废物、噪声"来分类,相应的,环境保护税的征税对象也是排放这四类污染物的行为。当然由于我国地区差异和行业差异,在制定环境保护税法基本制度下不同地区不同行业可根据环境保护税税目设计的差异性原则,相应地制定对应的子税目。

2.环境保护税的征税范围

征税范围是指税法给征税对象划定的具体范围,因而征税对象在税法上常常表现为征税范围。征税对象与征税范围从本质来看是对一个事物基于不同视角的考察,征税对象解决的是概念的内涵问题,征税范围解决的是概念的外延问题。如前文所述,环境保护税的征税对象为"大气污染物、水污染物、固体废物、噪声"这四类污染行为,相应地这四类污染行为是否全部都课征环境保护税?这便是环境保护税的征税范围要讨论的要点。

众所周知,环境问题自古就有。发展经济难以避免会导致环境问题的产生。环境问题确实会带来污染和公害,但考虑到经济发展对环境及资源的需要,要完全摒弃环境问题显然是不切合实际的。我们难以达到消除污染的目标,但至少要实现控制污染的目的。因此,对于某些在环境本身所具有的净化能力之内的污染行为,没有必要收费。我国的排污收费制度,虽然对超标排污态度前后存在巨大转变,但在效果上,超标与否始终都是确定排污费征收范围的一个重要标准。对于环境保护税来说,征收客体也要严格考虑排污行为的超标问题。因此,环境保护税的征税对象是"大气污染物、水污染物、固体废物、噪声"这四类污染行为,并不意味环境保护税的征税范围为这四类污染行为的全部范围,而应考虑具体情况选择应当纳税的污染行为。

---

① 王金霞、尹小平:《对环境税征税对象的探讨》,《税务研究》2011年第7期。

181

(1)大气污染物的征税范围

根据国际标准化组织所下的定义,大气污染是指由于人类某些活动或自然活动引起某些有害物质进入大气,达到一定的浓度,并且持续停留较长时间,从而达到了危害人体的健康及危害自然和生存环境的程度。大气污染物既可由自然因素产生,也可由人为因素导致,其中工业生产排放以及交通工具排放是产生大气污染物的主要原因。因此通过向大气污染物征收环境税可有效减少大气污染物的排放。大气污染物主要有二氧化硫、氮氧化物、一氧化碳等,这些大气污染物一方面是由工业生产过程中的煤炭、石油等能源的燃烧产生,另一方面是由机动车、飞机、船舶等的尾气排放中产生。从理论角度出发,无论大气污染物的排放是在陆地上空还是在海洋上空,无论大气污染物超标与否,只要有排放大气污染物的行为就应纳入环境保护税的征收范围之内。但从我国国情及国际实践经验出发,将所有排放大气污染物的行为均纳入环境保护税征收范围是否合理?

从西方国家环境税征收的成功经验来看,大气污染物的征税范围应是循序渐进的。一开始仅仅对能源消费品如石油、重油、天然气、机动车辆等能源的消费开征污染税,后来各国陆续对向大气排放的二氧化硫、二氧化碳开征相应的二氧化硫税、碳税,还有少数国家将氮氧化物也列入征税范围如波兰、瑞典等。西方各国在开征污染税时首先选择污染较严重的污染物,根据实行情况再逐渐扩大征税范围的方式是值得我国借鉴的。因此,切勿草率急躁地一次性将所有排放大气污染物的行为均纳入环境保护税征收范围。借鉴我国排污费对大气污染物的收费经验并在此基础上完善是个不错的选择。从之前我国排污费的实践来看,排污费暂时不征收机动车、飞机、船舶等流动污染物。《排污费征收使用管理条例》第2条第1项规定:按照大气污染防治法、海洋环境保护法的规定,向大气、海洋排放污染物的,按照排放污染物的种类、数量缴纳排污费;同时《排污费征收标准管理办法》第3条第2项规定:对向大气排放污染物的,按照排放污染物的种类、数量计征废气排污费。对机动车、飞机、船舶等流动污染源暂不征收废气排污费。显然,衔接排污费的做法更利于对大气污染物征税的顺利进行。同时,我国从1986年就开始再次征收车船使用税,虽然车船使用税和车辆购置税的征收是为当地政府的道路基础设施建设提供资金,但却在节能减排、保护环境起到重要作用。从避免重复课税角度出发,可暂不将机动车、飞机、船舶等流动污染源列入大气污染物的征税范围。

(2)水污染物的征税范围

水污染物是指使水质恶化的污染物质。水污染物产生的原因多种多样,主要是因为水中的盐分、微量元素或放射性物质浓度超出临界值,使水体的物理、化学性质或生物群落组成发生变化导致。理论上为了有效地控制水污染物,必须从源头出发遏制污染源,但实际操作要考虑可行性。水污染物的征税范围主要应考虑以下两点:一是直接排污及间接排污是否均纳入水污染物的征税范围? 二是超标排放污水是否属于水污染物的征税范围?

直接排污及间接排污的分类用于水污染物排放的实践中。直接排污是指生活废水及工业废水未经过任何的污水处理便直接排放至水体中。而间接排污是指将废水经过污水集中处理设备处理后又排入水体中。很显然,为了降低水污染物的数量,对直接排污的行为征收环境税是毋庸置疑的,且这一做法也是和排污费的收取相衔接的。但间接排污在排放过程比直接排污多了污水集中处理这一环节,污水集中处理必然涉及污水处理费的缴纳问题。污水处理费与水污染物环境税的征收之间存在两个问题:第一个问题是污水处理费与水污染物环境税的征收是否属于重复收费? 显然,在一定程度上答案是肯定的。污水处理费是城市污水集中处理设施的运营单位按照规定向排污者提供污水处理的有偿服务而收取的费用,以保证污水集中处理设施的正常运行。它能提高水的利用效率,恢复城市乃至流域的良好水环境,降低水污染物排放对环境的危害,是一种高效的污水处理手段。因此,简单地同时征收污水处理费及对间接排污行为征收环境税是不合理的。但若超过污水集中处理设施的处理能力,则又产生另外一个问题。这种情况下,污水排放者除了按照法律规定缴纳污水处理费外,是否还需要缴纳环境保护税? 如果要缴纳环境保护税,是全部缴纳还是考虑到污水处理费的缴纳从而减少环境保护税的缴纳? 要确定水污染物的征税范围,势必要考虑好这些问题。

水污染物征税范围的另一个问题是超标排放污水是否征收环境保护税? 关于此问题新旧法的规定是不同的。旧《水污染防治法》规定,排污单位按照国家规定缴纳超标准排污费并制定规划,进行治理。而新水污染防治法规定限期治理以及给予相应罚款的行政处罚。新法的规定是“预防为主、防治结合、综合处理”原则的体现,其严格的行政处罚制度在处理废水超标排放上取得了巨大成就。虽然排污费和行政处罚均是经济法规制手段,但他们的效果一致,双倍征收排污费在效果上完全可以为行政处罚所兼容。这一点也已得到环保部门的确认。当前水污染防治法的规定已足够处理超标排放污水问题,对超标排污不征税也具有可取性。再者,在实践中,判断排污超标与否不是税务机关的职权,已经超出了税务机关的业务能力,税务机关对此没有进行法律评价的权利与义务。因此,对于超标排放污水不一定要征收环境保护税,可直接要求限期治理,在治理不符合要求的情况下,进行相应的行政处罚。

（3）固体废物的征税范围

现行《中华人民共和国固体废物污染环境防治法》（以下简称《环境防治法》）第88条对固体废物的相关概念是这么解释的:

①固体废物,是指在生产、生活和其他活动中产生的丧失原有利用价值或者虽未丧失利用价值但被抛弃或者放弃的固态、半固态和置于容器中的气态的物品、物质以及法律、行政法规规定纳入固体废物管理的物品、物质。

②工业固体废物,是指在工业生产活动中产生的固体废物。

③生活污染,是指日常生活中或者为日常生活提供服务的活动中产生的固体废物以及法律、行政法规规定视为生活垃圾的固体废物。

④危险废物,是指列入国家危险废物名录或者根据国家规定的危险废物鉴别标准和鉴别方法认定的具有危险特性的固体废物。同时,该法第56条规定,以填埋方式处置危险废物不符合国务院环境保护主管部门规定的,应当缴纳危险废气排污费,并对造成污染的行为进行处罚。

但是,2003年《排污费征收使用管理条例》及《排污费征收标准管理办法》规定缴纳排污费的固体废物包括工业固体废物和危险废物两类并对它们在什么条件下征收排污费进行了相应限制。具体规定如下:对没有建成工业固体废物贮存、处置设施或场所,或者工业固体废物贮存、处置设施或场所不符合环境保护标准的,按照排放污染物的种类、数量计征固体废物排污费;对以填埋方式处置危险废物不符合国务院环境保护主管部门规定的,按照危险废物的种类、数量计征危险废物排污费。对比《固体废物污染环境防治法》及条例、办法可知,他们在征收范围上存在重大差别:《固体废物污染环境防治法》仅对危险废物征收排污费,其范围明显小于条例及办法关于固体废物的收费范围。

从理论上讲,根据损害担责的原则,应从固体废物产生源头全面征收环境保护税,才能全面促进固体废物的减量化、资源化和无害化。按此思路,固体废物的征税范围应包括条例及办法规定的两类行为,即一类是没有建成工业固体废物贮存、处置设施或场所,或者工业固体废物贮存、处置设施或场所不符合环境保护标准的,另一类是以填埋方式处置危险废物不符合国务院环境保护主管部门规定的。但考虑到目前环境保护税的征税对象没有将居民个人纳入,相应固体废物的征税范围也不应当包括生活垃圾。而且这样的规定也与《环境防治法》关于固体废物的划分相衔接,合理性强。

此外,对以填埋方式处置危险废物但却不符合国务院环境保护主管部门规定的行为,是否适合成为固体废物的征税范围也值得探讨。正常情况下排污行为如果超过一定限度,就必然会带来否定性评价。但是由于危险废物本身就是一种肯定的危险的威胁,而且造成的后果也比较间接,因此这个结论对于危险废物来说很难成立。对于此类危险废物有两种处理方式:一种是对以填埋方式处置危险废物但却不符合法律规定的情况,征收环境保护税;另一种是不征收环境保护税,而是强化环境保护主管部门的管理措施,要求排污者对危险废物进行无害化处理,否则直接进行处罚。第一种做法好处在于与现行的排污费制度相衔接,但是需要花费很多人力物力来重新设置相应的制度。相反,第二种方法只需要对现行环保法律进行配套跟进,成本较低,这相对而言是一种性价比更高的方案。

(4)噪声的征税范围

噪声污染与水污染、大气污染以及固体废弃物污染并称为世界四大污染,噪声污染源头较广,污染源包括交通噪声、工业噪声、建筑噪声以及商业和居民生活噪声。噪声危害很大,影响人们的生活、工作和学习甚至诱发疾病。正如前文公民环境权理论、科斯定理、庇古理论所述,对噪声征收环境保护税势在必行。如何合理确定噪声的征税范围对于噪声税征收的成功与否至关重要。

关于噪声排污费我国已有以下相关规定:2003 年《排污费征收使用管理条例》及配套的《排污费征收标准管理办法》规定,对环境噪声污染超过国家环境噪声排放标准,且干扰他人正常生活、工作和学习的,按照噪声的超标分贝数计征噪声超标排污费。对机动车、飞机、船舶等流动污染源暂不征收噪声超标排污费。《中华人民共和国环境噪声污染防治法》第 16 条规定,产生环境噪声污染的单位,应当采取措施进行治理,并按照国家规定缴纳超标准排污费。[①] 除了超标外,《排污费征收标准管理办法》还增加了"且干扰他人正常生活、工作和学习"这一限制。

以上规定有其一定的合理性,众所周知,声音只有在超过一定限度时才对人类和所处环境存在有害性,所以设定一定标准并明确只有在噪声超标时才收取排污费是合情合理的。噪声税的征收也可衔接这一规定,根据课税目的、征管资源和财政收益,综合考虑选择噪声税合适的征税分贝。

但"且干扰他人正常生活、工作和学习"这一限制条件,显然是不切合实际的,不值得采纳。噪声存在偶然性特点,由此带来征收效果上的偶然性,环境

[①] 秦天宝、胡邵峰:《环境保护税与排污费之比较分析》,《环境保护》2017 年第 2 期。

保护主管部门对于管理对象一直存在着信息不对称的问题。或者这是"且干扰他人正常生活、工作和学习"这一条件的立法初衷,寄望于通过群众路线来弥补行政机关执法的不足。但是这一条件弊端重重。第一,"是否干扰他人正常生活、工作和学习"主观性色彩浓厚,特别是对于非持续性的偶发噪声,见仁见智,是否影响他人可能出现多种判断。第二,该条件的操作性不强。噪声的持续时间有限,它的持续时间不见得始终能够满足执法部门完成知悉、反应、抵达现场、提取数据这一系列动作。同时噪声这种特别的污染形式也不好通过有效的证据进行认定,对这种行为的认定不仅需要证据,还需要根据噪声的特点现场完成检测,以便对超标与否这种缴费义务成立的基础事实做出判断。显然,"且干扰他人正常生活、工作和学习"这一限制条件在现实中很难操作。噪声税的征收应该摒弃该条件。噪声税的征收,应结合多种方式齐头并进以处理噪声问题。一是鼓励人们通过损害赔偿来主张自己的利益。我国也有相关立法规定。《中华人民共和国环境噪声污染防治法》第61条规定:受到环境噪声污染危害的单位和个人,有权要求加害人排除危害;造成损失的,依法赔偿损失。二是政府可建立和完善争议解决机制,以大化小,用和解方式化解性质不严重的噪声行为。

(三)环境保护税法律关系内容

法律关系的内容是指法律关系主体所享有的权利和承担的义务,即法律权利和法律义务。环境保护税法律关系内容,即指环境保护税征税过程中征税主体税务机关的职责及纳税主体的权利义务。2016年12月25日通过的《环境保护税法》意味着环境保护税由此成为我国第18个税收种类。环境保护税作为一种特殊税种,自然而然体现了税法的主体思想精髓,税法法律关系内容在环境保护税中同样适用。同时,根据《环境保护税法》立法中所体现的"税负平移"原则,环境保护税也展示出的法律关系内容和其他税种有所不同。

1.环境保护税征税主体的职责

环境保护税征税主体的职责即征税机关税务机关在环境保护税的征管过程中所享有的权利及承担的义务。征税主体的义务主要是依法征税、依法减免税、保守秘密、依法回避等,纳税主体的这些义务对应的是征税主体的权利。此处将重点介绍征税主体的权利。征税主体即税务机关在环境保护税征管中主要有以下几项权利:税收管理权、税款征收权、税务检查权、税务行政处罚权等。

(1)税务管理权

税务管理权是指环境保护税征收过程中税务机关依法对纳税人履行法定

义务的情况进行服务、指导、规范、监督和惩处的行政权力。税务机关的行政管理权主要包括以下四项内容：

①税务登记。税务登记是税务机关对环境保护税纳税人实施税收管理的首要环节和基础工作，即税务机关依照法律对环境保护税纳税人相关信息进行登记管理的一项制度。税务登记是行政事实关系成立的标志，也是对纳税人特定事实的一种确认。

②发票管理。发票管理是税务机关对环境保护税纳税主体即污染物的排放单位和个人在经营活动中所开具的商品销售和营业收入凭证进行的管理。发票管理主要包括五项内容：发票的印刷、发票的领购、发票的开具、发票的保管、发票的检查。发票管理是税务机关打击骗税、偷税、抗税的有效手段。

③对账簿及凭证管理的管理。账簿、凭证管理是指环境保护税纳税人必须按照法律法规和规章规定的保管期限保管的账簿、记账凭证、完税凭证及其他有关资料。此处所指的对账簿及凭证管理的管理即税务机关对纳税人是否按照相关的规定要求履行账簿、凭证管理义务进行监督检查，对违规者责令纠正，对违法者进行惩治的行为。这是税务机关的常规行政权力之一。

④纳税申报管理。纳税申报是指环境保护税纳税人按照相关规定在法定期限内向税务机关提交有关纳税事项书面报告的法定行为。纳税申报的内容主要包括：税种、税目、应纳税项目、计税依据等。税务申报管理就是指税务机关根据法律、法规和规章的授权，依法对纳税人履行纳税申报义务情况进行监督、检查并提供必要的服务。

（2）税款征收权

税款征收权是指税务机关根据法律的授权，凭借国家行政权，要求环境保护税纳税人足额缴纳相应税款，并视情况决定是否给予特定纳税人减税、免税、退税、缓征等税收特别待遇的权力。税款征收权是税收执法权的核心，其他的税收执法权均以税款征收权为基础展开。税款征收权的实现并不是毫无限制的，税务机关征收税款的行为必须得到法律的授权，并且得有国家强制力的保障。

在税款的征收过程中，税务机关须严格遵守以下原则：第一，法定原则。其基本含义是环境保护税的征收必须要有法律的明确授权，即税种必须法定、课税要素必须明确，税收行政行为的实体性及程序性均合法。若在税款征收中，征税主体违背法定原则，政府就无权进行税款征收，公民也不得被要求缴纳税款。若其他事项违背法定原则，公民则有权获得相应的法律救济。第二，强制与无偿原则。税务机关进行税款征收的行为是履行法律赋予的权力，无需以环境保护税纳税人的意志为转移。同时,纳税人缴税行为是无偿的,若不服从,将要承担由此引发的法律责任。第三,服务原则。服务原则要求税务机关必须方便纳税人依法纳税。如纳税申报和缴纳税款期限及地点的设置,要最大限度地方便纳税人和扣缴义务人;充分尊重和维护纳税人依法选择纳税申报方式的权利等。第四,回避原则。在征收税款和查处税收违法时,若税务人员与纳税人或税收违法案件有利害关系,必须回避。

环境保护税税款征收的方式主要有以下几种:第一,自主申报。指纳税人依据法律规定向税务机关申报,报送纳税申报表、财务会计报表等材料的行为。第二,核定征收。指税务机关在环境保护税纳税人的正常生产经营中,对其应税情况进行查实核定的征收方式。第三,强制征收。指税务机关根据税法的授权,在其职权范围内,依法对违反税法的行为采取的强制收税的方式。这种征收方式主要用于违反税法的行为。第四,检查征收。是指税务机关依法对纳税人进行税务检查并进行相应征税的方式。该方式有利于避免偷税、漏税等违法行为。

(3)税务检查权

税务检查权是指税务机关依法对纳税人履行纳税义务、扣缴义务情况进行检查的权力。税务检查是加强税务机关日常的管征工作,营造公平纳税环境的重要举措。

根据《中华人民共和国税收征收管理法》及其实施细则的规定,税务机关在税务检查中享有以下权力:

①查账权。即税务机关有权检查环境保护税纳税人的账簿、记账凭证、报表和有关资料,检查扣缴义务人代扣代缴、代收代缴税款账簿、记账凭证和有关资料。

②场地检查权。即税务机关有权到环境保护税纳税人的生产、经营场所和货物存放地检查纳税人应纳税的商品、货物或者其他财产,检查扣缴义务人与代扣代缴、代收代缴税款有关的经营情况。

③责成提供资料权。即税务机关实施税务检查时有权责成纳税人提供有关的文件、证明材料和有关资料。

④询问权。即税务机关有权询问纳税人、扣缴义务人与纳税或者代扣代缴、代收代缴税款有关的问题和情况。

⑤查证权。即税务机关有权到车站、码头、机场、邮政企业及其分支机构检查纳税人托运、邮寄应纳税商品、货物或者其他财产的有关单据、凭证和有关资料。

⑥检查存款账户权。经县以上税务局(分局)局长批准,凭全国统一格式的检查存款账户许可证明,查询从事生产、经营的纳税人、扣缴义务人在银行或者其他金融机构的存款账户。

⑦采取税收保全措施或者强制执行措施权。税务机关对从事生产、经营的纳税人以前纳税期的纳税情况依法进行税务检查时,发现纳税人有逃避纳税义务行为的,可以按照本法规定的批准权限采取税收保全措施或者强制执行措施。

⑧调查取证权。税务机关依法进行税务检查时,有权向有关单位和个人调查有关的情况,有关单位和个人有义务向税务机关如实提供有关资料及证明材料。税务机关调查税务违法案件时,对与案件有关的情况和资料,可以记录、录音、录像、照相和复制。

(4)税务行政处罚权

税务行政处罚权是指税务机关对违反行政法律规范的外部相对人所给予的惩戒或者制裁。由于环境保护税是针对直接向环境排放应税污染物的企业单位和其他生产经营者征收的特殊性,故环境保护税的行政处罚种类也有其独特性。

具体而言,既包括常规税种的行政处罚方式,也包括其独有的行政处罚方式。税法常规处罚方式有以下几种:第一,罚款。罚款是对违反税收法律、法规,不履行法定义务的当事人的一种经济上的处罚。第二,没收违法所得。没收违法所得是对行政管理相对一方当事人的财产权予以剥夺的处罚。具体包括对相对人非法所得的财物的没收。就性质而言,这些财物并非相对人所有,而是被其非法占有,或财物虽系相对人所有,但因其用于非法活动而被没收。第三,吊销证照。即税务机关对违反法律、法规和规章的行为剥夺纳税人已经取得的许可权利或者资格。第四,停止办理出口退税。《税收征收管理法》第66条规定,以假报出口或者其他欺骗手段,骗取国家出口退税款,由税务机关追缴其骗取的退税款,并处骗取税款一倍以上五倍以下的罚款;构成犯罪的,依法追究刑事责任。第五,收缴发票或者停止供应发票。根据《税收征收管理法》第72条的规定,从事生产、经营的纳税人、扣缴义务人有该法规定的税收违法行为,拒不接受税务机关处理的,税务机关可以收缴其发票或者停止向其发售发票。

环境保护税具有税法与环境法双重属性,违背环境保护税设定义务的纳税主体往往在触犯税法的同时也触犯了环境法。触犯环境法的行为要受2010年3月1日起施行的《环境行政处罚办法》的规制。《环境行政处罚办法》根据法律、行政法规,规定了以下环境行政处罚种类:警告,罚款,责令停产整顿,责令停产、停业、关闭,暂扣、吊销许可证或者其他具有许可性质的证件,没收违法所得、没收非法财物,行政拘留,等。其中一些环境行政处罚措施与税务行政处罚措施一致,根据行政法一事不再罚原则,不做过多阐述。重点介绍与税务行政处罚种类不同的措施:第一,警告。是指行政主体对违法者提出告诫或谴责。第二,责令停产整顿。这是行政主体依法责令从事违法行为的生产经营者或者环境处理设备不符合法律规定的生产经营者进行停产整顿的行政处罚措施。第三,责令停产、停业、关闭。这是行政主体依法对从事生产经营者所实施的违法行为而给予的行政处罚措施。它直接剥夺生产经营者进行生产经营活动的权利,仅适用于违法行为严重的行政相对方。根据《环境行政处罚办法》第14条的规定,县级以上环境保护主管部门在法定职权范围内实施环境行政处罚,经法律、行政法规、地方性法规授权的环境监察机构在授权范围内实施环境行政处罚,适用本办法关于环境保护主管部门的规定。因此具有警告、责令停产整顿、责令停产停业关闭等环境行政处罚权的权限为县级以上环保部门。且根据前文所述,在环境税的征收中环保部门属于协助征税主体税务机关的第三人,因此环保部门具有行政处罚权也具有其正当性。况且,警告、责令停产整顿、责令停产停业关闭等环境行政处罚权专业性比较强,需要强大的专业技术人才,交由环保部门更合理。

2.纳税主体的权利义务

(1)纳税人权利及义务的理论依据

环境保护税是国家为实现特定的生态环保目标而对一切开发、利用环境资源的单位和个人,按其对环境资源的开发、利用、污染及破坏程度进行征收的一种税收。正如前文所述,环境保护税的征收有其强大的理论基础。从经济学角度来看,主要有庇古税理论、环境公共物品理论、市场失灵与政府失灵理论;从伦理学角度看,主要有可持续发展伦理观;从环境法的角度看,主要有环境正义理论、环境权利与义务理论、人与自然关系的法律协调理论;从税法角度看,主要是环境税收法定主义、环境税收公平理论、环境税收效率理论、环境税收中性理论。环境税征收的理论基础为纳税人义务的设定提供了正当

① 朱媛媛、梅兴吉:《浅析我国环境行政执法现状与完善——兼论设立环境警察的构想》,《湖北警察学院学报》2017年第7期。

② 龚文龙:《论新形势下我国环境保护税法律制度之构建》,《四川师范大学学报(社会科学版)》2014年第7期。

性。在税收实践中,纳税人义务不容易被忽视,在这不做详细讨论。相反,由于纳税人的税收征收过程中的弱势地位,纳税人的权利往往得不到保障。此处,重点讨论纳税人权利的保护问题。其理论依据主要如下:

①政治学依据

纳税人权利保护的政治学依据是人民主权说。人民主权说对于国家的起源是这么解释的:国家是一群自由民为了汇集起共同的力量来保卫和保障每个结合者的人身、自由和财富而让渡部分个体权利,以社会公约赋予其生存和生命,以立法赋予其行动和意志,以纳税赋予其血液所形成的政治结合体。正如卢梭所言,政府只不过是主权者的执行人,负责执行法律并维持社会的和政治的自由。因此,当人民以牺牲自己的财产为代价支撑起整个国家正常运作时,人民自然可根据社会契约论要求政府保障纳税人权利,为其提供高质量的服务。我国《宪法》第2条明确规定:"中华人民共和国的一切权利属于人民。"显然,税权作为国家主权的一种派生权利,最终属于人民。税权来自于人民权利,国家自然要尊重和保护纳税人的合法权利。

②经济学依据

纳税人权利保护的经济学基础是公共物品理论。公共物品与私人物品相对,是指某一消费者对某种物品的消费不会降低其他消费者对该物品的消费水平的物品。公共物品的范围十分广泛,不仅包括物质产品、精神产品甚至包括政府的政策、制度等,公共产品往往是市场不能发挥作用的领域,只能由政府来提供。

同时根据税收国家理论,国家本身是非营利性的,国家不能进行财富生产和交换活动,国家提供公共物品的前提必须是纳税人缴纳税款来补偿公共物品的支出成本。此时,个人纳税就像为满足私人欲望而购物时所支付的价款,"税收不过是纳税人向国家购买公共产品、公共服务的对价"。既然纳税人是公共产品的出资者,那么纳税人自然享有公共产品的决定权和收益权,相应地也享有税收的监督权。

公共物品理论表明纳税人支付税款是为了获得公共产品。税收国家理论表明了纳税人作为购买者对于公共产品所享有的受益权。政府作为公共产品的提供者,其职责在于提供高效的公共产品,保障纳税人权利,使纳税人更好地享受公共产品服务。

③法学依据

纳税人权利保护的法学依据主要有税法学依据及行政法学依据。

纳税人权利保护的税法学依据主要是债权债务关系说。该学说认为国家与纳税人的关系是法律上的债权人和债务人之间的对应关系,国家及公民在税收法律关系地位上具有平等性。人民因纳税获得要求并享有公共产品的权利,国家因征税负有满足人民对公共服务需要的义务。然而,理论与现实存在巨大差距,在现实生活中纳税人往往处于弱势地位,故应强调保护纳税人权利。

纳税人权利保护的行政法学依据主要是行政控权论。该学说认为行政法的本质是控制和约束政府权力,防止行政权力的滥用、保障行政相对方的权利。行政控权论反映在税收领域就是有效控制和制约政府的征税权。现代宪政国家通过权利对权力的制约即通过纳税人权利对政府征税权的制约来协调国家征税权与纳税人的财产权。因此,控制政府征税权与保障纳税人权利是一面硬币的正反面。控制政府征税权,有利于防止政府征税权的滥用,从而保障纳税人的财产权等各项权利。相反,若没有对政府征税权的有效控制,就难以实现纳税人与国家这一对行政关系主体权利义务的平衡,有效实现纳税人权利的保障目标也仅是空谈。总之,纳税人权利是政府在征税权的运行中所设置的抗衡制约的必要因素,纳税人权利的保护必不可少。

(2)纳税人的法定权利与义务

目前我国环境保护税的制度发展尚处于构建阶段,各方面的相应配套措施尚未完善。环境保护税纳税人的法定权利及义务可在衔接现有税法相关规定的基础上结合环境税的特点进行完善。

①纳税人的宪法权利与义务

纳税人在宪法上的基本权利主要有以下几种:

第一,依法纳税的权利。依法纳税的权利是指纳税主体只依据法律规定的范围、依据和程序纳税,对于非依法律规定而对其征收的税收,纳税主体有权拒绝并可请求保护。这正是税收法定原则在宪法上的体现。税收的立法与执法只能在法律的授权下进行,征税机关不能在没有授权的情况下随意对纳税主体课税。

第二,生存权。生存权是宪法上的基本权利,是一种抽象权利,但在环境保护税的征收上得到充分的体现。随着经济的发展,可开发的资源越来越有限,环境污染日益严重,人民的生存资源日益有限,环境保护税的征收正是为更好地保障人们生存权的体现。对纳税主体而言,个人财产的让渡就是保证其基本生存的前提。个人财产的牺牲,增加了财政收入,增加了环境治理的经费,从而保障了人们的生存权。

第三,平等权。平等权是公民的基本权利,贯穿人们生活的方方面面。在环境保护税的征收过程中,平等权也是纳税主体的一项基本权利。平等权是保证税收制度正常运行不可或缺的重要部分。平等权既包括纳税主体之间的平等,也包括征纳双方之间的平等等多个方面。纳税主体之间的平等主要指在税收立法及税收执法过程中,国家对各个主体征税要考虑各个纳税主体负担能力的不同。征税双方的平等主要强调纳税主体对政府的监督。由于纳税主体与政府从产生之初就存在地位及势力上的不平等,因此纳税主体对政府的监督是使双方地位趋于平等的必然要求。

第四,参与权。参与权强调的是环境保护税纳税主体对涉及自身利益的有关事项的参与,既包括税收立法参与权,也包括用税的决策参与权。税收立法参与权强调纳税主体通过听证制度参与到环境保护税纳税对象、纳税范围、税率等各个方面的确定中。用税的决策参与权主要是指听证制度在用税的决策中的运用。通过听证制度,提高税款的使用效率,切实保障纳税人的利益。

第五,监督权。纳税主体的监督权主要贯穿于税收征收的各个流程。环境保护税纳税主体的监督既包括对环境保护税征收的监督权,也包括对税款使用的监督权。通过监督使纳税主体的意志得到最好的实现。

第六,救济权。救济权是指在环境保护税的司法过程中,纳税主体因实体权利或程序权利受到侵害之后向有关机关请求保护的权利。纳税主体救济权的实现主要通过行政复议及行政诉讼甚至对政府的具体行政行为的司法审查。救济权是纳税主体权利得到实现的最后一道防线。

有权利必然有义务。纳税主体在宪法上的义务主要是依法纳税的义务。我国《宪法》第56条规定:"中华人民共和国公民有依照法律纳税的义务"。纳税主体在宪法上的义务是其他法律规定纳税主体义务的基础。税法及其相关法律在设定纳税主体义务时须紧紧围绕宪法规定的依法纳税义务,根据税收法定原则作出详细具体的规定,不得恣意增设与该义务无关的其他义务。

②纳税人在税法上的权利与义务

税法上的权利是纳税人宪法性权利在税法中的体现,这些权利主要体现在纳税人与征税机关的关系之中,即在税款征收过程中所享有的权利。2009年国家税务总局发布的《关于纳税人权利与义务的公告》将纳税人权利概括为以下十四种权利:第一,知情权;第二,保密权;第三,税收监督权;第四,纳税申报方式选择权;第五,申请延期申报权;第六,申请延期缴纳税款权;第七,申请退还多缴纳税款权;第八,依法享受税收优惠权;第九,委托税务代理权;第十,陈述与申辩权;第十一,对未出示税务检查证和税务检查通知书的拒绝检查权;第十二,税收法律救济权;第十三,依法要求听证的权利;第十四,索取有关税收凭证的权利。[①] 各项权利详见《关于纳税人权利与义务的公告》。同时该公告将纳税人义务概括为如下十项:第一,依法进行税务登记的义务;第二,依法设置账簿、保管账簿和有关资料以及依法开具、使用、取得和保管发票的义务;第三,财务会计制度和会计核算软件备案的义务;第四,按照规定安装、使用税控装置的义务;第五,按时、如实申报的义务;第六,按时缴纳税款的义务;第七,代扣、代收税款的义务;第八,接受依法检查的义务;第九,及时提供信息的义务;第十,报告其他涉税信息的义务。各项义务详见《关于纳税人权利与义务的公告》。作为第 18 个税种,毫无疑问环境保护税纳税主体享有纳税人的该十四项权利与义务。

由于环境保护税的独特性,其依法享受税收优惠权有独到之处。根据《关于纳税人权利与义务的公告》,纳税主体在符合相应条件下依法享受税收优惠权。且目前全国人大常委会通过的《环境保护税法》在衔接排污费优惠策略的同时,增设了一档减排的税收减免,即:纳税人排放应税大气污染物或者水污染物的浓度值低于规定标准的 30% 的,减按 75% 征收环境保护税。综上,为了鼓励污染者的少排、减排行为,纳税人在环境保护税的征收过程中享有两档的税收优惠幅度:纳税人排放应税大气污染物或者水污染物的浓度值低于规定标准的 50% 的,减半征收环境保护税;纳税人排放应税大气污染物或者水污染物的浓度值低于规定标准的 30% 的,减按 75% 征收环境保护税。

第二节　自然资源税法律制度

一、概述

在分析自然资源税之前,首先要明确自然资源的概念。作为国民经济与社会发展的物质基础,自然资源有着重要的地位。广义上来说,自然资源是自然界的产物,能够为人类所利用、广泛存在于自然界中,不仅如此,还要与人类社会发展有关联。它主要包括土地、森林、动植物、水、矿产以及光、热等,这些

---

① 吴凯:《论环境法上权利的异质性及其类型化的方法论功能》,《上海大学学报》2017 年第 3 期。

自然资源有的是有形的，无形的。因此，自然资源的重要性不言而喻，它是人类赖以生存和发展的基础，是人类进行生产活动必不可少的物质要素。随着工业与科技的发展、人口的增多，人类对其需求量也就随之加大，于是自然资源就面临开采过度、被削弱、退化甚至枯竭的后果，也会导致生态失衡。

就我国现状而言，虽然从总量上地大物博资源丰富，但人口众多，人均资源的占有量相对较少。并且自改革开放以来，我国经济发展迅速，尤其工业化进程加快，对自然资源的需求和开发力度亦增大，加之大多数企业的科技投入与其收入不成正比，导致对自然资源的不合理利益和浪费，经济与环境间的矛盾日益凸显。而资源税作为协调自然资源与人类活动之间关系的手段之一，在解决环境保护与经济增长的矛盾中发挥重要作用，政府借以促进各项资源合理开发利用，实现双赢。顾名思义，资源税就是以资源为课税对象的税种，相较于其他税种，资源税是向开发利用资源者征收的特殊税种。但就我国目前的资源费用及资源税征收状况来看，仍有待改进。

二、自然资源收费制度的"费改税"

(一)自然资源收费和自然资源税的发展及现状

我国目前不仅有资源税，还有自然资源收费制度，二者在自然资源税费制度上构成了一个复杂且广泛的体系，不仅有依据国务院制定的行政法规设立的收费项目，也有很多没有上位法即法律法规作为依据而主要由相关规范性文件设立的收费项目。其中既有中央负责征收的，也有各级地方政府和相关部门征收的资源收费项目。总体而言，我国自然资源税费制度就是数量大、种类复杂、层次不一、体系混乱。[①]

新中国成立后，基于传统理解的马克思主义政治经济学，国家集管理者、经营者和所有者多重角色于一身，对自然资源采取无偿划拨使用制度。直到在1986年3月19日全国人大常委会审议通过的《中华人民共和国矿产资源法》中，才有了明确规定。由此，税费并存在我国以法律形式确定下来。这种制度的确立，与我国当时资源保护的背景是相适应的，起到一定矿产资源保护和平衡生态的作用。而后，陆续进行的修改进一步明确了对资源收费的趋势。我国目前实行的资源税制还是依据1994年1月1日开始施行国务院颁布的《资源税暂行条例》。当时的背景是分税制改革，因此其主要内容是将原油、天

[①]　李传轩：《中国环境税法制度之构建研究》，法律出版社2011年版，第167页。

然气、煤炭等有色金属原矿和盐等七个税目增加到征税范围内;将计税方式定为以量计征并实行有差别的税率。接着自 2004 以来,为了使《资源暂行条例》能够适应经济发展需要,缓解资源与需求的矛盾,国家也据此改变了部分资源税的课税对象及一些标准。在接下来的税制改革中,目标和宗旨又有所变化,资源有偿使用原则开始被重视。同时为了实现资源的可持续发展,2010 年国家在新疆地区进行了试点改革。这是资源税的计税方式的关键转变,即从从量定额到从价定率。从整体来看,资源税比重明显较小,且仍在下降。即便就近几年局部调整,原煤、石油及有色金属原矿等资源税税额水平连续被调高,但相对于我国乃至国际不断走高的油价,石油资源税税额还是过低。

(二)自然资源税"费改税"的合理性分析

厘清我国目前自然资源收费的税费并行基本现状后,要对"费改税"的合理性进行分析。2016 年 5 月财政部、国家税务总局《关于全面推进资源税改革的通知》中也强调了这点。由此可见,我国在对自然资源收费问题上的态度从主张税费并存转为清费立税。但可看出,有关部门也并不主张将目前所有的资源费或者说资源相关费用都改为税收,《关于全面推进资源税改革的通知》中明确指出的是"矿产资源补偿费",也就意味着有些资源费适合改为税收而有些不适合。"矿产资源补偿费"属于开发利用资源的收费,这类费用适合改为税收。另外,目前的资源费还包括资源管理收费,这类费用并不适合改为税收,其与相关管理部门的行政行为密切相关,形式多样,制度设计灵活、层级管辖关系较复杂,这不符合税收立法实际也与其本质差距甚远。实际上严格的资源费就是指有关自然资源开发利用的收费,虽然不能说所有的自然资源开发利用收费都应改为税收,因为许多收费的层级低、数额较小,很难用税收形式进行规制,但符合一定条件的自然资源开发利用收费的费改税是可行的。

此外,我国将清费立税作为资源税改革的一项基本原则也有其合理性。从现行自然资源收费制度来看,存在许多问题。资源税费制度是社会经济制度、资源稀缺性与相关利益集团博弈的结果。多种多样的收费项目分别由中央及地方政府负责征收,这就造成了上述提到的数量庞大、类目繁杂、体系混乱等问题。其中许多地方性收费项目不符合合法性原则,正当性受到很大争议,公众称其乱收费,导致法律尊严和威信缺失。立法的不足仅仅是一个方面,实践层面也存在问题,冗杂混乱的收费制度易导致运行中的严重腐败现象,挪用公款、截留收费等问题层出不穷。相较而言,以税收的形式来规制会对这些现象有缓和作用。

综上分析,自然资源的"费改税"是目前我国的趋势,也是自然资源收费相关制度完善的有效途径,但仍需以谨慎态度对待,不可盲目全改,只能在严格考察是否符合条件的情况下才能逐步改革。

三、《自然资源税暂行条例》中具体制度构建

《自然资源税暂行条例》规定了资源税的纳税义务人、税目、税额、计税依据、税收优惠及征收管理方面的内容。该条例中的计税依据主要选用了从量计征方式,具体而言,关键在于课税数量的确定。可分为两种情形:一是纳税人开采或者生产应税产品销售的,以销售数量为课税数量;二是纳税人开采或者生产应税产品自用的,以自用数量为课税数量。其计算公式为:应纳税额=课税数量×单位税额。对于纳税人开采或者生产不同税目应税产品的,应当分别核算;不能准确提供不同税目应税产品的课税数量的,从高适用税额。

税收优惠政策方面,资源税制度贯彻普遍征收、级差调节的原则思想,规定的减免税项目比较少,主要列明了三方面内容和一个兜底条款。相对而言,纳税人更关心相关优惠政策的落实,而立法者执法者更多关注法律文本的确立和执行,因此在立法和执行环节此部分内容不易被重视。另外,征收管理中,资源税由行政机关即国家税务局总体负责征收和管理。根据国务院关于实行分税制财政管理体制的规定,一些特殊领域的资源税归中央政府所有,例如海洋石油企业,其他则归地方政府。通常来说,凡是资源税的纳税人,根据来源地税收规则,需向产品的开采或者生产所在地税务机关缴纳税款。但这就不得不考虑另一个问题,即跨省开采的企业,其分支机构或者常设机构不在同一省级区划的,该如何征收资源税,或者说是否会重复征税。

但2017年11月20日国务院公布的《中华人民共和国资源税法(征求意见稿)》中,计税依据由从量改从价,这样的设计更为科学,例如在盐业这种特殊行业中,就可将市场的波动纳入考虑,受惠者仍是企业。

第三节 碳税法律制度

一、概述

(一)对"碳"的界定

就字义层面理解,碳是一种非金属元素,每个人对碳的定义都有基本理

解,对含碳的物质也能进行部分举例。但在碳税语境下,未必人人都能就碳的法律释义给出明确甚至模糊的解释。既然是法律行为,就必须满足法律行为的条件,从法理学角度,法律行为有可控性、有用性和独立性三个标准,法律关系的客体是主体的意志和行为所指向、影响、作用的客观对象。[①] 也就是说"碳"需满足这三个标准才具有法律性质。因此碳税语境下的"碳",作为课税对象,可以有静态和动态两种理解。

静态释义就是客观存在物,即含有碳元素的一切物质,动态释义就是人类生存发展过程中排放的碳,二者都是碳,但不是这两类理解中的所有"碳"都应被纳入碳税课税对象中。静态释义中,即从化学意义上的碳来说,含有碳元素的物质,范围甚广,甚至从外形上和碳联想不到一起的金刚石(钻石)都属于含碳物质,但金刚石显然不能列入碳税语境下"碳"的范围。

动态释义要基于一定的行为,人类在发展演变的几百甚至几千年历史中,有意无意地都有排放碳的行为。如同静态释义,动态释义中也并非所有碳的排放都应归类到碳税中。人类呼吸排放二氧化碳的行为,属于生理排放,也不符合上述法律行为的三个标准,应排除在碳税中"碳"范围外。但自进入工业社会以来,为了追求经济发展,提高国民生产总值,以西方国家为代表,许多国家不惜以破坏生态为代价,大量使用化石燃料。这种行为,是人们出于谋取经济利益的目的,受主观意识的控制,符合可控性、有用性和独立性的标准。因此基于该行为排放的碳,属于碳税中的"碳",即可作为法律释义中的碳来理解和定性。

(二)碳税的定义

对于碳税的概念,学界的分歧更大,主要分为三种学说。第一种观点是排放说,苏明等学者认为,"碳税就是针对二氧化碳排放征收的一种税",张希良、周剑、何建坤、郑厚清、余嘉明等也持此种观点。第二种观点是含碳说,美国碳税研究中心认为,"碳税是依据燃料中的碳含量所征的税,一种有效控制源于化石燃料燃烧所释放出的二氧化碳的税收。"第三种观点是混合说,支持该观点的学者们,以碳含量和排放量的双重标准界定碳税的概念。如,崔军认为,简而言之,碳税中的"碳"实际上就是二氧化碳排放量。它的目的是减少二氧化碳排放从而对化石燃料征收的税。此外,持相同观点的学者田红莲认为,碳税是对含碳的化石燃料征收的一种税或者是针对化石燃料在燃烧中排放的二

---

① 　张文显:《法哲学范畴研究》,中国政法大学出版社 2001 年版,第 105 页。

氧化碳征收的一种税,因此碳税也是二氧化碳税的简写。对混合说的支持学者而言,碳税的概念不外乎将含碳量与排放量相结合。

从碳税发展历史最长的芬兰来看,其碳税的计税依据包含了全部三种学说:第一个阶段采取的是含碳说,第二阶段采取的是混合说,第三阶段采取的是排放说。根据此三个阶段可以得出,含碳说在发展初期是可取的,排放说相对而言对技术等方面要求较高。因此学界基本认同的观点是根据科技发展水平来适用不同学说。

二、构建碳税制度的基本思路

(一)我国碳费相关的法律制度现状

从近年来的发展与变化来看,我国对碳税立法问题,一直没有明确稳定的态度。近十年,我国有关碳税即将出台的传言层出不穷,但最终真正落地的政策中相关内容却一再变化。至今,这项政策到底能否成形,又将在何时出台,答案仍是十分模糊的。因为在研究碳税问题时,会遇到一个必须考虑的问题:碳税和环境税的关系。从开始研究到备受争议,再到被财政部公开否决,我国碳税出台进程不断遇阻。此前时任财政部部长楼继伟曾明确表示,我国不会设立碳税,但就在其表态半年后,国家发改委应对气候变化司副司长蒋兆理又透露出了碳税开闸的新信号,即碳税前期准备工作正在进行中。

目前,碳税启动的时间、方式并没有纳入相关部门本阶段重点研究的议事日程,碳税的正式出台以及确定的立法方案都无定论。但有一点已达成共识:虽然对碳税立法若干问题尚未解决,但不能因二氧化碳法律性质的争议影响问题的解决。但社会对碳税的需求是事实,这也成为各界共识。此前,学界有观点认为,我国的碳税应独立于环境税。2012年,相关方案中也提到,碳税不应被纳入环保税下,而应成为单独税种。然而,近两年,各界又有不一样的声音,对该问题的争论有所增加,究竟选择何种方式并未达成一致。

(二)结合我国国情综合考虑碳税的开征

因其特殊性,开征碳税对经济有很大的负面影响,一方面导致能源价格提高会给社会经济带来冲击,另一方面增加工业产品成本,会对我国一些企业的国际竞争力造成影响。尽管二氧化碳与大众理解的有毒有害污染物有所区别,但事实是,过量排放的二氧化碳已对生态系统造成不利影响,且对环境的生态功能造成破坏。按照"生态中心主义"思想,"人类道德关怀客体的范围扩展至生态系统、自然过程以及其他自然存在物。"[①]放任下去只会对人类自身造成损害。因此即使学界对二氧化碳法律性质的确定仍存疑,也应为了及时防治大气污染、应对气候变化,搁置争议,采取适合本国的观点对碳税立法。

三、国外碳税法律制度及对我国的启示

(一)纳税主体

在纳税主体问题上,业界观点较为一致,亦是通过他国经验得出,应包括企业和个人,既然是基于碳排放行为,那么生产和生活都是其范围。这是根据具体学说和理论得出的结论,但也不能过于教条主义,任何制度都应当结合我国国情,依照各个阶段发展情况的不同,进行改变和确定。例如现阶段,在对企业征收还不稳定的发展初期,可将个人划为免征对象,以达到先主后次、循序渐进的效果。

(二)征税范围

谈及征税范围,就不得不从碳税的制定目的入手。显而易见的一点是,其制定目的在于控制温室气体排放,因为目前全球气候变暖是各国面临的一个重要问题。据此,从广义上看,征税对象应包括所有能构成温室效应威胁的气体。但通过科学实验分析发现,众多的温室气体中,二氧化碳是占比最大的,高达 60% 以上,这样在技术层面也更有操作性。

芬兰在 1990 年建立了碳税制度,开启了征收碳税的先河。当时芬兰在征收能源税时,将运输燃料包括其中,因此为了避免对同一纳税主体和对象的重复征税,在碳税中排除了运输燃料。任何国家对税率的确定都有其特点,芬兰亦如此。其碳税发展历程中,从低税率到高税率,逐步提高,这样做的目的也是将碳税对经济和人民生活影响降到最低,给企业和个人适应和接受的缓冲期,也加大了碳税在芬兰的执行力。从后期的数据反馈来看,1990 年至 1998 年,芬兰的碳税制度抑制了大部分的二氧化碳排放,效果可谓十分显著。

我国可借鉴在碳税征收上已有丰富经验的芬兰,再结合具体国情,分段实施。因此目前我国碳税的征税对象仍是煤炭、天然气、成品油等化石燃料所产生的二氧化碳气体,是否会与芬兰一样从低税率到高税率,还要看在发展过程中我国社会的反响以及企业、民众的反应。他国经验只是参考,真正起决定作用的因素还是实践和技术。

---

① 曹明德:《生态法原理》,人民出版社 2002 年版,第 15 页。

（三）计税依据

仍以芬兰为例,芬兰是最先进行碳税立法的国家,其对碳税的计税依据的探索过程较为曲折。初期,碳税的计税依据即以能源产品的含碳量为准,1994对能源税进行改革,正式将碳税作为独立税种引入,即碳能源混合税。1997年,碳税发展更为成熟,其计税依据改为能源产品燃烧所排放的二氧化碳含量。与芬兰采取同类计税依据的还有日本和丹麦,二者都是以化石燃料燃烧时所排放的二氧化碳量为计税依据。而荷兰和挪威采取的是另一种计税依据,荷兰为上年度能耗及能源的二氧化碳含量,挪威是根据碳含量征收碳税。还有一种就是瑞典采取的方式,将燃料的燃烧热量及其含碳量结合起来作为计税依据。

从目前全球化的背景出发,对我国而言,亟需提高企业国际竞争力,而碳税对企业国际竞争力的影响颇大,对碳税采取何种定义就不仅要从科技层面,更多的是要考虑经济发展需要。符合我国科技发展水平的按照含碳量来计税不一定能满足我国对经济发展的要求,我国既要发展经济又要合理运用碳税理论,最适合的就是将含碳量与排放量相结合考虑。

芬兰的碳税立法发展进程中,也有过将含碳量与排放量相结合的尝试。这其实也是考虑到了政治和经济因素,碳税征收势必影响经济发展速度及企业竞争力,相关利益集团的阻力也就决定了碳税立法的过程是曲折前进的。我国可以参照芬兰的模式,对碳含量和能源含量进行按比例分配,甚至可以对企业分类适用不同的碳含量与能源含量征收比例,以防止削弱企业国际竞争力。有了可调节的比例就大大增加了碳税的灵活性,与我国复杂的国情也更契合。

第四节　其他环境相关税法律制度

一、消费税的绿色化趋势

（一）消费税在我国的发展

国务院 1993 年发布、2008 年修订的新《中华人民共和国消费税暂行条例》中,对消费税作了专门规定。在实现全面建成小康社会的重要战略中,发展循环经济是必然选择,也是建设资源节约型、环境友好型社会的同时实现社会、经济可持续发展的重要途径。消费税看似与环境税关联不大,实则不然。国家宏观调控的重要手段之一就是税收,消费税更是税收中的重要组成,其覆盖范围广、调节性强、具有灵活性、与民众关系密切,因此在保护资源环境、调整消费结构以及促进社会公平公正、经济发展等方面都有着独特作用。

对于消费税,学界早有研究,由来已久。消费是发生在日常生活中的频繁活动,但也不是一成不变的,因此对它的界定也处于发展变化中。最早提出消费税理论的是西方学者。消费税其实属于支出税,由实际的消费支出决定。随后对消费税的研究亦成为学界热点,当时的西方社会处于经济发展的重要阶段,诞生了许多新事物,这意味着就有许多新问题有待解决。关于消费税,较为著名、影响较广的学者是布坎南。他是公共选择学派的代表人物,出于对公共选择理论的研究,其提出的选择性消费税,是目前一些国家适用的消费税的来源,即理论基础。

目前,学界对消费税界定,主要分为两种:一是从消费税征收范围入手。消费税不是单一的,是有选择的,它针对特定的对象或者行为而征收。从分类看,它是流转税的一种,这也得到国际上大多数国家的认同。另一种是从消费税的来源分析。即家庭的收入减去储蓄,纯粹用于消费的部分,这一部分需要征收消费税。根据这种方式的界定,每个家庭都需缴纳消费税,确实是公民纳税义务的很好体现。无论哪种方式的定义,都可看出消费税的基础是有消费行为,并且是针对特定领域的消费品。

但消费税并非在初始时期就作为独立税种征收的,其名称和形式都历经了变化,例如货物税、工商统一税、产品税等。新中国成立后,税制体系中出现了货物税,并且持续了一段时间。货物的范围也较广,包括日常生活中大部分,但对生活必需品和烟酒等作了区别对待,前者较低后者较高。而在接下来的几十年中,税种得到统一,一个税种包含多个项目。但仅此还不够,在项目下还对一些产品进行了更加细化的分类。较为典型的就是工农业产品,因重视农业发展,放宽了对其的税目管理,且由于奢侈品消费走高,进而对生活必需品和奢侈品进行区别征税。我国经济的发展和进步在此也有所体现。接着更为丰富的税种渐渐出现,如产品税和增值税,但这种发展和转变的核心都是从税收、环保以及调节产业结构出发。

2006年我国消费税制度又进行重大调整,此次调整仍是从基本环节入手,针对征收范围,扩大到手表、高尔夫球具、高档化妆品等商品,税目较过去有所增加。关于消费税的最新调整是在2015年,在不断补充和完善后确立了共15个税目。

(二)消费税基本制度的特点

消费税从产生到成为独立税种,说明其具有自己的特点。国家制定消费税或征收消费税,一个最大的目的就是要提高经济发展水平,同时增加财政收入,因此在消费税基本制度各环节中,都有区别于其他税种的特点。消费税有限的征税范围、相对集中的税源和较为简便的征收管理,使其发展多样化且时间长。各国对消费税的税制制定也各有不同,例如征税范围可能会有大有小,但仍然会有一些共通点,都是选择产量大、消费群体广、销售量大且较为固定的消费品,这是为了消费税稳定性考虑,从而保障经济和财政收入的稳定。

由于税源比较集中,税收管理上就相对容易和简单,消费税的这一特点使得它被广泛用于世界各个国家。经济是否繁荣、政策是否变化、企业的经营情况是盈利还是亏损,都不影响消费税的征收,只要产生了消费行为,消费税就与之同在。也因其稳定性,可用以调整人们的消费习惯以向利于环境保护的方向发展,且这种调整面向的群体范围广,只要行之得当,环保的作用也会较为显著。例如消费税的征税对象,可选择性较强且易于调节,各国在确定征税对象时也会偏向于对烟酒及非环保产品、奢侈品征收较高税率,这样就有利于环境保事业的进行,同时也有利于国家财政收入。消费税的课税对象在国家宏观调控政策中也发挥着不小作用,可以对产业进行良性引导,同时调整消费者的偏好。

归根结底,环境保护不仅是具体到各个公民的,亦是国家致力的事业,因此政治目的明确。消费税的征收正符合这点,国家在制定消费税的基本制度时,要从经济、社会、政治各方面考虑,将环保纳入考量后,消费税的绿色趋势明显,不仅是绿色经济,也是绿色政治。因此,消费税体现着强有力的国家政策,在各方面都有国家强制力作为保障,这是环保组织所不具备的。政策在不断变化,经济水平亦有起有落,消费税的税制结构需据此向多层次发展,对不同群体的消费偏好调整力度也不一样。在消费中,区别对待不同的消费群体是正确的。对高消费者消费的奢侈品理应征收高税率,这也是合理的差别对待,是公平的体现。

(三)消费税在环境保护上的作用

除一些传统的作用,随着民众环保意识的提高,消费税有了新的内容和意义,就是从侧面推进节约资源、保护生态环境的进行。要发展必然会产生各种环境问题,人们在渴望提高物质生活的同时,也越来越重视人与自然的协调发展。最大的体现在于每个人都要消费,但消费结构是可调节甚至是可选择的。在大多数消费品中,有些属于高耗能产品,就是说在生产此类产品过程中,不仅耗费许多稀缺资源,进入市场后,还会造成二次污染。此时如果不能通过自主的方式调整,就需要消费税来调整。即对这类消费品征收较高税负,就可达到节约资源实现可持续发展的目的。尤其是高污染和能源消费品,对这些消费品征税就是通过提高生产成本或者消费价格,从而相应使得能源利用率提高,达到保护环境的目的。高税率会给消费者在消费这类商品时带来资金压力,迫使其改变消费习惯,通过其他方式来解决问题。仅仅消费者意识到问题所在还不够,要从源头治理问题,需要从生产者着手,让其意识到生产成本增加,同时购买人数下降,趋利性会使其寻求技术革新或调整产业结构。这样既提高了能源利用率又调整了消费者的偏好,既符合绿色发展的趋势又对经济的良性发展有利。

我国目前面临着经济发展与环境保护的双重问题,因此兼顾高效率利用能源资源和加强对环境的保护缺一不可。需要通过主动的税收方式,对各方消费行为进行引导,加大环境保护力度,向民众传达正确消费理念,并通过具体措施矫正消费行为。因此,消费税在生态环保方面发挥着重要的作用,在节能问题上的作用也显现出来。

(四)我国目前的消费税在环保层面的缺陷

从环保和节约资源角度看,许多一次性消费品及高污染、高能耗的消费品未被列入到消费税的税目中,可见现行消费税的征收范围过窄。尽管目前我国的消费税税目已包括汽油、柴油、小汽车、摩托车等,还包括一些不可再生资源,但这并不是以二氧化碳等气体为对象征收的,这不是消费税的缺陷,因为想要仅通过消费税来彻底解决环境污染问题是不可行的。除此之外,虽然对木质一次性筷子征税,还有实施限塑令,但并没有对塑料袋、一次性餐盒等进行征税,许多劣质的一次性产品仍对环境造成很大威胁。

同时,对一些易造成浪费的消费品税率设计过低。部分消费品可以说对资源浪费和利用完全不成正比,例如珍稀实木地板和家具等,随着生活质量的提高,消费者对此类产品青睐有加,最终造成对资源的不合理消耗。但就现行的消费税法来看,我国木质一次性筷子和实木地板的税率为5%,税率水平偏低,起不到迫使人们尽量不使用此类产品,节约森林资源的目的。据统计,我国每年消耗一次性筷子数量惊人,因此耗费的木材数量也十分庞大,相应也减少了森林面积。如有行之有效的消费税政策,此类现象应能得到控制,但事实并非如此。

另外,还可按照品质标号的不同进一步合理划分汽油和柴油的档次,设定不同税率。我国目前的消费税制度设计,大多数税目实行单一税率,并未作具体区分,这种做法虽有利于税费的征收,便于执行和管理,但对于环保的作用不大,转变不了消费者的消费理念,无法促成生产者对产品结构的绿色选择。公平原则要求合理的差别对待,这点已反复强调。在消费税中亦是如此。统一的税率看似公平,实则不公平。正确的公平观,应是对不同消费品进行各方面的区分和细化,在征收过程中严格执行此规定,才能达到良好效果。同时也是政策要求,顺应绿色发展的趋势。从税收管理层面看,重点仍在于立法环节。不仅要紧抓中央层面的立法,还要合理配置地方财权和事权,让消费税制度能够保持一定灵活性,合理配比中央和地方的税收。

二、城市维护建设税法律制度

1985 年 2 月 8 日国务院正式颁布了《中华人民共和国城市维护建设税暂行条例》(以下简称《城建税暂行条例》)。该税与其他税种有明显区别,顾名思义,其旨在加强城市维护建设,而加强城市维护建设的基础在于资金。此税主要目的就是扩大稳固资金来源。城市的建设不同于乡村,城市的建设程度能反映出很多信息。在我国发展初期,各项基础设施都明显落后,达不到一般城市发展应有水平,归根结底是经费问题。国家为此也想了一些解决方案,例如允许按工商税计提地方附加费并允许各地根据实际需要立项加收一些杂费,但这些都是临时性的治标不治本的措施,只能填补少量资金漏洞,而不是从源头上解决问题。为保障城市建设资金的收入,国务院颁布《城建税暂行条例》,在全国范围内开始征收城市维护建设税。城市维护建设税的主要作用是改善城市的市容市貌、基础设施,缓解城市市政、公用设施的资金紧张状况。

环境保护和城市建设密不可分,因此城市维护建设税是当前税制中与节约能源保护环境联系密切的税种,在某种意义上,可视为环境收入税,其绿色化程度远高于其他一些税种,对环境保护有重要的意义。虽然目前已出台《环境保护税法》,但在开征专门的环境税种后,城市维护建设税的作用亦不容忽视,要和环境税种之间形成配合,为城市中环境保护项目的建设和开展筹集资金。因此对城市维护建设税的改革问题,主要集中在如何扩大征税范围、提高税收收入的问题上。

城市维护建设税的税基不稳,这导致许多问题,例如城建资金的筹集不顺畅,该税的功能就被弱化了。究其本质,城建税其实属于附加税的一种,换句话说就是不具有独立性。这就意味着增值税的变化,也会牵动城建税的施行,二者间有着联系,相互影响。而且城建税不像其他税,对社会和物质的反作用有一个逐渐显现的过程,它会随着城市化进程的加快,体现在城市规模和城市建设所需资金上,对此造成的影响也是立竿见影的。资金短缺,城市化进程势必变缓,在物质发展迅速的时代,进程变缓便是不进则退。

为了缓解城市建设资金压力,有些地方政府通过其他途径来收费,这样给民众造成的感受就是政府在不断扩大收费并且看起来不合理。尽管《城建税暂行条例》中明令禁止任何不合理的收费,但是出于种种考虑,各种形式的收费还是层出不穷。费用种类的增多挤压了税基空间,造成恶性循环,城建税的漏洞不仅没有得到填补,还被政府的其他收费侵蚀。资金源头出了问题,城市建设进程也会受到阻碍,同时造成对环境的不合理消耗。

另外,税源管理十分困难。城建税超过百分之七十依赖于国税部门。国税部门掌握着征管资料,但信息资源没能得到很好的共享,地税部门也就无法进行进一步的管理和监测,这对税源管理无疑是雪上加霜。而且对于零散难以管理的个体户,国税和地税的差别导致城建税执行难。另外,在资料管理方面,个体户本身缺乏专业性,对建账管账不擅长,有的也不主动,税收凭证等保存不善,在信息化平台未建设完善的情况下,加大了征管难度。

三、土地资源相关税种的调整

早在 1986 年 6 月 25 日全国人大常委会颁布的《中华人民共和国土地管理法》中明确土地所有权在国家和集体,在现行税制中,耕地占用税、土地增值税及城镇土地使用税都是与土地资源相关的税种。

自 1987 年开征的是对占用耕地行为的税收,由地方政府进行管理,收入也归其所有。纳税人的范围包括在国内占用国有和集体所有的耕地建设房屋,或者从事其他非农业建设的所有企事业单位、个人团体。计税标准亦是由地方政府根据本地区实际情况进行制定。根据数据统计,自 1987 年开征以来,中国耕地占用税在次年出现了大幅增长,当年收入颇高,是 1987 年的 15 倍。随后的 3 年呈现下降趋势。2002 年至今,由于非农业建设占地面积有较大幅度的增加,以及征收机关加大了清欠和查补税力度,耕地占用税的收入每年都有较大幅度的增长。

第二种主要的税种是土地增值税。土地增值税的开征符合当时的时代背景,因为当年出现了炒买炒卖"地皮""楼花"等获取暴利的投机行为,土地增值税的目的就是有效抑制对经济不利的行为,防止国家土地贬值,同时也有利于保护正当房地产开发者的利益,房地产市场的发展关乎国民经济。从本质分析,土地增值税属于对转让房地产的增值额征收的一种税,纳税人在房地产合同签订日起 7 日内申报纳税,一次性缴纳。

而城镇土地使用税则属于地方性税种,其目的有别于土地增值税,是为了对城镇土地的使用进行合理配置,与此同时,加强对城镇土地税的征管。该税种由地方税务局负责,收入归地方政府所有,这点与土地增值税相同。城镇土地使用税按年收取,可分期缴纳。纳税人和其他税种区别不大,不包括外商投资企业、外国企业和外国个人。税率标准也是依据各地自身状况进行具体设计。

四、车船税的绿色化改革

车船税与环境保护的关系更为直接和明显,因此制定环境税法必然要考虑到车船税以何种形式保留或者归类。现行税制中,与机动车有关的税种有车船税和车辆购置税。车船税是 2011 年底由原来的车船使用税和车船使用牌照税合并而成的。域外与机动车相关的税收,通常统称为机动车税,也是各国税收制度中较为重要的一个税种。对环境保护税的制定而言,机动车船的使用要消耗大量的能源燃料,是环境污染主要来源之一,虽然目前机动车税还未成为专门的环境税收,但也是环境税体系中占有十分重要的子税系。但就我国目前的情况,车船税和车辆购置税这两个税种,在环境保护方面的作用较小,未起到大的积极影响。

车船税改革具体来看只起到了合并税种和简化税制结构的效果,但在促进环境保护方面,并未采取有力的措施,在各方面都还存在不足。例如,没有针对污染程度的不同,将各种车辆和船舶进行分级并设置不同的税率;在税收优惠政策方面,也未对环保型车辆船舶、投入环保事业的车辆船舶予以减征或免征。但在国外,则有着较为完善的规定。例如,为鼓励生产使用绿色燃料汽车,美国联邦法律规定对电动汽车的购买给予售价的 10%、最高达到 5000 美元的税收退还。车辆购置税的现行法律规定中也没有考虑车辆的环境污染因素,而是统一设定所有的车辆购置税率都是 10%。而且,从价定率征收的计税方法不利于环保,相反有鼓励购买非环保车辆之嫌。① 因为在其他配置相同的情况下,环保型车辆价格肯定更高一些。因此,车船税和车辆购置税还需要进行进一步的绿色化改革,把机动车相关税打造成绿色税收,使之更符合环境保护的需要。在车船税方面,主要是要根据各种车辆或船舶对环境污染的不同程度,设置不同的税率,以及给予环保型车辆船舶、用于环保事业的车辆

---

① 李慧玲:《环境税费法律制度研究》,中国法制出版社 2007 年版,第 322 页。

船舶以减征或免征等优惠措施。

（一）车船税具体制度中对环境保护的缺陷

现行车船税的计税依据设置不合理。目前的小排低税政策对汽车消费结构的调整未起到显著作用。很多情况下小排量被等同于节能环保,实则不然。实验表明,车辆就算排气量相同,不同品牌或者型号之间,排放的二氧化碳、一氧化碳、二氧化硫等含量也不全相同,这就意味着它们造成的环境污染程度亦有差异。随着汽车生产技艺的改进,各种新技术的出现,能源耗费与尾气排量间的关联也不像以前那样明显。乘用车的车船税如按过去的方法,即以排气量为计税依据,就达不到减排目的。结果可想而知,汽车的销售不会因此受到影响,环保目的也无法实现。另外,未对 9 座以下的乘用车的燃料进行区分,而使用汽油还是柴油对排量也有影响。仅将排气量作为征税标准,显然不公平。事实上,即使是相同排量地使用上述两种燃料的汽车,功率和扭矩也是不一样的,甚至相差甚远,全部按同样标准对待显然也不合理。且如上所述,专业领域的新技术会降低能耗的环境污染如新兴技术电控直喷、共轨、中冷等在小型柴油发动机上的启用,使得其排放已经达到先进标准。应用该技术的车属于绿色、耗能低、排放少的环保车,其在一些西方国家已得到发展,但我国现行车船税的划分标准就未考虑相关因素。虽受限于国情和立法现状,但意识到问题所在应逐步突破。

当前与车船税相关的政策亦不完善。税源竞争现象的产生是由于双重纳税地点的设置,一些地区通过双重纳税点的设定,进行政策运作,导致不正当的税源竞争。各地政府为了完成税收任务想尽办法,大量引入周边非本辖区的车船税,这不仅造成税收执行的混乱,还给立法权威带来不良影响。

在节能减排减免流程上,程序同样至关重要,烦琐不便利的程序会打消纳税人的积极性。从现有法律法规来看,信息化平台只针对部分地区开放,这些地区就可享受免开纸质减免税证明的优待,通过网络申报,就可进行相关信息的传递。这样一来,未开通该项互联网服务的地区,相比之下就不便利许多。而且,在实践中,地税机关往往难以有效全面地核实信息,另外,对于教育落后、交通不便的地区,纳税人掌握不了税收相关政策,无形中增加了缴税成本。

（二）完善节能环保的税制设计

针对上述分析的问题,完善车船税首要的就是将柴油车与汽油车区分对待,将柴油车按排量折合汽油车税额来计征。在车船税的绿色趋势前,柴油车低排放、高效能、低噪音、高扭矩等特性符合节能减排的政策导向,要提倡节能减排的柴油车的使用,就必须对与高耗能的汽油车相比更环保但未列入节约能源车船目录的柴油车实行不同计征标准。另外,排放量的标准不能太单一,要综合考虑,应当将排放量和燃油效率等指标都纳入考量范围。例如可按照使用时间长短考量,超长期使用的车辆赋税比率可适当提高,此外,超标排放的车辆也应多计征。

目前车船税政策执行标准以及车船税纳税地点都未统一。但也有可取之处,例如对纳税人进行归类,将不需要办理和需要办理的车辆信息分开归档,需要办理缴纳手续的车辆还需告知其纳税地点。这样分流管理,既为行政机关省事也为纳税人提供便利,从程序上进行了简化。相应的新能源和节能车船减免程序规定需尽快出台,任何实体都有赖于程序的实现而实现。对纸质减免税的证明,应本着便利纳税人的宗旨,简化开证明的流程。同时,要扩大税收优惠范围。目前对某些车辆的车船税的征收存在较多阻碍,如征收难度大、成本高,要解决此类问题,可以排量为界,对于一定限量以下的特定车辆免征车船税。对功能性的专业用车但又在节能减排目录以外的,如未使用新能源的救护车、消防车、垃圾车等,亦可通过授权,交由地方政府根据当地实际需求予以减免。

第五节　税收优惠政策

一、环境税收优惠政策效用分析

现代市场经济国家以经济增长为重要目标,而日益严重的环境问题,让各国不得不在经济和环境之间进行取舍以求取平衡,但终究还是必须为了实现持续经济增长而努力。因此在环境税制设计中,若将经济利益置之不顾,只会得不偿失,环境保护也会建立在牺牲经济发展的条件下,长此以往必然不会良性发展。

关于《环境保护税法》的说明中,针对五种免税情形从正反面说明了立法意图,并对其的设置进行了简要分析,从此说明中可大致获知国家对免税的考虑。

二、税收优惠政策的对象选择

各国的税收优惠政策,会随着时代发展、社会背景的变化而有不同的政策重点。从过去的发展来看,经济和科技的进步,会使得税收优惠政策的重点由投资和产业转向科技和环境友好,发达国家的发展历程就体现了这种规律。我国在某个时期的税收优惠政策,也是视当时的情况而定的。自对外开放和市场化推进以来,我国一直将重点放在经济发展上,尤其是从对外资的税收优惠政策可以看出来。从以促进经济发展为重点的税收优惠政策中不难看出,优惠往往和鼓励是不可分的,因此,在环境税制的税收优惠政策设计上,应以需要鼓励的对象为重点。

(一)鼓励环境技术的创新

从宏观层面看,首先要鼓励的是环境技术的创新,这是普遍适用的而非针对特定主体。环境治理的过程实际上也是环境技术创新发明的过程。如经合组织国家的税收优惠政策一般能涵盖节能材料、节水技术、生物技术、环保技术以及相关设备等。技术创新往往伴随着新生事物所共有的问题,例如不稳定性、未知性、社会争议等,此时就要求行政机关发挥其主动性,对新兴技术进行必要的规制。近年来,环境资源领域的新技术有些已较为成熟,这说明相应的制度也需成型。目前为止,我国在发展相对较长时期内在鼓励研发、市场推广等方面已确立相关税收政策。但如前所述,由于经济发展与环保之间关系紧张,为鼓励和保障创业初期的一些企业发展,政府不会制定过于严苛的税收制度。这样不仅收效甚微,还会造成相关政策反复、刻板等不良评价。对于新环境新要求,立法机关也有其新目标。对环境税征收方面的新目标,首先仍需强调的是,不能以牺牲经济发展或者环境任一方为代价,而是要在两者之间找到平衡点两不误,这对我国的科技人才、创新技术、立法水准都有较高要求。

(二)明确税收激励重点产业,完善相关税收优惠政策

《环境保护税法》第12条中具体的暂予免征环境保护税的情形作了规定。该条中的五种情况并未具体到某类企业,只是将可免税的情形进行类型化,但环境税法的完善必然将这些类型再具体化。税收激励的重点领域应确定为以下产业:节能产业、资源循环利用产业、污染治理产业、新能源产业等。

三、税收优惠政策方式选择

税收优惠的基本目标和主体确定以后,税收优惠方式方法的建立,就成了核心问题,关乎税收优惠政策效应的最大化和最终目标能否实现。

税收优惠方式一般分为税收豁免、税收抵免、纳税扣除、延期纳税、加速折旧、盈亏相抵、特定准备金等税基式减免优惠税率、优惠退税等税率式减免税收减免、免税期等税额式减免等三类。而这三类方式各有各的优势和缺点,各

国各地会根据实际情况进行选择。从学理上,也可分为直接税收优惠方式和间接优惠方式。直接税收优惠方式是从纳税环节直接减轻企业的税负,间接优惠方式是用无息融资方式间接提供课税优惠。

《环境保护税法》的税收优惠政策仅规定了五种免税情形,选用的是税收豁免方式。是在一段时间内,通过对某些课税项目或所得来源不予征税,或者不将某些行为列入课税范围等方式来豁免税收。但相对税收减免等能够直接地让纳税人体会到政策或立法的支持,税收豁免也有其优势所在。但从另一方面看,直接减少了纳税额,就代表政府财政收入也会直观减少,而且长此以往,其对纳税人的激励作用会保持在一定范围甚至有所下降。

再分析间接优惠政策,如加速折旧等。虽然其是间接发挥作用,但从政府角度出发,税收未减少,且在实施过程中,只要纳税人了解相关政策,做好政策普及,激励作用也不会很小。其缺点是需要有完备的征税体系及监督机制,因为在各个环节都要严格、认真地进行核算,相应地会增加程序的冗繁。在经济发展初期,环境保护不那么迫切时,可以选择直接优惠措施。由此可见,税收优惠方式的选择在于经济和环境发展状况和自身发展需求。

税收优惠政策制定的复杂之处还在于,其灵活性要求高,在制定时,要综合把握过去、当前以及未来的发展路径,加强相关政策的预见性和适应性。总体而言,就是应该运用包括直接税收优惠和间接税收优惠在内的各种方式进行调整,根据阶段不同,进行灵活变动和选择,还要尽量将政策变化对社会的不良作用减到最小。

四、强化环境税收优惠管理

(一)加强税收优惠法制建设

税收是经济和法制的结合,但目前业界将更多的注意力放在其经济属性上,这和西方发展的路径较为相似。但随着税收体系的完善和日趋成熟,我国需有自己的税收法制考虑。当然这离不开理论支撑。首先根据相关原则确立基本方向。

税收法定主义原则毋庸置疑是当前应遵循的最核心的基本原则,这也有利于增强税收优惠政策的透明度。因此过去传统的以各种规定、条例、通知等形式发布的方式已不可取了,要将程序法与实体法相结合,用历史的、系统的、全面发展的眼光,对经济产业和环境保护进行科学考虑,实行适合我国当前国情的税收政策,并提高随机应变能力。而对于税收优惠政策,亦不能忽视,尤其是在程序法方面,我国往往重实体轻程序,在税收领域亦是如此,但此局面

211

须得改善。税收法定主义大体包括两部分，一是法律优先，二是法律保留。法律保留要求税收立法权只能掌握在最高立法机关手中，不能授权和委托。但在某些特殊需求无法实现且尚未制定上位法时，可以由国务院以行政法规的形式统一规定。除立法权之外还有解释权，可赋予相关行政机关在授权范围内的解释权，但此时监督机制就十分重要，例如应当接受合法性审查等。在适应不同地区的发展的同时又要保障中央集权，区域性问题总体仍由中央立法机关把控。

（二）建立税式支出管理制度

预见性是立法保持活力的重要特点，在税收制度中，可通过相关数据说明来提高其制度的预见性。即根据经济学的科学预测方法，预见相应的社会经济效益，并进行相关效果评价，以此为依据，确定某项政策是否适应当前发展要求。通过这种方法可以较为直观地对比制度存废的结果。税收作为国家预算的重要组成部分，其科学性和公开性都是立法机关和民众所关注的，有客观公正的方式进行测评，有利于其发展。有了科学的立法环节，在执法中面临的问题，也有能较为有效解决的依据。

（三）需加强税收优惠政策实施的管理

税收优惠政策通常良莠不齐且易被忽视，制定得好能对税收起到良好促进作用，制定得有缺陷可能变成税收政策短板。如上述所述，要在程序方面对税收优惠政策进行完善，如减免税申请核实等流程，对于满足享受优惠条件的企业，可规范化管理、统一记录存档，减少中间环节，对中央和地方间权力配置简政放权，同时还要避免多头执法。这对受理机关有较高要求，换言之，也是对公务员业务水平和素质有较高要求。

总之，面对融合了经济和法制特点的税收制度问题，也需运用两种思维方式综合考虑。在有了理论基础的同时，也要有可行性和执行力，在管人管企业的同时还要能管钱。既要加强行政机关内部治理和人才引进，又要提高制度对社会的适应性，还要保障财政收入，并做到专款专用、收支合理。在此过程中也会面临来自各方的阻力，如行政机关自身、行政机关之间或者部门之间，以及纳税主体的不满和质疑等。因此，要从顶层设计开始，发挥宪法统帅作用。接下来在立法环节亦不可掉以轻心，须结合我国特殊国情和政治制度，对事权进行合理划分。但环境保护税和其他有些制度不同，它需要地方在密切配合的同时发挥自主性，中央既不能过于严苛又不能完全放任，此间张弛有度才是理想状态。尤其目前我国仍是发展中国家，有些地区为发展经济，还是会选择利益先行，因此中央仍需把握其部分财政权力，即采用分成征收制。而且,环境污染不同于其他侵权,污染物排放达标并不免除造成损害结果的责任,对于某些造成严重污染的行为,即使承担了相应税负,如不及时改正,行政机关和司法部门仍可依照法律或行政法规进行处理。综上分析,科学制定税收政策,优化税收管理,才能从根本上完善税收体系,达到保护环境的最终目的。

思考题:

1.简述污染税的征税范围,并分析在此范围内如何确定计税依据。

2.碳作为课税对象有几种定义方式? 我国目前采取的是哪种,请简要分析该定义方式的利弊。

3.结合当前环境税法基本制度,分析其发展趋势。

附　　录

中华人民共和国环境保护税法

（2016 年 12 月 25 日第十二届全国人民代表大会常务委员会第二十五次会议通过）

第一章　总则

第一条　为了保护和改善环境，减少污染物排放，推进生态文明建设，制定本法。

第二条　在中华人民共和国领域和中华人民共和国管辖的其他海域，直接向环境排放应税污染物的企业事业单位和其他生产经营者为环境保护税的纳税人，应当依照本法规定缴纳环境保护税。

第三条　本法所称应税污染物，是指本法所附《环境保护税税目税额表》、《应税污染物和当量值表》规定的大气污染物、水污染物、固体废物和噪声。

第四条　有下列情形之一的，不属于直接向环境排放污染物，不缴纳相应污染物的环境保护税：

（一）企业事业单位和其他生产经营者向依法设立的污水集中处理、生活垃圾集中处理场所排放应税污染物的；

（二）企业事业单位和其他生产经营者在符合国家和地方环境保护标准的设施、场所贮存或者处置固体废物的。

第五条　依法设立的城乡污水集中处理、生活垃圾集中处理场所超过国家和地方规定的排放标准向环境排放应税污染物的，应当缴纳环境保护税。

企业事业单位和其他生产经营者贮存或者处置固体废物不符合国家和地方环境保护标准的，应当缴纳环境保护税。

第六条　环境保护税的税目、税额,依照本法所附《环境保护税税目税额表》执行。

应税大气污染物和水污染物的具体适用税额的确定和调整,由省、自治区、直辖市人民政府统筹考虑本地区环境承载能力、污染物排放现状和经济社会生态发展目标要求,在本法所附《环境保护税税目税额表》规定的税额幅度内提出,报同级人民代表大会常务委员会决定,并报全国人民代表大会常务委员会和国务院备案。

第二章　计税依据和应纳税额

第七条　应税污染物的计税依据,按照下列方法确定:

(一)应税大气污染物按照污染物排放量折合的污染当量数确定;

(二)应税水污染物按照污染物排放量折合的污染当量数确定;

(三)应税固体废物按照固体废物的排放量确定;

(四)应税噪声按照超过国家规定标准的分贝数确定。

第八条　应税大气污染物、水污染物的污染当量数,以该污染物的排放量除以该污染物的污染当量值计算。每种应税大气污染物、水污染物的具体污染当量值,依照本法所附《应税污染物和当量值表》执行。

第九条　每一排放口或者没有排放口的应税大气污染物,按照污染当量数从大到小排序,对前三项污染物征收环境保护税。

每一排放口的应税水污染物,按照本法所附《应税污染物和当量值表》,区分第一类水污染物和其他类水污染物,按照污染当量数从大到小排序,对第一类水污染物按照前五项征收环境保护税,对其他类水污染物按照前三项征收环境保护税。

省、自治区、直辖市人民政府根据本地区污染物减排的特殊需要,可以增加同一排放口征收环境保护税的应税污染物项目数,报同级人民代表大会常务委员会决定,并报全国人民代表大会常务委员会和国务院备案。

第十条　应税大气污染物、水污染物、固体废物的排放量和噪声的分贝数,按照下列方法和顺序计算:

(一)纳税人安装使用符合国家规定和监测规范的污染物自动监测设备的,按照污染物自动监测数据计算;

(二)纳税人未安装使用污染物自动监测设备的,按照监测机构出具的符合国家有关规定和监测规范的监测数据计算;

（三）因排放污染物种类多等原因不具备监测条件的，按照国务院环境保护主管部门规定的排污系数、物料衡算方法计算；

（四）不能按照本条第一项至第三项规定的方法计算的，按照省、自治区、直辖市人民政府环境保护主管部门规定的抽样测算的方法核定计算。

第十一条　环境保护税应纳税额按照下列方法计算：

（一）应税大气污染物的应纳税额为污染当量数乘以具体适用税额；

（二）应税水污染物的应纳税额为污染当量数乘以具体适用税额；

（三）应税固体废物的应纳税额为固体废物排放量乘以具体适用税额；

（四）应税噪声的应纳税额为超过国家规定标准的分贝数对应的具体适用税额。

第三章　税收减免

第十二条　下列情形，暂予免征环境保护税：

（一）农业生产（不包括规模化养殖）排放应税污染物的；

（二）机动车、铁路机车、非道路移动机械、船舶和航空器等流动污染源排放应税污染物的；

（三）依法设立的城乡污水集中处理、生活垃圾集中处理场所排放相应应税污染物，不超过国家和地方规定的排放标准的；

（四）纳税人综合利用的固体废物，符合国家和地方环境保护标准的；

（五）国务院批准免税的其他情形。

前款第五项免税规定，由国务院报全国人民代表大会常务委员会备案。

第十三条　纳税人排放应税大气污染物或者水污染物的浓度值低于国家和地方规定的污染物排放标准百分之三十的，减按百分之七十五征收环境保护税。纳税人排放应税大气污染物或者水污染物的浓度值低于国家和地方规定的污染物排放标准百分之五十的，减按百分之五十征收环境保护税。

第四章　征收管理

第十四条　环境保护税由税务机关依照《中华人民共和国税收征收管理法》和本法的有关规定征收管理。

环境保护主管部门依照本法和有关环境保护法律法规的规定负责对污染物的监测管理。

县级以上地方人民政府应当建立税务机关、环境保护主管部门和其他相关单位分工协作工作机制，加强环境保护税征收管理，保障税款及时足额入库。

第十五条　环境保护主管部门和税务机关应当建立涉税信息共享平台和工作配合机制。

环境保护主管部门应当将排污单位的排污许可、污染物排放数据、环境违法和受行政处罚情况等环境保护相关信息，定期交送税务机关。

税务机关应当将纳税人的纳税申报、税款入库、减免税额、欠缴税款以及风险疑点等环境保护税涉税信息，定期交送环境保护主管部门。

第十六条　纳税义务发生时间为纳税人排放应税污染物的当日。

第十七条　纳税人应当向应税污染物排放地的税务机关申报缴纳环境保护税。

第十八条　环境保护税按月计算，按季申报缴纳。不能按固定期限计算缴纳的，可以按次申报缴纳。

纳税人申报缴纳时，应当向税务机关报送所排放应税污染物的种类、数量，大气污染物、水污染物的浓度值，以及税务机关根据实际需要要求纳税人报送的其他纳税资料。

第十九条　纳税人按季申报缴纳的，应当自季度终了之日起十五日内，向税务机关办理纳税申报并缴纳税款。纳税人按次申报缴纳的，应当自纳税义务发生之日起十五日内，向税务机关办理纳税申报并缴纳税款。

纳税人应当依法如实办理纳税申报，对申报的真实性和完整性承担责任。

第二十条　税务机关应当将纳税人的纳税申报数据资料与环境保护主管部门交送的相关数据资料进行比对。

税务机关发现纳税人的纳税申报数据资料异常或者纳税人未按照规定期限办理纳税申报的，可以提请环境保护主管部门进行复核，环境保护主管部门应当自收到税务机关的数据资料之日起十五日内向税务机关出具复核意见。税务机关应当按照环境保护主管部门复核的数据资料调整纳税人的应纳税额。

第二十一条　依照本法第十条第四项的规定核定计算污染物排放量的，由税务机关会同环境保护主管部门核定污染物排放种类、数量和应纳税额。

第二十二条　纳税人从事海洋工程向中华人民共和国管辖海域排放应税大气污染物、水污染物或者固体废物，申报缴纳环境保护税的具体办法，由国务院税务主管部门会同国务院海洋主管部门规定。

第二十三条 纳税人和税务机关、环境保护主管部门及其工作人员违反本法规定的,依照《中华人民共和国税收征收管理法》、《中华人民共和国环境保护法》和有关法律法规的规定追究法律责任。

第二十四条 各级人民政府应当鼓励纳税人加大环境保护建设投入,对纳税人用于污染物自动监测设备的投资予以资金和政策支持。

第五章 附则

第二十五条 本法下列用语的含义:

(一)污染当量,是指根据污染物或者污染排放活动对环境的有害程度以及处理的技术经济性,衡量不同污染物对环境污染的综合性指标或者计量单位。同一介质相同污染当量的不同污染物,其污染程度基本相当。

(二)排污系数,是指在正常技术经济和管理条件下,生产单位产品所应排放的污染物量的统计平均值。

(三)物料衡算,是指根据物质质量守恒原理对生产过程中使用的原料、生产的产品和产生的废物等进行测算的一种方法。

第二十六条 直接向环境排放应税污染物的企业事业单位和其他生产经营者,除依照本法规定缴纳环境保护税外,应当对所造成的损害依法承担责任。

第二十七条 自本法施行之日起,依照本法规定征收环境保护税,不再征收排污费。

第二十八条 本法自 2018 年 1 月 1 日起施行。

表 1 环境保护税税目税额表

税　目		计税单位	税　额	备注
大气污染物		每污染当量	1.2 元至 12 元	
水污染物		每污染当量	1.4 元至 14 元	
固体废物	煤矸石	每吨	5 元	
	尾矿	每吨	15 元	
	危险废物	每吨	1000 元	
	冶炼渣、粉煤灰、炉渣、其他固体废物(含半固态、液态废物)	每吨	25 元	

续表

税　目		计 税 单 位	税　额	备　注
噪声	工业噪声	超标 1—3 分贝	每月 350 元	1.一个单位边界上有多处噪声超标,根据最高一处超标声级计算应纳税额,当沿边界长度超过 100 米有两处以上噪声超标,按照两个单位计算应纳税额。 2.一个单位有不同地点作业场所的,应当分别计算应纳税额,合并计征。 3.昼、夜均超标的环境噪声,昼、夜分别计算应纳税额,累计计征。 4.声源一个月内超标不足 15 天的,减半计算应纳税额。 5.夜间频繁突发和夜间偶然突发厂界超标噪声,按等效声级和峰值噪声两种指标中超标分贝值高的一项计算应纳税额。
		超标 4—6 分贝	每月 700 元	
		超标 7—9 分贝	每月 1400 元	
		超标 10—12 分贝	每月 2800 元	
		超标 13—15 分贝	每月 5600 元	
		超标 16 分贝以上	每月 11200 元	

表 2　应税污染物和当量值表

一、第一类水污染物污染当量值

污染物	污染当量值(千克)
1.总汞	0.0005
2.总镉	0.005
3.总铬	0.04
4.六价铬	0.02
5.总砷	0.02
6.总铅	0.025
7.总镍	0.025
8.苯并(a)芘	0.0000003
9.总铍	0.01
10.总银	0.02

二、第二类水污染物污染当量值

污染物	污染当量值(千克)
11.悬浮物(SS)	4
12.生化需氧量(BOD_5)	0.5
13.化学需氧量(COD_{cr})	1
14.总有机碳(TOC)	0.49
15.石油类	0.1
16.动植物油	0.16
17.挥发酚	0.08
18.总氰化物	0.05
19.硫化物	0.125
20.氨氮	0.8
21.氟化物	0.5
22.甲醛	0.125
23.苯胺类	0.2

续表

污染物	污染当量值（千克）
24.硝基苯类	0.2
25.阴离子表面活性剂（LAS）	0.2
26.总铜	0.1
27.总锌	0.2
28.总锰	0.2
29.彩色显影剂（CD－2）	0.2
30.总磷	0.25
31.元素磷（以 P 计）	0.05
32.有机磷农药（以 P 计）	0.05
33.乐果	0.05
34.甲基对硫磷	0.05
35.马拉硫磷	0.05
36.对硫磷	0.05
37.五氯酚及五氯酚钠（以五氯酚计）	0.25
38.三氯甲烷	0.04
39.可吸附有机卤化物（AOX）（以 Cl 计）	0.25
40.四氯化碳	0.04
41.三氯乙烯	0.04
42.四氯乙烯	0.04
43.苯	0.02
44.甲苯	0.02
45.乙苯	0.02
46.邻－二甲苯	0.02
47.对－二甲苯	0.02
48.间－二甲苯	0.02
49.氯苯	0.02
50.邻二氯苯	0.02

续表

污染物	污染当量值（千克）
51.对二氯苯	0.02
52.对硝基氯苯	0.02
53.2,4—二硝基氯苯	0.02
54.苯酚	0.02
55.间—甲酚	0.02
56.2,4—二氯酚	0.02
57.2,4,6—三氯酚	0.02
58.邻苯二甲酸二丁酯	0.02
59.邻苯二甲酸二辛酯	0.02
60.丙烯腈	0.125
61.总硒	0.02

说明：1.第一、二类污染物的分类依据为《污水综合排放标准》（GB8978-1996）。

2.同一排放口中的化学需氧量（COD_{cr}）、生化需氧量（BOD_5）和总有机碳（TOC），只征收一项。

三、pH 值、色度、大肠菌群数、余氯量污染当量值

污染物		污染当量值
1.pH 值	1. 0—1,13—14	0.06 吨污水
	2. 1—2,12—13	0.125 吨污水
	3. 2—3,11—12	0.25 吨污水
	4. 3—4,10—11	0.5 吨污水
	5. 4—5,9—10	1 吨污水
	6. 5—6	5 吨污水
2.色度		5 吨水·倍
3.大肠菌群数（超标）		3.3 吨污水
4.余氯量（用氯消毒的医院废水）		3.3 吨污水

说明：1.大肠菌群数和总余氯只征收一项。

2.pH5—6指大于等于5,小于6；pH9—10指大于9,小于等于10,其余类推。

四、禽畜养殖业、小型企业和第三产业污染当量值

类型		污染当量值
禽畜养殖场	1.牛	0.1 头
	2.猪	1 头
	3.鸡、鸭等家禽	30 羽
4.小型企业		1.8 吨污水
5.饮食娱乐服务业		0.5 吨污水
6.医院	消毒	0.14 床
	不消毒	2.8 吨污水
		0.07 床
		1.4 吨污水

说明:1.本表仅适用于计算无法进行实际监测或物料衡算的禽畜养殖业、小型企业和第三产业等小型排污者的污染当量数。

2.仅对存栏规模大于50头牛、500头猪、5000羽鸡、鸭等的禽畜养殖场征收。

3.医院病床数大于20张的按本表计算污染当量数。

五、大气污染物污染当量值

污染物	污染当量值(千克)
1.二氧化硫	0.95
2.氮氧化物	0.95
3.一氧化碳	16.7
4.氯气	0.34
5.氯化氢	10.75
6.氟化物	0.87
7.氰化氢	0.005
8.硫酸雾	0.6
9.铬酸雾	0.0007
10.汞及其化合物	0.0001
11.一般性粉尘	4
12.石棉尘	0.53

续表

污染物	污染当量值（千克）
13.玻璃棉尘	2.13
14.碳黑尘	0.59
15.铅及其化合物	0.02
16.镉及其化合物	0.03
17.铍及其化合物	0.0004
18.镍及其化合物	0.13
19.锡及其化合物	0.27
20.烟尘	2.18
21.苯	0.05
22.甲苯	0.18
23.二甲苯	0.27
24.苯并(a)芘	0.000002
25.甲醛	0.09
26.乙醛	0.45
27.丙烯醛	0.06
28.甲醇	0.67
29.酚类	0.35
30.沥青烟	0.19
31.苯胺类	0.21
32.氯苯类	0.72
33.硝基苯	0.17
34.丙烯腈	0.22
35.氯乙烯	0.55
36.光气	0.04
37.硫化氢	0.29
38.氨	9.09
39.三甲胺	0.32

续表

污染物	污染当量值（千克）
40.甲硫醇	0.04
41.甲硫醚	0.28
42.二甲二硫	0.28
43.苯乙烯	25
44.二硫化碳	20

中华人民共和国环境保护税法实施条例

第一章　总　　则

第一条　根据《中华人民共和国环境保护税法》（以下简称环境保护税法），制定本条例。

第二条　环境保护税法所附《环境保护税税目税额表》所称其他固体废物的具体范围，依照环境保护税法第六条第二款规定的程序确定。

第三条　环境保护税法第五条第一款、第十二条第一款第三项规定的城乡污水集中处理场所，是指为社会公众提供生活污水处理服务的场所，不包括为工业园区、开发区等工业聚集区域内的企业事业单位和其他生产经营者提供污水处理服务的场所，以及企业事业单位和其他生产经营者自建自用的污水处理场所。

第四条　达到省级人民政府确定的规模标准并且有污染物排放口的畜禽养殖场，应当依法缴纳环境保护税；依法对畜禽养殖废弃物进行综合利用和无害化处理的，不属于直接向环境排放污染物，不缴纳环境保护税。

第二章　计税依据

第五条　应税固体废物的计税依据，按照固体废物的排放量确定。固体废物的排放量为当期应税固体废物的产生量减去当期应税固体废物的贮存量、处置量、综合利用量的余额。

前款规定的固体废物的贮存量、处置量,是指在符合国家和地方环境保护标准的设施、场所贮存或者处置的固体废物数量;固体废物的综合利用量,是指按照国务院发展改革、工业和信息化主管部门关于资源综合利用要求以及国家和地方环境保护标准进行综合利用的固体废物数量。

第六条 纳税人有下列情形之一的,以其当期应税固体废物的产生量作为固体废物的排放量:

(一)非法倾倒应税固体废物;

(二)进行虚假纳税申报。

第七条 应税大气污染物、水污染物的计税依据,按照污染物排放量折合的污染当量数确定。

纳税人有下列情形之一的,以其当期应税大气污染物、水污染物的产生量作为污染物的排放量:

(一)未依法安装使用污染物自动监测设备或者未将污染物自动监测设备与环境保护主管部门的监控设备联网;

(二)损毁或者擅自移动、改变污染物自动监测设备;

(三)篡改、伪造污染物监测数据;

(四)通过暗管、渗井、渗坑、灌注或者稀释排放以及不正常运行防治污染设施等方式违法排放应税污染物;

(五)进行虚假纳税申报。

第八条 从两个以上排放口排放应税污染物的,对每一排放口排放的应税污染物分别计算征收环境保护税;纳税人持有排污许可证的,其污染物排放口按照排污许可证载明的污染物排放口确定。

第九条 属于环境保护税法第十条第二项规定情形的纳税人,自行对污染物进行监测所获取的监测数据,符合国家有关规定和监测规范的,视同环境保护税法第十条第二项规定的监测机构出具的监测数据。

第三章 税收减免

第十条 环境保护税法第十三条所称应税大气污染物或者水污染物的浓度值,是指纳税人安装使用的污染物自动监测设备当月自动监测的应税大气污染物浓度值的小时平均值再平均所得数值或者应税水污染物浓度值的日平均值再平均所得数值,或者监测机构当月监测的应税大气污染物、水污染物浓度值的平均值。

依照环境保护税法第十三条的规定减征环境保护税的,前款规定的应税大气污染物浓度值的小时平均值或者应税水污染物浓度值的日平均值,以及监测机构当月每次监测的应税大气污染物、水污染物的浓度值,均不得超过国家和地方规定的污染物排放标准。

第十一条　依照环境保护税法第十三条的规定减征环境保护税的,应当对每一排放口排放的不同应税污染物分别计算。

第四章　征收管理

第十二条　税务机关依法履行环境保护税纳税申报受理、涉税信息比对、组织税款入库等职责。

环境保护主管部门依法负责应税污染物监测管理,制定和完善污染物监测规范。

第十三条　县级以上地方人民政府应当加强对环境保护税征收管理工作的领导,及时协调、解决环境保护税征收管理工作中的重大问题。

第十四条　国务院税务、环境保护主管部门制定涉税信息共享平台技术标准以及数据采集、存储、传输、查询和使用规范。

第十五条　环境保护主管部门应当通过涉税信息共享平台向税务机关交送在环境保护监督管理中获取的下列信息:

(一)排污单位的名称、统一社会信用代码以及污染物排放口、排放污染物种类等基本信息;

(二)排污单位的污染物排放数据(包括污染物排放量以及大气污染物、水污染物的浓度值等数据);

(三)排污单位环境违法和受行政处罚情况;

(四)对税务机关提请复核的纳税人的纳税申报数据资料异常或者纳税人未按照规定期限办理纳税申报的复核意见;

(五)与税务机关商定交送的其他信息。

第十六条　税务机关应当通过涉税信息共享平台向环境保护主管部门交送下列环境保护税涉税信息:

(一)纳税人基本信息;

(二)纳税申报信息;

(三)税款入库、减免税额、欠缴税款以及风险疑点等信息;

(四)纳税人涉税违法和受行政处罚情况;

（五）纳税人的纳税申报数据资料异常或者纳税人未按照规定期限办理纳税申报的信息；

（六）与环境保护主管部门商定交送的其他信息。

第十七条　环境保护税法第十七条所称应税污染物排放地是指：

（一）应税大气污染物、水污染物排放口所在地；

（二）应税固体废物产生地；

（三）应税噪声产生地。

第十八条　纳税人跨区域排放应税污染物，税务机关对税收征收管辖有争议的，由争议各方按照有利于征收管理的原则协商解决；不能协商一致的，报请共同的上级税务机关决定。

第十九条　税务机关应当依据环境保护主管部门交送的排污单位信息进行纳税人识别。

在环境保护主管部门交送的排污单位信息中没有对应信息的纳税人，由税务机关在纳税人首次办理环境保护税纳税申报时进行纳税人识别，并将相关信息交送环境保护主管部门。

第二十条　环境保护主管部门发现纳税人申报的应税污染物排放信息或者适用的排污系数、物料衡算方法有误的，应当通知税务机关处理。

第二十一条　纳税人申报的污染物排放数据与环境保护主管部门交送的相关数据不一致的，按照环境保护主管部门交送的数据确定应税污染物的计税依据。

第二十二条　环境保护税法第二十条第二款所称纳税人的纳税申报数据资料异常，包括但不限于下列情形：

（一）纳税人当期申报的应税污染物排放量与上一年同期相比明显偏低，且无正当理由；

（二）纳税人单位产品污染物排放量与同类型纳税人相比明显偏低，且无正当理由。

第二十三条　税务机关、环境保护主管部门应当无偿为纳税人提供与缴纳环境保护税有关的辅导、培训和咨询服务。

第二十四条　税务机关依法实施环境保护税的税务检查，环境保护主管部门予以配合。

第二十五条　纳税人应当按照税收征收管理的有关规定，妥善保管应税污染物监测和管理的有关资料。

第五章　附　　则

第二十六条　本条例自 2018 年 1 月 1 日起施行。2003 年 1 月 2 日国务院公布的《排污费征收使用管理条例》同时废止。

中华人民共和国车船税法

（2011 年 2 月 25 日第十一届全国人民代表大会常务委员会第十九次会议通过）

第一条　在中华人民共和国境内属于本法所附《车船税税目税额表》规定的车辆、船舶（以下简称车船）的所有人或者管理人，为车船税的纳税人，应当依照本法缴纳车船税。

第二条　车船的适用税额依照本法所附《车船税税目税额表》执行。

车辆的具体适用税额由省、自治区、直辖市人民政府依照本法所附《车船税税目税额表》规定的税额幅度和国务院的规定确定。

船舶的具体适用税额由国务院在本法所附《车船税税目税额表》规定的税额幅度内确定。

第三条　下列车船免征车船税：

（一）捕捞、养殖渔船；

（二）军队、武装警察部队专用的车船；

（三）警用车船；

（四）依照法律规定应当予以免税的外国驻华使领馆、国际组织驻华代表机构及其有关人员的车船。

第四条　对节约能源、使用新能源的车船可以减征或者免征车船税；对受严重自然灾害影响纳税困难以及有其他特殊原因确需减税、免税的，可以减征或者免征车船税。具体办法由国务院规定，并报全国人民代表大会常务委员会备案。

第五条　省、自治区、直辖市人民政府根据当地实际情况，可以对公共交通车船，农村居民拥有并主要在农村地区使用的摩托车、三轮汽车和低速载货汽车定期减征或者免征车船税。

229

第六条　从事机动车第三者责任强制保险业务的保险机构为机动车车船税的扣缴义务人,应当在收取保险费时依法代收车船税,并出具代收税款凭证。

第七条　车船税的纳税地点为车船的登记地或者车船税扣缴义务人所在地。依法不需要办理登记的车船,车船税的纳税地点为车船的所有人或者管理人所在地。

第八条　车船税纳税义务发生时间为取得车船所有权或者管理权的当月。

第九条　车船税按年申报缴纳。具体申报纳税期限由省、自治区、直辖市人民政府规定。

第十条　公安、交通运输、农业、渔业等车船登记管理部门、船舶检验机构和车船税扣缴义务人的行业主管部门应当在提供车船有关信息等方面,协助税务机关加强车船税的征收管理。

车辆所有人或者管理人在申请办理车辆相关登记、定期检验手续时,应当向公安机关交通管理部门提交依法纳税或者免税证明。公安机关交通管理部门核查后办理相关手续。

第十一条　车船税的征收管理,依照本法和《中华人民共和国税收征收管理法》的规定执行。

第十二条　国务院根据本法制定实施条例。

第十三条　本法自 2012 年 1 月 1 日起施行。2006 年 12 月 29 日国务院公布的《中华人民共和国车船税暂行条例》同时废止。

表 1　车船税税目税额表

税　目		计税单位	年基准税额	备　注
乘用车〔按发动机汽缸容量(排气量)分档〕	1.0 升(含)以下的	每辆	60 元至 360 元	核定载客人数 9 人(含)以下
	1.0 升以上至 1.6 升(含)的		300 元至 540 元	
	1.6 升以上至 2.0 升(含)的		360 元至 660 元	
	2.0 升以上至 2.5 升(含)的		660 元至 1200 元	
	2.5 升以上至 3.0 升(含)的		1200 元至 2400 元	
	3.0 升以上至 4.0 升(含)的		2400 元至 3600 元	
	4.0 升以上的		3600 元至 5400 元	

续表

税　目		计税单位	年基准税额	备　注
商用车	客车	每辆	480 元至 1440 元	核定载客人数 9 人以上，包括电车
	货车	整备质量每吨	16 元至 120 元	包括半挂牵引车、三轮汽车和低速载货汽车等
挂车		整备质量每吨	按照货车税额的 50% 计算	
其他车辆	专用作业车	整备质量每吨	16 元至 120 元	不包括拖拉机
	轮式专用机械车		16 元至 120 元	
摩托车		每辆	36 元至 180 元	
船舶	机动船舶	净吨位每吨	3 元至 6 元	拖船、非机动驳船分别按照机动船舶税额的 50% 计算
	游艇	艇身长度每米	600 元至 2000 元	

中华人民共和国车船税法实施条例

第一条　根据《中华人民共和国车船税法》(以下简称车船税法)的规定，制定本条例。

第二条　车船税法第一条所称车辆、船舶，是指：

(一)依法应当在车船登记管理部门登记的机动车辆和船舶；

(二)依法不需要在车船登记管理部门登记的在单位内部场所行驶或者作

业的机动车辆和船舶。

第三条 省、自治区、直辖市人民政府根据车船税法所附《车船税税目税额表》确定车辆具体适用税额,应当遵循以下原则:

(一)乘用车依排气量从小到大递增税额;

(二)客车按照核定载客人数 20 人以下和 20 人(含)以上两档划分,递增税额。

省、自治区、直辖市人民政府确定的车辆具体适用税额,应当报国务院备案。

第四条 机动船舶具体适用税额为:

(一)净吨位不超过 200 吨的,每吨 3 元;

(二)净吨位超过 200 吨但不超过 2000 吨的,每吨 4 元;

(三)净吨位超过 2000 吨但不超过 10000 吨的,每吨 5 元;

(四)净吨位超过 10000 吨的,每吨 6 元。

拖船按照发动机功率每 1 千瓦折合净吨位 0.67 吨计算征收车船税。

第五条 游艇具体适用税额为:

(一)艇身长度不超过 10 米的,每米 600 元;

(二)艇身长度超过 10 米但不超过 18 米的,每米 900 元;

(三)艇身长度超过 18 米但不超过 30 米的,每米 1300 元;

(四)艇身长度超过 30 米的,每米 2000 元;

(五)辅助动力帆艇,每米 600 元。

第六条 车船税法和本条例所涉及的排气量、整备质量、核定载客人数、净吨位、千瓦、艇身长度,以车船登记管理部门核发的车船登记证书或者行驶证所载数据为准。

依法不需要办理登记的车船和依法应当登记而未办理登记或者不能提供车船登记证书、行驶证的车船,以车船出厂合格证明或者进口凭证标注的技术参数、数据为准;不能提供车船出厂合格证明或者进口凭证的,由主管税务机关参照国家相关标准核定,没有国家相关标准的参照同类车船核定。

第七条 车船税法第三条第一项所称的捕捞、养殖渔船,是指在渔业船舶登记管理部门登记为捕捞船或者养殖船的船舶。

第八条 车船税法第三条第二项所称的军队、武装警察部队专用的车船,是指按照规定在军队、武装警察部队车船登记管理部门登记,并领取军队、武警牌照的车船。

第九条 车船税法第三条第三项所称的警用车船,是指公安机关、国家安全机关、监狱、劳动教养管理机关和人民法院、人民检察院领取警用牌照的车辆和执行警务的专用船舶。

第十条　节约能源、使用新能源的车船可以免征或者减半征收车船税。免征或者减半征收车船税的车船的范围，由国务院财政、税务主管部门商国务院有关部门制订，报国务院批准。

对受地震、洪涝等严重自然灾害影响纳税困难以及其他特殊原因确需减免税的车船，可以在一定期限内减征或者免征车船税。具体减免期限和数额由省、自治区、直辖市人民政府确定，报国务院备案。

第十一条　车船税由地方税务机关负责征收。

第十二条　机动车车船税扣缴义务人在代收车船税时，应当在机动车交通事故责任强制保险的保险单以及保费发票上注明已收税款的信息，作为代收税款凭证。

第十三条　已完税或者依法减免税的车辆，纳税人应当向扣缴义务人提供登记地的主管税务机关出具的完税凭证或者减免税证明。

第十四条　纳税人没有按照规定期限缴纳车船税的，扣缴义务人在代收代缴税款时，可以一并代收代缴欠缴税款的滞纳金。

第十五条　扣缴义务人已代收代缴车船税的，纳税人不再向车辆登记地的主管税务机关申报缴纳车船税。

没有扣缴义务人的，纳税人应当向主管税务机关自行申报缴纳车船税。

第十六条　纳税人缴纳车船税时，应当提供反映排气量、整备质量、核定载客人数、净吨位、千瓦、艇身长度等与纳税相关信息的相应凭证以及税务机关根据实际需要要求提供的其他资料。

纳税人以前年度已经提供前款所列资料信息的，可以不再提供。

第十七条　车辆车船税的纳税人按照纳税地点所在的省、自治区、直辖市人民政府确定的具体适用税额缴纳车船税。

第十八条　扣缴义务人应当及时解缴代收代缴的税款和滞纳金，并向主管税务机关申报。扣缴义务人向税务机关解缴税款和滞纳金时，应当同时报送明细的税款和滞纳金扣缴报告。扣缴义务人解缴税款和滞纳金的具体期限，由省、自治区、直辖市地方税务机关依照法律、行政法规的规定确定。

第十九条　购置的新车船，购置当年的应纳税额自纳税义务发生的当月起按月计算。应纳税额为年应纳税额除以12再乘以应纳税月份数。

在一个纳税年度内，已完税的车船被盗抢、报废、灭失的，纳税人可以凭有关管理机关出具的证明和完税凭证，向纳税所在地的主管税务机关申请退还自被盗抢、报废、灭失月份起至该纳税年度终了期间的税款。

已办理退税的被盗抢车船失而复得的,纳税人应当从公安机关出具相关证明的当月起计算缴纳车船税。

第二十条 已缴纳车船税的车船在同一纳税年度内办理转让过户的,不另纳税,也不退税。

第二十一条 车船税法第八条所称取得车船所有权或者管理权的当月,应当以购买车船的发票或者其他证明文件所载日期的当月为准。

第二十二条 税务机关可以在车船登记管理部门、车船检验机构的办公场所集中办理车船税征收事宜。

公安机关交通管理部门在办理车辆相关登记和定期检验手续时,经核查,对没有提供依法纳税或者免税证明的,不予办理相关手续。

第二十三条 车船税按年申报,分月计算,一次性缴纳。纳税年度为公历1月1日至12月31日。

第二十四条 临时入境的外国车船和香港特别行政区、澳门特别行政区、台湾地区的车船,不征收车船税。

第二十五条 按照规定缴纳船舶吨税的机动船舶,自车船税法实施之日起5年内免征车船税。

依法不需要在车船登记管理部门登记的机场、港口、铁路站场内部行驶或者作业的车船,自车船税法实施之日起5年内免征车船税。

第二十六条 车船税法所附《车船税税目税额表》中车辆、船舶的含义如下:

乘用车,是指在设计和技术特性上主要用于载运乘客及随身行李,核定载客人数包括驾驶员在内不超过9人的汽车。

商用车,是指除乘用车外,在设计和技术特性上用于载运乘客、货物的汽车,划分为客车和货车。

半挂牵引车,是指装备有特殊装置用于牵引半挂车的商用车。

三轮汽车,是指最高设计车速不超过每小时50公里,具有三个车轮的货车。

低速载货汽车,是指以柴油机为动力,最高设计车速不超过每小时70公里,具有四个车轮的货车。

挂车,是指就其设计和技术特性需由汽车或者拖拉机牵引,才能正常使用的一种无动力的道路车辆。

专用作业车,是指在其设计和技术特性上用于特殊工作的车辆。

轮式专用机械车,是指有特殊结构和专门功能,装有橡胶车轮可以自行行驶,最高设计车速大于每小时 20 公里的轮式工程机械车。

摩托车,是指无论采用何种驱动方式,最高设计车速大于每小时 50 公里,或者使用内燃机,其排量大于 50 毫升的两轮或者三轮车辆。

船舶,是指各类机动、非机动船舶以及其他水上移动装置,但是船舶上装备的救生艇筏和长度小于 5 米的艇筏除外。其中,机动船舶是指用机器推进的船舶;拖船是指专门用于拖(推)动运输船舶的专业作业船舶;非机动驳船,是指在船舶登记管理部门登记为驳船的非机动船舶;游艇是指具备内置机械推进动力装置,长度在 90 米以下,主要用于游览观光、休闲娱乐、水上体育运动等活动,并应当具有船舶检验证书和适航证书的船舶。

第二十七条 本条例自 2012 年 1 月 1 日起施行。

中华人民共和国资源税暂行条例

第一条 在中华人民共和国领域及管辖海域开采本条例规定的矿产品或者生产盐(以下称开采或者生产应税产品)的单位和个人,为资源税的纳税人,应当依照本条例缴纳资源税。

第二条 资源税的税目、税率,依照本条例所附《资源税税目税率表》及财政部的有关规定执行。

税目、税率的部分调整,由国务院决定。

第三条 纳税人具体适用的税率,在本条例所附《资源税税目税率表》规定的税率幅度内,根据纳税人所开采或者生产应税产品的资源品位、开采条件等情况,由财政部商国务院有关部门确定;财政部未列举名称且未确定具体适用税率的其他非金属矿原矿和有色金属矿原矿,由省、自治区、直辖市人民政府根据实际情况确定,报财政部和国家税务总局备案。

第四条 资源税的应纳税额,按照从价定率或者从量定额的办法,分别以应税产品的销售额乘以纳税人具体适用的比例税率或者以应税产品的销售数量乘以纳税人具体适用的定额税率计算。

第五条 纳税人开采或者生产不同税目应税产品的,应当分别核算不同税目应税产品的销售额或者销售数量;未分别核算或者不能准确提供不同税目应税产品的销售额或者销售数量的,从高适用税率。

第六条　纳税人开采或者生产应税产品,自用于连续生产应税产品的,不缴纳资源税;自用于其他方面的,视同销售,依照本条例缴纳资源税。

第七条　有下列情形之一的,减征或者免征资源税:

(一)开采原油过程中用于加热、修井的原油,免税。

(二)纳税人开采或者生产应税产品过程中,因意外事故或者自然灾害等原因遭受重大损失的,由省、自治区、直辖市人民政府酌情决定减税或者免税。

(三)国务院规定的其他减税、免税项目。

第八条　纳税人的减税、免税项目,应当单独核算销售额或者销售数量;未单独核算或者不能准确提供销售额或者销售数量的,不予减税或者免税。

第九条　纳税人销售应税产品,纳税义务发生时间为收讫销售款或者取得索取销售款凭据的当天;自产自用应税产品,纳税义务发生时间为移送使用的当天。

第十条　资源税由税务机关征收。

第十一条　收购未税矿产品的单位为资源税的扣缴义务人。

第十二条　纳税人应纳的资源税,应当向应税产品的开采或者生产所在地主管税务机关缴纳。纳税人在本省、自治区、直辖市范围内开采或者生产应税产品,其纳税地点需要调整的,由省、自治区、直辖市税务机关决定。

第十三条　纳税人的纳税期限为1日、3日、5日、10日、15日或者1个月,由主管税务机关根据实际情况具体核定。不能按固定期限计算纳税的,可以按次计算纳税。

纳税人以1个月为一期纳税的,自期满之日起10日内申报纳税;以1日、3日、5日、10日或者15日为一期纳税的,自期满之日起5日内预缴税款,于次月1日起10日内申报纳税并结清上月税款。

扣缴义务人的解缴税款期限,比照前两款的规定执行。

第十四条　资源税的征收管理,依照《中华人民共和国税收征收管理法》及本条例有关规定执行。

第十五条　本条例实施办法由财政部和国家税务总局制定。

第十六条　本条例自1994年1月1日起施行。1984年9月18日国务院发布的《中华人民共和国资源税条例(草案)》、《中华人民共和国盐税条例(草案)》同时废止。

表1　资源税税目税率表

税　目		税　率
一、原油		销售额的5%～10%
二、天然气		销售额的5%～10%
三、煤炭	焦煤	每吨8—20元
	其他煤炭	每吨0.3—5元
四、其他非金属矿原矿	普通非金属矿原矿	每吨或者每立方米0.5—20元
	贵重非金属矿原矿	每千克或者每克拉0.5—20元
五、黑色金属矿原矿		每吨2—30元
六、有色金属矿原矿	稀土矿	每吨0.4—60元
	其他有色金属矿原矿	每吨0.4—30元
七、盐	固体盐	每吨10—60元
	液体盐	每吨2—10元

中华人民共和国消费税暂行条例

　　第一条　在中华人民共和国境内生产、委托加工和进口本条例规定的消费品的单位和个人,以及国务院确定的销售本条例规定的消费品的其他单位和个人,为消费税的纳税人,应当依照本条例缴纳消费税。

　　第二条　消费税的税目、税率,依照本条例所附的《消费税税目税率表》执行。

　　消费税税目、税率的调整,由国务院决定。

第三条　纳税人兼营不同税率的应当缴纳消费税的消费品(以下简称应税消费品),应当分别核算不同税率应税消费品的销售额、销售数量;未分别核算销售额、销售数量,或者将不同税率的应税消费品组成成套消费品销售的,从高适用税率。

第四条　纳税人生产的应税消费品,于纳税人销售时纳税。纳税人自产自用的应税消费品,用于连续生产应税消费品的,不纳税;用于其他方面的,于移送使用时纳税。

委托加工的应税消费品,除受托方为个人外,由受托方在向委托方交货时代收代缴税款。委托加工的应税消费品,委托方用于连续生产应税消费品的,所纳税款准予按规定抵扣。

进口的应税消费品,于报关进口时纳税。

第五条　消费税实行从价定率、从量定额,或者从价定率和从量定额复合计税(以下简称复合计税)的办法计算应纳税额。应纳税额计算公式:

实行从价定率办法计算的应纳税额＝销售额×比例税率

实行从量定额办法计算的应纳税额＝销售数量×定额税率

实行复合计税办法计算的应纳税额＝销售额×比例税率＋销售数量×定额税率

纳税人销售的应税消费品,以人民币计算销售额。纳税人以人民币以外的货币结算销售额的,应当折合成人民币计算。

第六条　销售额为纳税人销售应税消费品向购买方收取的全部价款和价外费用。

第七条　纳税人自产自用的应税消费品,按照纳税人生产的同类消费品的销售价格计算纳税;没有同类消费品销售价格的,按照组成计税价格计算纳税。

实行从价定率办法计算纳税的组成计税价格计算公式:

组成计税价格＝(成本＋利润)÷(1－比例税率)

实行复合计税办法计算纳税的组成计税价格计算公式:

组成计税价格＝(成本＋利润＋自产自用数量×定额税率)÷(1－比例税率)

第八条　委托加工的应税消费品,按照受托方的同类消费品的销售价格计算纳税;没有同类消费品销售价格的,按照组成计税价格计算纳税。

实行从价定率办法计算纳税的组成计税价格计算公式:

组成计税价格＝(材料成本＋加工费)÷(1－比例税率)

实行复合计税办法计算纳税的组成计税价格计算公式:

组成计税价格＝（材料成本＋加工费＋委托加工数量×定额税率）÷（1－比例税率）

第九条　进口的应税消费品,按照组成计税价格计算纳税。

实行从价定率办法计算纳税的组成计税价格计算公式:

组成计税价格＝（关税完税价格＋关税）÷（1－消费税比例税率）

实行复合计税办法计算纳税的组成计税价格计算公式:

组成计税价格＝（关税完税价格＋关税＋进口数量×消费税定额税率)÷（1－消费税比例税率）

第十条　纳税人应税消费品的计税价格明显偏低并无正当理由的,由主管税务机关核定其计税价格。

第十一条　对纳税人出口应税消费品,免征消费税;国务院另有规定的除外。出口应税消费品的免税办法,由国务院财政、税务主管部门规定。

第十二条　消费税由税务机关征收,进口的应税消费品的消费税由海关代征。

个人携带或者邮寄进境的应税消费品的消费税,连同关税一并计征。具体办法由国务院关税税则委员会会同有关部门制定。

第十三条　纳税人销售的应税消费品,以及自产自用的应税消费品,除国务院财政、税务主管部门另有规定外,应当向纳税人机构所在地或者居住地的主管税务机关申报纳税。

委托加工的应税消费品,除受托方为个人外,由受托方向机构所在地或者居住地的主管税务机关解缴消费税税款。

进口的应税消费品,应当向报关地海关申报纳税。

第十四条　消费税的纳税期限分别为1日、3日、5日、10日、15日、1个月或者1个季度。纳税人的具体纳税期限,由主管税务机关根据纳税人应纳税额的大小分别核定;不能按照固定期限纳税的,可以按次纳税。

纳税人以1个月或者1个季度为1个纳税期的,自期满之日起15日内申报纳税;以1日、3日、5日、10日或者15日为1个纳税期的,自期满之日起5日内预缴税款,于次月1日起15日内申报纳税并结清上月应纳税款。

第十五条　纳税人进口应税消费品,应当自海关填发海关进口消费税专用缴款书之日起15日内缴纳税款。

第十六条　消费税的征收管理,依照《中华人民共和国税收征收管理法》及本条例有关规定执行。

第十七条　本条例自2009年1月1日起施行。

表 1　消费税税目税率表

税　目	税　率
一、烟	
1.卷烟	
(1)甲类卷烟	45%加 0.003 元/支
(2)乙类卷烟	30%加 0.003 元/支
2.雪茄烟	25%
3.烟丝	30%
二、酒及酒精	
1.白酒	20%加 0.5 元/500 克(或者 500 毫升)
2.黄酒	240 元/吨
3.啤酒	
(1)甲类啤酒	250 元/吨
(2)乙类啤酒	220 元/吨
4.其他酒	10%
5.酒精	5%
三、化妆品	30%
四、贵重首饰及珠宝玉石	
1.金银首饰、铂金首饰和钻石及钻石饰品	5%
2.其他贵重首饰和珠宝玉石	10%
五、鞭炮、焰火	15%
六、成品油	
1.汽油	
(1)含铅汽油	0.28 元/升
(2)无铅汽油	0.20 元/升
2.柴油	0.10 元/升
3.航空煤油	0.10 元/升
4.石脑油	0.20 元/升
5.溶剂油	0.20 元/升
6.润滑油	0.20 元/升
7.燃料油	0.10 元/升
七、汽车轮胎	3%

续表

税　目	税　率
八、摩托车	
1.气缸容量(排气量,下同)在 250 毫升(含 250 毫升)以下的	3%
2.气缸容量在 250 毫升以上的	10%
九、小汽车	
1.乘用车	
(1)气缸容量(排气量,下同)在 1.0 升(含 1.0 升)以下的	1%
(2)气缸容量在 1.0 升以上至 1.5 升(含 1.5 升)的	3%
(3)气缸容量在 1.5 升以上至 2.0 升(含 2.0 升)的	5%
(4)气缸容量在 2.0 升以上至 2.5 升(含 2.5 升)的	9%
(5)气缸容量在 2.5 升以上至 3.0 升(含 3.0 升)的	12%
(6)气缸容量在 3.0 升以上至 4.0 升(含 4.0 升)的	25%
(7)气缸容量在 4.0 升以上的	40%
2.中轻型商用客车	5%
十、高尔夫球及球具	10%
十一、高档手表	20%
十二、游艇	10%
十三、木制一次性筷子	5%
十四、实木地板	5%

中华人民共和国城市维护建设税暂行条例

第一条　为了加强城市的维护建设，扩大和稳定城市维护建设资金的来源，特制定本条例。

第二条　凡缴纳消费税、增值税、营业税的单位和个人，都是城市维护建设税的纳税义务人（以下简称纳税人），都应当依照本条例的规定缴纳城市维护建设税。

第三条　城市维护建设税，以纳税人实际缴纳的消费税、增值税、营业税税额为计税依据，分别与消费税、增值税、营业税同时缴纳。

第4条　城市维护建设税税率如下：

纳税人所在地在市区的，税率为 7%；

纳税人所在地在县城、镇的，税率为 5%；

纳税人所在地不在市区、县城或镇的，税率为 1%。

第五条　城市维护建设税的征收、管理、纳税环节、奖罚等事项，比照消费税、增值税、营业税的有关规定办理。

第六条　城市维护建设税应当保证用于城市的公用事业和公共设施的维护建设，具体安排由地方人民政府确定。

第七条　按照本条例第四条第三项规定缴纳的税款，应当专用于乡镇的维护和建设。

第八条　开征城市维护建设税后，任何地区和部门，都不得再向纳税人摊派资金或物资。遇到摊派情况，纳税人有权拒绝执行。

第九条　省、自治区、直辖市人民政府可以根据本条例，制定实施细则，并送财政部备案。

第十条　本条例自 1985 年度起施行。

中华人民共和国耕地占用税暂行条例

第一条　为了合理利用土地资源,加强土地管理,保护耕地,制定本条例。

第二条　本条例所称耕地,是指用于种植农作物的土地。

第三条　占用耕地建房或者从事非农业建设的单位或者个人,为耕地占用税的纳税人,应当依照本条例规定缴纳耕地占用税。

前款所称单位,包括国有企业、集体企业、私营企业、股份制企业、外商投资企业、外国企业以及其他企业和事业单位、社会团体、国家机关、部队以及其他单位;所称个人,包括个体工商户以及其他个人。

第四条　耕地占用税以纳税人实际占用的耕地面积为计税依据,按照规定的适用税额一次性征收。

第五条　耕地占用税的税额规定如下:

(一)人均耕地不超过1亩的地区(以县级行政区域为单位,下同),每平方米为10元至50元;

(二)人均耕地超过1亩但不超过2亩的地区,每平方米为8元至40元;

(三)人均耕地超过2亩但不超过3亩的地区,每平方米为6元至30元;

(四)人均耕地超过3亩的地区,每平方米为5元至25元。

国务院财政、税务主管部门根据人均耕地面积和经济发展情况确定各省、自治区、直辖市的平均税额。

各地适用税额,由省、自治区、直辖市人民政府在本条第一款规定的税额幅度内,根据本地区情况核定。各省、自治区、直辖市人民政府核定的适用税额的平均水平,不得低于本条第二款规定的平均税额。

第六条　经济特区、经济技术开发区和经济发达且人均耕地特别少的地区,适用税额可以适当提高,但是提高的部分最高不得超过本条例第五条第三款规定的当地适用税额的50%。

第七条　占用基本农田的,适用税额应当在本条例第五条第三款、第六条规定的当地适用税额的基础上提高50%。

第八条　下列情形免征耕地占用税:

(一)军事设施占用耕地;

（二）学校、幼儿园、养老院、医院占用耕地。

第九条　铁路线路、公路线路、飞机场跑道、停机坪、港口、航道占用耕地，减按每平方米 2 元的税额征收耕地占用税。

根据实际需要，国务院财政、税务主管部门商国务院有关部门并报国务院批准后，可以对前款规定的情形免征或者减征耕地占用税。

第十条　农村居民占用耕地新建住宅，按照当地适用税额减半征收耕地占用税。

农村烈士家属、残疾军人、鳏寡孤独以及革命老根据地、少数民族聚居区和边远贫困山区生活困难的农村居民，在规定用地标准以内新建住宅缴纳耕地占用税确有困难的，经所在地乡（镇）人民政府审核，报经县级人民政府批准后，可以免征或者减征耕地占用税。

第十一条　依照本条例第八条、第九条规定免征或者减征耕地占用税后，纳税人改变原占地用途，不再属于免征或者减征耕地占用税情形的，应当按照当地适用税额补缴耕地占用税。

第十二条　耕地占用税由地方税务机关负责征收。

土地管理部门在通知单位或者个人办理占用耕地手续时，应当同时通知耕地所在地同级地方税务机关。获准占用耕地的单位或者个人应当在收到土地管理部门的通知之日起 30 日内缴纳耕地占用税。土地管理部门凭耕地占用税完税凭证或者免税凭证和其他有关文件发放建设用地批准书。

第十三条　纳税人临时占用耕地，应当依照本条例的规定缴纳耕地占用税。纳税人在批准临时占用耕地的期限内恢复所占用耕地原状的，全额退还已经缴纳的耕地占用税。

第十四条　占用林地、牧草地、农田水利用地、养殖水面以及渔业水域滩涂等其他农用地建房或者从事非农业建设的，比照本条例的规定征收耕地占用税。

建设直接为农业生产服务的生产设施占用前款规定的农用地的，不征收耕地占用税。

第十五条　耕地占用税的征收管理，依照《中华人民共和国税收征收管理法》和本条例有关规定执行。

第十六条　本条例自 2008 年 1 月 1 日起施行。1987 年 4 月 1 日国务院发布的《中华人民共和国耕地占用税暂行条例》同时废止。

中华人民共和国车辆购置税暂行条例

第一条　在中华人民共和国境内购置本条例规定的车辆(以下简称应税车辆)的单位和个人,为车辆购置税的纳税人,应当依照本条例缴纳车辆购置税。

第二条　本条例第一条所称购置,包括购买、进口、自产、受赠、获奖或者以其他方式取得并自用应税车辆的行为。

本条例第一条所称单位,包括国有企业、集体企业、私营企业、股份制企业、外商投资企业、外国企业以及其他企业和事业单位、社会团体、国家机关、部队以及其他单位;所称个人,包括个体工商户以及其他个人。

第三条　车辆购置税的征收范围包括汽车、摩托车、电车、挂车、农用运输车。具体征收范围依照本条例所附《车辆购置税征收范围表》执行。

车辆购置税征收范围的调整,由国务院决定并公布。

第四条　车辆购置税实行从价定率的办法计算应纳税额。应纳税额的计算公式为:

应纳税额＝计税价格×税率

第五条　车辆购置税的税率为10%。

车辆购置税税率的调整,由国务院决定并公布。

第六条　车辆购置税的计税价格根据不同情况,按照下列规定确定:

(一)纳税人购买自用的应税车辆的计税价格,为纳税人购买应税车辆而支付给销售者的全部价款和价外费用,不包括增值税税款。

(二)纳税人进口自用的应税车辆的计税价格的计算公式为:

计税价格＝关税完税价格＋关税＋消费税

(三)纳税人自产、受赠、获奖或者以其他方式取得并自用的应税车辆的计税价格,由主管税务机关参照本条例第七条规定的最低计税价格核定。

第七条　国家税务总局参照应税车辆市场平均交易价格,规定不同类型应税车辆的最低计税价格。

纳税人购买自用或者进口自用应税车辆,申报的计税价格低于同类型应税车辆的最低计税价格,又无正当理由的,按照最低计税价格征收车辆购置税。

第八条　车辆购置税实行一次征收制度。购置已征车辆购置税的车辆，不再征收车辆购置税。

第九条　车辆购置税的免税、减税，按照下列规定执行：

（一）外国驻华使馆、领事馆和国际组织驻华机构及其外交人员自用的车辆，免税；

（二）中国人民解放军和中国人民武装警察部队列入军队武器装备订货计划的车辆，免税；

（三）设有固定装置的非运输车辆，免税；

（四）有国务院规定予以免税或者减税的其他情形的，按照规定免税或者减税。

第十条　纳税人以外汇结算应税车辆价款的，按照申报纳税之日中国人民银行公布的人民币基准汇价，折合成人民币计算应纳税额。

第十一条　车辆购置税由国家税务局征收。

第十二条　纳税人购置应税车辆，应当向车辆登记注册地的主管税务机关申报纳税；购置不需要办理车辆登记注册手续的应税车辆，应当向纳税人所在地的主管税务机关申报纳税。

第十三条　纳税人购买自用应税车辆的，应当自购买之日起 60 日内申报纳税；进口自用应税车辆的，应当自进口之日起 60 日内申报纳税；自产、受赠、获奖或者以其他方式取得并自用应税车辆的，应当自取得之日起 60 日内申报纳税。

车辆购置税税款应当一次缴清。

第十四条　纳税人应当在向公安机关车辆管理机构办理车辆登记注册前，缴纳车辆购置税。

纳税人应当持主管税务机关出具的完税证明或者免税证明，向公安机关车辆管理机构办理车辆登记注册手续；没有完税证明或者免税证明的，公安机关车辆管理机构不得办理车辆登记注册手续。

税务机关应当及时向公安机关车辆管理机构通报纳税人缴纳车辆购置税的情况。公安机关车辆管理机构应当定期向税务机关通报车辆登记注册的情况。

税务机关发现纳税人未按照规定缴纳车辆购置税的，有权责令其补缴；纳税人拒绝缴纳的，税务机关可以通知公安机关车辆管理机构暂扣纳税人的车辆牌照。

第十五条　免税、减税车辆因转让、改变用途等原因不再属于免税、减税范围的,应当在办理车辆过户手续前或者办理变更车辆登记注册手续前缴纳车辆购置税。

第十六条　车辆购置税的征收管理,依照《中华人民共和国税收征收管理法》及本条例的有关规定执行。

第十七条　本条例自 2001 年 1 月 1 日起施行。

表 1　车辆购置税征收范围表

应税车辆	具体范围	注释
汽车	各类汽车	
摩托车	轻便摩托车	最高设计时速不大于 50 km/h,发动机汽缸总排量不大于 50 cm³ 的两个或者三个车轮的机动车
	二轮摩托车	最高设计车速大于 50 km/h,或者发动机汽缸总排量大于 50 cm³ 的两个车轮的机动车
	三轮摩托车	最高设计车速大于 50 km/h,或者发动机汽缸总排量大于 60 cm³,空车重量不大于 400 kg 的三个车轮的机动车
电车	无轨电车	以电能为动力,由专用输电电缆线供电的轮式公共车辆
	有轨电车	以电能为动力,在轨道上行驶的公共车辆
挂车	全挂车	无动力设备,独立承载,由牵引车辆牵引行驶的车辆
	半挂车	无动力设备,与牵引车辆共同承载,由牵引车辆牵引行驶的车辆
家用运输车	三轮农用运输车	柴油发动机,功率不大于 7.4 kw,载重量不大于 500 kg,最高车速不大于 40 km/h 的三个车轮的机动车
	四轮农用运输车	柴油发动机,功率不大于 28 kw,载重量不大于 1500 kg,最高车速不大于 50 km/h 的四个车轮的机动车

中华人民共和国城镇土地使用税暂行条例

第一条 为了合理利用城镇土地,调节土地级差收入,提高土地使用效益,加强土地管理,制定本条例。

第二条 在城市、县城、建制镇、工矿区范围内使用土地的单位和个人,为城镇土地使用税(以下简称土地使用税)的纳税人,应当依照本条例的规定缴纳土地使用税。

前款所称单位,包括国有企业、集体企业、私营企业、股份制企业、外商投资企业、外国企业以及其他企业和事业单位、社会团体、国家机关、军队以及其他单位;所称个人,包括个体工商户以及其他个人。

第三条 土地使用税以纳税人实际占用的土地面积为计税依据,依照规定税额计算征收。

前款土地占用面积的组织测量工作,由省、自治区、直辖市人民政府根据实际情况确定。

第四条 土地使用税每平方米年税额如下:

(一)大城市1.5元至30元;

(二)中等城市1.2元至24元;

(三)小城市0.9元至18元;

(四)县城、建制镇、工矿区0.6元至12元。

第五条 省、自治区、直辖市人民政府,应当在本条例第四条规定的税额幅度内,根据市政建设状况、经济繁荣程度等条件,确定所辖地区的适用税额幅度。

市、县人民政府应当根据实际情况,将本地区土地划分为若干等级,在省、自治区、直辖市人民政府确定的税额幅度内,制定相应的适用税额标准,报省、自治区、直辖市人民政府批准执行。

经省、自治区、直辖市人民政府批准,经济落后地区土地使用税的适用税额标准可以适当降低,但降低额不得超过本条例第四条规定最低税额的30%。经济发达地区土地使用税的适用税额标准可以适当提高,但须报经财政部批准。

第六条　下列土地免缴土地使用税：

（一）国家机关、人民团体、军队自用的土地；

（二）由国家财政部门拨付事业经费的单位自用的土地；

（三）宗教寺庙、公园、名胜古迹自用的土地；

（四）市政街道、广场、绿化地带等公共用地；

（五）直接用于农、林、牧、渔业的生产用地；

（六）经批准开山填海整治的土地和改造的废弃土地，从使用的月份起免缴土地使用税5年至10年；

（七）由财政部另行规定免税的能源、交通、水利设施用地和其他用地。

第七条　除本条例第六条规定外，纳税人缴纳土地使用税确有困难需要定期减免的，由县以上地方税务机关批准。

第八条　土地使用税按年计算、分期缴纳。缴纳期限由省、自治区、直辖市人民政府确定。

第九条　新征用的土地，依照下列规定缴纳土地使用税：

（一）征用的耕地，自批准征用之日起满1年时开始缴纳土地使用税；

（二）征用的非耕地，自批准征用次月起缴纳土地使用税。

第十条　土地使用税由土地所在地的税务机关征收。土地管理机关应当向土地所在地的税务机关提供土地使用权属资料。

第十一条　土地使用税的征收管理，依照《中华人民共和国税收征收管理法》及本条例的规定执行。

第十二条　土地使用税收入纳入财政预算管理。

第十三条　本条例的实施办法由省、自治区、直辖市人民政府制定。

第十四条　本条例自1988年11月1日起施行，各地制定的土地使用费办法同时停止执行。

后　记

　　本教程是福州大学教材立项重大资助项目的最终成果,是福州大学法学院"东南学术系列成果"之一。随着《中华人民共和国环境保护税法》的颁布实施,《资源税法》即将通过,我国环境税法律制度正日益完善,但目前还没有一部环境税法教程。

　　本书主编在长期环境税法教学中,积累了大量资料,和厦门大学出版社商谈《环境税法教程》的编写和出版事宜,得到出版社高度认同,才有了本教材的面世。在本书出版之际,要特别感谢福州大学的教材立项和福州大学法学院的学术资助;感谢龙圣锦、郭仕捷、吴菁敏、林韵嘉、林星阳、丁炎燕、陈晶晶、李少丽等博士和硕士研究生对本教程完稿所付出的辛勤劳动! 特别感谢厦门大学出版社甘世恒先生周到细致且富有成效的沟通、协作!

　　本教程适合法学、经济学专业硕士和博士研究生作为专业教材和配套参考书。真诚欢迎教程使用者提出宝贵意见,以完善本教程。